民主党政権論

藤本一美 編

学文社

＊執筆者紹介

藤本　一美	専修大学法学部・教授（序文，第1章，第12章，結語）
岩切　博史	日本臨床政治研究所・主席研究員（第2章）
清水　隆雄	元・国立国会図書館専門調査員（第3章，第11章）
丹羽　文生	拓殖大学海外事情研究所・准教授（第4章）
久保庭　総一郎	読売新聞政治部・記者（第5章）
新谷　卓	日本臨床政治研究所・主席研究員（第6章）
濱賀　祐子	明治学院大学法学部・非常勤講師（第7章）
根本　俊雄	大東文化大学法学部・非常勤講師（第8章）
末次　俊之	専修大学法学部・非常勤講師（第9章）
浅野　一弘	札幌大学法学部・教授（第10章）

序　文

　2009年9月16日に民主党政権が発足してから，すでに3年目に入ろうとしている。この間に，民主党は，国民の大きな期待の中で，さまざまな改革に挑戦してきた。しかし民主党は，実際には，さしたる成果を上げ得ないままに，鳩山由紀夫首相から菅直人首相へと内閣を交代させて，政権の座を維持してきた。そして，2011年3月11日，東日本地方で大地震が発生，地震・津波による大破壊と原子力発電所の事故に見舞われた。その後，菅内閣は，東日本大震災と原発事故対策に一応の区切りをつけた上で総辞職，8月29日，民主党は野田佳彦を代表に選出し，新たに野田内閣を発足させた。

　本書は，前回の解散・総選挙において自民党を退けて，政権交代を実現した民主党の指導者，政治主導の実態，および内政・外交・安全保障上の政策遂行を分析し，その作業を通じて，日本政治の課題を摘出すると同時に，今後の民主党政権存続－分裂の展望を試みるものである。

　周知のように，2009年7月21日，自民党の麻生太郎首相は衆議院の解散を断行，8月30日に第45回衆院総選挙が実施された。選挙の結果，民主党は308議席（解散時115議席）を獲得して歴史的勝利を収めた一方，自民党は119議席（解散時300議席）と惨敗した。そのため麻生首相は，総選挙での敗退責任を取って自民党総裁を辞任した。この選挙では，連立与党の公明党も21議席にとどまり，両党合わせても140議席にすぎず，そこで政権は，民主党，社民党，および国民新党から構成される連立内閣に委ねられた。9月16日に召集された特別国会では，民主党の鳩山由紀夫を首班とする新しい政権が発足した。

　首相に就任した鳩山は1947年東京生まれの62歳（当時），政界では名門出である。曽祖父の和夫は元衆院議長，祖父の一郎は元首相で初代自民党総裁，父の威一郎は元外相，そして弟の邦夫は衆院議員で元総務相といった典型的な「政治家一家」である。鳩山首相は東大工学部卒の工学博士で，スタンフォード大留学を経て専修大学の助教授を務め，86年の衆議院総選挙で自民党から出馬して初当選，田中（角栄）派に所属した。その後，新党さきがけに参画し，反自

民八派の細川護熙政権下では，官房副長官に就任した。96年に旧民主党を創設，また98年には新民主党を立ち上げ，99年，その代表に就いた。一時代表の座を退いたものの，小沢一郎代表が西松建設の違法献金問題で辞任するや，再び民主党代表の座に復帰した。

鳩山首相の政治信条は「友愛」である。理想主義的で穏やかな物腰から「優柔不断で頼りない」との批判もあった。また，とっぴな言動から「宇宙人」との異名も得た。鳩山首相は，「誰にも嫌われない人柄」が売りであるものの，過去に発言が二転三転するなど，政治指導力の欠如や失言が懸念されていた。

衆院総選挙で勝利し，政権交代を実現した民主党にとって，いわゆる「マニフェスト」＝政権公約で公約した子ども手当の支給，高速道路無料化など，内政面では，社会保障改革や景気対策に大きな期待を寄せる国民の声が高かった。実際，鳩山首相は，事業仕分けや外務省の沖縄密約問題を促進，また，官僚組織を排除する"政治主導"を進め，いわゆる「コンクリートから人」へのスローガンを掲げた。しかしながら他方で，外交・安全保障の分野では問題が山積，とくに沖縄県の米軍普天間移転問題では大きな失態を演じた。

2010年6月2日，鳩山由紀夫首相は，米軍移転問題と自身の政治資金問題の責任をとって辞任，これを受けて，4日，民主党は菅直人を代表に選出し，8日，菅内閣が新たに発足した。菅首相は63歳（当時），一般のサラリーマン家庭に生まれ，東工大を卒業後，市民運動家として出発，衆院議員に当選した。小政党が合従連衡する中で這い上がってきた菅は，民主党の代表に上りつめ，衆院議員として当選10回を経て，ついに首相の座を射止めた。

2009年8月の衆院選で民主党は308議席を獲得，自民党に代わり政権の座についた時，菅は"副総理（後に財務大臣を兼務）"に就任した。当初民主党は，政府を鳩山と菅が担当，党を小沢一郎が担当する「トロイカ体制」を敷いた。菅副総理は，鳩山内閣の下で首相を補佐する立場にいた。だが，普天間からの米軍移転問題では積極的に動いたわけもなく，景気回復にあたって主導権を握った形跡も見られなかった。

菅内閣は高い国民の支持率の下で発足したものの，しかし，菅首相の政治指

導力は判然としなかった．何故なら，最大の課題である景気回復は足踏み状態で，しかも，普天間基地からの米軍移転問題についても先延ばしで，現状は全く変わらなかったからである．

　こうした状況の中で2010年7月15日，参院の通常選挙が実施され，結果は自民党が勝利，民主党は惨敗して参議院の議席は過半数割れとなり，いわゆる「ねじれ国会」が生じた．選挙で敗北したにもかかわらず，菅首相はその責任をとらず，内閣改造や党役員人事を党代表選まで先送りした．菅首相は，橋本内閣の下で厚生大臣として薬害エイズ問題を国民の前に明らかにするなど，野党時代は舌鋒鋭く政府を追及した経緯があった．しかしながら，首相に就任してからの菅の姿勢は，本来の鋭さが影を潜め，政権の維持に汲々するだけで，"攻めには強いが，守りには弱い"体質を浮き彫りにした．民主党の代表選挙においても，菅首相の演説を聞く限り新たな国家ビジョンと政権の目的を訴える迫力では物足らず，このため，菅首相に対する国民の支持率は低迷した．しかしながら，9月14日，菅首相は国会議員票では互角，地方議員・サポーター票で多数の支持を得て小沢一郎を制して代表に再選された．だが，「挙党体制」は一体どうなるのか，菅内閣の先行きは不透明なままに年を越した．

　2011年3月11日，「東日本大震災」が発生，菅直人首相は震災および原発事故対策に区切りをつけたところで退陣を表明した．これを受けて，2011年8月29日，民主党代表選が行われ，決選投票において野田佳彦財務相が海江田万里経済産業相を破って新代表に就任，29日，野田代表は国会の首班指名で首相に選出された．民主党は2009年8月の総選挙で大勝利をおさめ，自民党に代わり政権を担当したものの，わずか2年の間で，鳩山由紀夫，菅直人に続いて3人目の首相を輩出することになった．

　民主党が自民党から政権の座を奪い，「政治主導」路線を唱えた時，我々国民は新たな二大政党政治の時代が到来したものと期待を寄せた．しかし，その期待とは裏腹にマニフェスト＝政権公約は破綻，また，3月11日に発生した東日本大震災への対応も不十分なままで，政権予党としての能力が鋭く問われた．菅首相は，鳩山首相と同様にひきずり落とされる形で退陣に追い込まれ，何と

5年間で自民党時代も含めて5人の首相が誕生しては消えていった。

　自民党の安倍首相時から毎年首相が交代する姿は,「日本政治の回転木馬」と称され,諸外国から失笑を買っている始末である。こうしたわが国の政治現状が優れた政治制度への一時的な過渡的現象なのか,または継続的な衰退症状への過程なのかはにわかに判断しがたい。ただ,政権交代を実現したわが国において,安定した二大政党政治が定着するには今すこし時間が必要なのかもしれない。

　新首相の野田佳彦は千葉県生まれの54歳（当時），早稲田大学政経学部卒業後,松下政経塾で政治家の修行をし,県会議員を経て衆議院議員に当選した。性格は温厚・真面目だといわれ,菅政権下では「主流派」として財務相を務めたものの,しかし,円高対策ではこれといった実績を残せなかった。野田首相が景気浮揚や財政再建で力を発揮できるかは未知数であり,震災・原発対策を始め内政・外交分野で問題が山積している。果たして野田首相はいつまで持つのであろうか。国のトップが頻繁に交代するのは好ましくなく,マスコミはもとより我々国民も大きな反省を迫られているといわねばならない。その意味で,今後,民主党と野田首相の政治指導力に対して,大きな期待と懸念が寄せられている。

　本書は,全体で三部構成となっている。まず,第一部では「民主党と指導者」という標題で,民主党の指導者たち＝鳩山由紀夫,菅直人,野田佳彦,および小沢一郎を分析する。続く第二部では,「民主党と政策」という標題で,政治主導,マニフェスト,子ども手当,地域主権を分析する。そして最後に,「民主党と外交・安全保障」という標題で,民主党の対米認識,トモダチ作戦,外交・防衛政策,および東日本大震災対策を分析する。以上の分析により,日本政治の今後を検討する参考材料を提供できれば幸いである。

　なお,本書の公刊に際して,（株）学文社の田中千津子社長および編集部の皆さんには,大変お世話をかけた。この場を借りて,感謝の気持ちを表したい。
　2012年5月

編者　藤本　一美

目　次

序　文 ……………………………………………………………… 1

第一部　民主党と指導者

第1章　鳩山　由紀夫 ……………………………………… 10
  1．はじめに―問題の所在　10
  2．鳩山由紀夫の家系と生い立ち　12
  3．鳩山由紀夫の思想　18
  4．鳩山由紀夫の行動　27
  5．鳩山由紀夫内閣　32
  6．おわりに―課題と評価　35

第2章　菅　直人 …………………………………………… 38
  1．はじめに　38
  2．菅直人の軌跡　40
  3．菅直人政権　52
  4．おわりに―菅直人とその政権から学ぶべきこと　59
  補論『福島原発事故独立検証委員会　調査・検証報告書』　63

第3章　野田　佳彦 ………………………………………… 64
  1．はじめに　64
  2．経　歴　64
  3．政治的理念の形成　70
  4．首相就任前の政策　79
  5．今後の政策の見通し　89
  6．おわりに　92

第4章　小沢　一郎 ………………………………………… 93
  1．はじめに　93
  2．小沢の政治力　93
  3．小沢の生い立ち　98
  4．小沢の性格　100
  5．小沢の理念・哲学　102
  6．おわりに　110

第二部　民主党と政策

第5章　政治主導 …… 114
  1．はじめに―「合意形成」という課題　114
  2．鳩山，菅，野田三政権の歩み　116
  3．鳩山政権「政治主導」の模索　123
  4．菅政権「政治主導」の修正　133
  5．野田政権「自民党化」による安定の模索　141
  6．おわりに―政権交代の歴史的位置づけ　147

第6章　マニフェストと民主党 …… 149
  1．はじめに　149
  2．21世紀臨調の緊急提言　151
  3．民主党のマニフェストの構造　154
  4．マニフェストの変容　157
  5．理念の不在　167
  6．民主党はなぜマニフェストを実現できなかったのか　169
  7．おわりに　171

第7章　子ども手当 …… 175
  1．はじめに　175
  2．「児童手当」の創設と発展　179
  3．民主党の子ども政策　184
  4．政権交代　188
  5．菅内閣と子ども手当　193
  6．おわりに　197

第8章　地域主権―保育所設置「義務付けの見直し」― …… 199
  1．はじめに　「地域主権改革」関連三法案の論点　199
  2．「第一次一括法」案の審議内容　201
  3．社会保障政策と保育　204
  4．保育所における保育　207
  5．「保育の質」を問う　210
  6．保育の安全性をめぐって　214
  7．条例制定と国の基準　217
  8．省令解釈の問題点　219
  9．分権のリスク　222
  10．おわりに　分権―融合モデル　224

第三部　民主党と外交・安全保障

第9章　野田佳彦首相の「対米認識」……………………………………………… 228
　　1．はじめに—問題の所在　228
　　2．野田佳彦の経歴と「対米認識」　229
　　3．衆議院議員時代の「対米認識」　232
　　4．首相就任後の「対米認識」と初の米国訪問　239
　　5．おわりに　251

第10章　トモダチ作戦 ……………………………………………………………… 257
　　1．はじめに　257
　　2．「トモダチ作戦」の実態　260
　　3．「トモダチ作戦」の意味　271
　　4．おわりに　275

第11章　外交・防衛政策 …………………………………………………………… 281
　　1．はじめに　281
　　2．外交防衛政策の変遷　281
　　3．政権交代後の政策　287
　　3．おわりに—展望と課題　300

第12章　「東日本大震災」対策 …………………………………………………… 303
　　1．はじめに—東日本大震災の発生　303
　　2．東日本大震災と日米両国政府の対応　304
　　3．自治体＝浦安市の対応　318
　　4．おわりに—教訓と課題　334

結　語 …………………………………………………………………………………… 339

索　引 …………………………………………………………………………………… 341

第一部
民主党と指導者

第1章

鳩山　由紀夫

藤本　一美

1．はじめに―問題の所在

　2009年8月30日に行われた衆議院総選挙において，民主党は308議席を獲得して第一党となり，119議席と惨敗に追い込まれた自民党を与党の座から引きずり落とし，念願の「政権交代」を実現させることになった。9月16日に召集された第172回特別国会では，民主党の鳩山由紀夫代表が第93代，60人目の内閣総理大臣（以下，首相と略す）に指名され，同日，民主党，社民党，および国民新党の三党連立内閣が発足した。しかし，約8ヶ月後の翌2010年6月2日に至り，鳩山首相は自身の「政治とカネ」をめぐる処理，沖縄普天間の「米軍基地移転」問題をめぐる混乱などの責任をとり辞任を表明，8日，鳩山内閣は総辞職した。鳩山首相の在任期間はわずか266日と，現行憲法下では6番目の短命政権に終わった。

　鳩山由紀夫首相は，祖父の鳩山一郎元首相が唱えた，いわゆる「友愛」を政治理念として掲げ，政権交代後の所信表明演説では「新しい公共」を訴え，また，政策運営では「脱官僚依存＝政治主導」を掲げるなど，政権発足早々にさまざまな政策分野で改革を目指して崇高な"理念"を説いた。しかし問題なのは，鳩山首相には，その理念を具体化する肝心の政治的指導力と技量が欠けていたことである。民主党政権は，政府を鳩山首相と菅直人副総理（後に財務大臣兼務）が，そして，党を小沢一郎幹事長が担当する「トロイカ体制」を敷いたものの，だが，この体制は「鳩山・菅の2頭立ての馬が小沢の乗ったソリを引いている」と言われるように，小沢による実質的な"院政"体制であった側面が少なくない（二木啓孝「政局」『現代用語の基礎知識2011』自由国民社，2010年，

403頁)。

　周知のように，鳩山家は，曽祖父が衆議院議長，祖父が首相，そして父が外務大臣を務めた，4代も続くいわゆる「政治家一族」であり，弟の邦夫も法務大臣や総務大臣などを歴任した現職の衆議院議員である。由紀夫は，1947年2月11日に父威一郎（大蔵官僚，後に事務次官）と母安子（ブリヂストンタイヤ創業者石橋正二郎の長女）の長男として東京都港区の麻布に生まれた。学習院の初等科・中等科を経て，都立小石川高校を卒業し，東京大学工学部に進学した。その後，米国スタンフォード大学大学院の博士課程で研究に従事して1976年Ph.D.を取得，帰国後は東京工業大学工学部の助手，続いて1981年には専修大学経営学部の助教授に就任した。

　1986年7月，由紀夫は自民党候補として衆議院旧北海道4区から出馬し，9万3001票を獲得して衆議院議員に初当選，以後連続8期衆議院議員を務めている。由紀夫は当初，自民党の田中（角栄）派に所属していた。しかし，自民党を離党して新党さきがけに参画（この間，細川政権では内閣官房副長官を務めた），その後，旧民主党代表や現民主党の代表を歴任，そして2009年9月，民主党大勝利の結果を受けて首相の座に上りつめた。

　由紀夫は首相時代には，政治主導，新しい公共，地域主権，東アジア共同体，および環境立国などを高らかに謳ったものの，しかしそれは"理念"のレベルに留まり，政治とカネの処理，米軍普天間移転問題，および官僚支配打破などが腰砕けに終わり，結局，迷走の中で退陣していったといってよい。内閣発足時の支持率が72％（共同通信社調査）と異常に高かった分，我々国民にとって鳩山由紀夫内閣は期待外れに終わった観が否めない。

　本論の主たる目的は，鳩山内閣が退陣しておよそ2年半を経過した今，冷静にかつ客観的立場から第93代首相鳩山由紀夫の思想と行動を分析し，由紀夫を"理念"の宰相としての視点から捉え直し，現代日本における「政治家」の在り方を問うとともに，政治の役割と課題を検討する参考材料を提供するものである。なお，本章は藤本一美編『現代日本宰相論―1996年〜2011年の日本政治』龍渓書舎，2012年，の拙論と同じ内容であることを断っておきたい。

2．鳩山由紀夫の家系と生い立ち

(1) 鳩山一家

　ノンフィクション作家の佐野眞一は，その著作『鳩山一族　その金脈と血脈』（文藝春秋，2009年）の中で，鳩山由紀夫について「祖父・鳩山一郎以来の政治家一家の嫡男としての自覚，政治家としてパッとしなかった父・威一郎の曖昧さ，そして母方安子のうなるような財産。それらが混在して一つの人格を形成しているところに，総理となった由紀夫という男のわかりにくさがある。そしてそれは由紀夫の周囲に漂う一種の不気味さにも通じている」と指摘し，興味深い考察を展開している（同上，13頁）。

　同書の中ではまた，弟の鳩山邦夫とのインタビューの内容も紹介しており，邦夫は兄の由紀夫について，次のように皮肉を込めて答えている。いわく「兄は努力家です。しかし，信念の人ではまったくないと思います。自分の出世欲を満たすためには信念など簡単に犠牲にできる人です。……今は虚像が前面に出すぎています。実像はしたたかさを絵に描いたような人で，自分のためになるなら，どんな我慢もできるんですよ，あの人は」。その上で兄を，「ズルイ人ですから，いまでも政界遊泳術という点では日本一のスイマーでしょう。最後に自分がうまく昇りつめられるように，すべて計算して生きてきたという感じがします」。そして由紀夫の行動を「私からみれば宇宙人ですね，まさに。自分の権力欲にここまで忠実に生きてこれるというのは大したものですよ」と指摘している（同上，26-28頁）。

　さらに邦夫は，「代表質問で今は政権や自民党をこきおろす演説を平気でしていますが，一方で，自分自身は自民党でどのように生きてきたのか，という反省が聞かれない」とし，立場が変わればいうことがまったく変わると批判し，そして，信念のないのが宇宙人なのでしょうと笑い飛ばし，兄の由紀夫は普通の感覚とかけ離れており，我慢強くて立派だとは思うが，しかし政治家としてはそうしたルートで党首になるのは評価できません，と述べている（同上，28-29頁）。

本節ではまず，このように政治家としてしたたかな一面を有する鳩山由紀夫の家系を紹介する。由紀夫は，明治時代に弁護士から政治家に転進した鳩山和夫の曽孫にあたる。その和夫は1856年5月，美作国勝山藩（現在は岡山県真庭市勝山町）の藩士で江戸留守居役を務めていた鳩山十右衛門博房の第四男として，江戸は虎ノ門の藩邸で生まれた。つまり，鳩山家の源（ルーツ）を探れば上級武家の出身であった，といえる（平成政治家研究クラブ『鳩山由紀夫のリーダー学』PHP，2009年，22頁）。

　和夫は，勝山藩の貢進生に選抜され，大学南校（現在の東大の前身）に入学，次いで開成学校に転じて法律を学び，首席となった。同校卒業後，文部省第1回留学生に選ばれ，1875年に渡米して，コロンビア大学で法学士を取得，その後エール大学で法学博士号を得て帰国，専修学校（現在は専修大学）の設立に関わり，講師として講義をしている（代理法，刑法総論を担当）。また，東京帝国大学法学部講師にも就任したものの，しかし卒業式で演説内容が問題となり失職，代言人（現在の弁護士）になった。その後，外務省に入省し取調局長となり，同時に東京帝国大学法科教授を兼任した。そして1890年，東京専門学校（現在は早稲田大学）の校長に就任した（板垣英憲『友愛革命─鳩山由紀夫の素顔』共栄書房，2009年，45-47頁）。

　1892年3月，和夫は東京第9区（小石川，牛込，四谷）から出馬して衆議院議員に当選，以後連続九回当選を果たし，この間に改進党および進歩党に参画，1896年12月には，衆議院議長に就任した。1898年9月，憲政会内閣で外務次官に，そして1908年11月，東京市議会議員に当選して衆議院議員を兼務した。1910年5月，東京弁護士会会長に就任，1911年10月に死去した。享年55歳であった。「鳩山和夫は，一流の政治家であっただけでなく，著名な法学者で，とくに日本の弁護士界の先駆者として，その地位向上に努めた功労者であった」（同上，51頁）。

　祖父の鳩山一郎は，1883年1月，和夫の長男として生まれ，東京高等師範学校付属小学・中学校を経て，第一高等学校に入学，東京帝国大学法科を卒業した。卒業後，父親の弁護士事務所で弁護士として勤め，翌年早稲田大学の講師

となり，法律学を講義した。父親の和夫が他界した翌年の1912年，東京市議会議員補欠選挙に立候補して当選，また1915年4月には，衆議院議員にも当選した。1927年，田中義一内閣の書記官長（現在の内閣官房長官），さらに1931年，犬養毅内閣では文部大臣を務めた。戦時中の1943年，一郎は東条英機内閣を批判し，そのため長野県の軽井沢で蟄居生活を余儀なくされている（森省歩『鳩山由紀夫と鳩山家四代』中央公論新社，2009年，23-25頁）。

　終戦後，一郎はいち早く政党の再建に尽力，1945年11月，日本自由党を結成して，その初代総裁に就任した。翌年の衆議院総選挙で日本自由党は第一党に躍進したものの，「GHQ（連合国総司令部）」から公職追放となった。1951年6月，脳溢血で倒れるも8月，公職に復帰し，1954年11月，日本民主党を結成し総裁に就任，12月，鳩山内閣を発足させ，そして1956年4月，初代の自由民主党総裁に選出された。同年の10月には，念願であった「日ソ国交回復」を成功させた。翌年1959年3月に死去，享年76歳であった。鳩山一郎は自由党や民主党を創設，また自由民主党を結成して保守合同を実現して「1955年体制」を確立，さらに日ソ国交回復に努めるなど戦後日本を代表する政治家の一人であった（前掲書『鳩山由紀夫のリーダー学』31-33頁）。

　由紀夫の父である鳩山威一郎は，1918年11月，一郎の長男として東京に生まれた。1941年，東京帝国大学法学部を卒業後，大蔵省に入省し，出世コースを歩み，1971年には大蔵省の事務次官に上りつめた。1974年，威一郎は参議院議員選挙（全国区）で初当選し，2年後の1976年には，早くも福田越夫内閣では外務大臣に就任した。政界引退後の1993年に死亡，享年74歳であった。威一郎は政治家としては今一つ地味で目立たない存在であったものの，しかしながら，子供の由紀夫と邦夫をともに一流の政治家（？）に育てあげた功績は決して小さくない（前掲書『鳩山由紀夫と鳩山家四代』27頁）。

　鳩山一族を語る場合に，留意すべきは政治家としての家系と同時に，学者・教育者としての家系もあり，ことに，一郎の弟である鳩山秀夫は東京帝国大学教授で民法学随一の法学者として誉が高い。また，鳩山家の女性たち，和夫の妻春子は共立女子学園の創設に尽力したし，一郎の妻である薫も共立女子学園

の第7代園長を務めた教育者である。鳩山由紀夫のDNAには，政治家としてのDNAと学者・教育者としてのDNAが混在しているかのように見える（前掲書『友愛革命―鳩山由紀夫の素顔』4頁）。また，佐野眞一が述べるように，「鳩山一族の歴史を語る時に忘れてならないのは，彼らの母や妻として支えた女たちの存在である。それが，鳩山家の血脈を一層強固なものにさせ，金脈のパイプをさらに太くしてきた」点は否めない。実際，威一郎の妻の安子は由紀夫にとって，単に"資金源"であるのみならず，政治の"ご意見番的存在"である（前掲書『鳩山一族　その金脈と血脈』5頁）。ちなみに，鳩山一族はクリスチャンで，暮れには全員集まり，賛美歌を歌う習慣がある，と聞く。なお，由紀夫には，3歳上の姉さん女房の幸夫人と，父と同じ東大工学部出身で現在，モスクワ大学に留学中の一人息子の紀一郎がいる。

(2)　鳩山由紀夫の生い立ちと政治家への道

　すでに述べたように，鳩山由紀夫は1947年2月11日，東京は港区麻布で父威一郎と母安子の長男として生まれた。生出した時は2700グラムぐらいでかなり痩せており，泣かない子で，いつもすやすや眠っていたという。幼稚院に入ると，ひどい泣き虫に変わり，母の安子が送っていって帰ろうとすると，泣きだして離れず，大変甘ったれであった。その後，学習院初等科，中等科と進むも，教育大付属高校の試験に失敗し，都立小石川高校に進学した。この高校受験の失敗＝"挫折体験"が由紀夫の腰が低く，打たれ強い政治家としての姿勢に，何らか影響を与えているのかもしれない（前掲書『鳩山由紀夫のリーダー学』43頁）。
　由紀夫は，東京大学工学部応用物理・計数工学科を卒業し，その後スタンフォード大学の博士課程でオペレーションズ・リサーチ（軍の戦略研究に端を発する学問で，由紀夫は機械やシステムが安全に機能する最適条件を分析した）を専攻，1976年Ph.D.を取得した（博士論文はシステムの信頼性に関するもの）。ちなみに，博士課程在学中の1975年3月，幸夫人と結婚している。帰国して東京工業大学で助手となり，1981年に，当時，竹下登が理事を務め，曽祖父和夫が設立に関与した専修大学の経営学部助教授に就任した。専修大学には1984年3月まで勤

務し(経営数学,数理統計学,およびオペレーションリサーチ担当),その間に「見合いの数理」『情報科学研究』No. 2(1981年)という数学を利用した論文を執筆しただけで退職,政界へと転身した。

政治評論家の板垣英憲は,由紀夫が学者から一転して政界入りした動機を次のように記している。

「アメリカで遊学しているうちに,アメリカの人は,一人一人の人間は,本当に自由奔放に生きているようなのですけれども,国を愛するということになると,本当に団結する。それを見まして,これは,自分に一番足りなかったことではないかと感じました」。その上で「いままでに日本という国のレベルで話を考えたことがあっただろうかということを深く反省してみまして,自分の生まれた環境がこうであり,それ(政治家)を望んでも出来ない人もあるのだから,自分は求めたらひょっとしたら,うまくいく可能性があるのではないか,と思いました」と,由紀夫とのインタビューの発言内容を紹介,そして結論的に「政治家一家に生まれ育っているが,どちらかと言えば,もう一つの血である"教育者","学者"の系統の道を歩んでいながら,何か物足らなさを感じていたのであろう。国家というレベルから物を見,考えるようになった途端,"政治家一家の血"の方が,騒ぎ始めたのである」と分析している(前掲書『友愛革命―鳩山由紀夫の素顔』104-105頁)。

確かに,由紀夫は工学を専攻したといっても,経営工学で興味のあったのは,「ストラティジィ(戦略)で経営者がいかにして,最高に儲けるかということを数学的な土俵の上で論じる」と本人も述べる通り,機械や材料を扱う純粋の工学とは趣を異にし,むしろ,人間の行動を扱う社会科学あるいは実学との関わりが強かった。この点について,前出の板垣英憲は「理科系から一転して,欲望が渦巻く政界に方向転換したとしても,鳩山由紀夫は,それまでに"工学"の世界で学んだ"物の考え方"をはじめ,理論や知識や経験を逆に政治の世界に応用してみたい願望を抱き始めたのである」と,指摘している(前掲書『友愛革命―鳩山由紀夫の素顔』106頁)。

弟の邦夫によれば,由紀夫が政治家を志したきっかけは,「(弟が政治家にな

ったから）自分もやってみようかな」であったという。実際，邦夫はこの点について，「私が23歳で，兄貴が25歳のときです。"私は田中先生が総理になったら，秘書として官邸に入れてもらうんだ"と話したら，兄は"まあ，先に政治をやってろよ。俺もいずれ必ず政治家になるから"と言ったんですよ」と，インタビューの中で答えている（前掲書『鳩山一族　その金脈と血脈』27頁）。

　由紀夫の政治家としての才能について，ノンフィクション作家の佐野眞一は次のようなエピソードを披露している。元西武百貨店社長で学習院時代由紀夫の同級生であった水野誠一（元参議院議員）が「今度当選した鳩山は僕と小学校の同級生なんですが，彼は政治家にまったく向いていないタイプなんじゃないでしょうか」と森喜朗元首相に問うたところ，森は「彼は意外と政治家としてはセンスがあるんじゃないか。弟よりも偉くなる可能性があると思うよ」と答えたという。水野は「政治のプロである森さんがそう言うので，びっくりしたことを覚えています」，と述懐している（同上，83頁）。

　北海道新聞社の土屋孝浩記者によれば，「鳩山氏は"あるべき姿"が自分の中で形になるまでは，とにかく賛否両論の人の話を聞く。その期間はある意味，優柔不断になって聞き入る。おそらくは相手が"鳩山氏は味方"と思い込むほどに。そして，あるべき姿が見えたと思ったところで，直感を大切にずばっとやる」と由紀夫の政治家としての資質を分析し，その上で「一度決めたら冷徹までに頑固」で，ああ見えて実はしぶとい面がある，と述べている（北海道新聞社編『鳩山由紀夫事典』北海道新聞社，2009年，78頁）。

　なお，夫人の幸は由紀夫を「外は柔らかいですが，中は強い人ですね。あの人は，どんなときでもストレスというのを感じない人なんです。まわりがどんなにピリピリしていても，一人だけ，自然体になっている。私は主人を宇宙人だと思っているんですよ。だから，自然体でいられる」と，語っている。ちなみに，由紀夫自身は自分の長所・短所を聞かれて，「長所は見いだせないが，短所はかなりアバウトな性格な人間であるところだ」と答えている。ただし，政治家としての覚悟において，自分は人後に落ちないつもりだと，述べている（前掲書『鳩山由紀夫のリーダー学』48，61頁）。

民主党内の中堅議員の由紀夫評を紹介すると,「この世界で,あんなに誰からも悪口を言われないのは珍しい」「人柄の良さは折り紙つき」「飄々として見えるが,じつはスパン,スパンと決断をくだす」「得ともいわれぬ明るさがある」「最初から自分の意見は言わない。押しつけがましさがないので,周囲が意見や提案をしやすい」「調整上手で,誰とでもしっかりと連携プレイができる」というもので,総合すれば,みんなの力を引きだして収斂させていく,"陽性のリーダー"のようであり,党内だけでなく,大衆受けもよいと,由紀夫の人間や政治家としての感性を好意的に評価している（前掲書『鳩山由紀夫のリーダー学』61-62頁）。

　だが,先に紹介した佐野眞一は,由紀夫の政治家としての才覚を次のように批判的に分析していて興味深い。「野心的な政治家と組まなければ,一郎も由紀夫も存在感を示せなかった。逆にいうなら鳩山一族には担がれやすいパーソナリティーが備わっていることだ。……由紀夫は政権をとった後もご面相に変化はなかった。由紀夫の顔の変化のなさは,何が何でもがむしゃらに政権を取りにいくことができないひよわさとみることもできるし,逆にそういう政治家と組みながら,政権取りの機が熟するのをじっくりと待つしたたかさとみることもできる」と述べた上で,先に挙げた小学校の同級生である水野誠一の見解,つまり「確かに見方をかえると,目先のことに右往左往せず,じっくりと先のことを考えるところは,いままでの日本にないタイプです」という一言を紹介しつつ,実はこのような深謀遠慮な態度が由紀夫に首相の椅子をもたらした一方で,しかし,それは逆からいうなら,政治家として致命的な決断力のなさともいえる,と政治家由紀夫の欠陥を指摘している（前掲書『鳩山一族その金脈と血脈』84-85頁）。

3．鳩山由紀夫の思想

　すでに冒頭でも述べたように,鳩山由紀夫は,1986年7月衆議院総選挙で,旧北海道4区から自民党候補として出馬し,7月6日に実施された総選挙の投開票の結果,9万3001票を獲得して初当選した。なお,この衆参同時選挙のと

きには，父の威一郎が参議院議員に，また弟の邦夫も衆議院議員に当選，親子3人そろって当選を果たしている。

由紀夫はこの時自民党の公認を得て「田中派」の新人として，生まれ育った東京ではなく，曽祖父の和夫が牧場を所有し，中選挙区時代に出陣式も行った"鳩山神社"として知られた神社がある北海道から出馬した。衆議院議員に立候補するにあたり，由紀夫は事実上「落下傘候補」であったといえる。だが，「地盤」がまったくなかったわけではなかった（なお，総選挙出馬の背景と経緯については，前掲書『鳩山由紀夫と鳩山家四代』に詳しい）。

鳩山事務所側は，「立候補の直接のきっかけは福田派の三枝三郎衆議院議員の引退がきっかけ」であると主張している。初の選挙スローガンは科学者を志望していた自身の華麗な経歴を訴えた「政治を科学する」で，選挙用のパンフレットにもこれを掲載した。由紀夫は政治の中に科学を持ち込むことを提案したのである。それは従来の政治があまりに，非科学的な面が多すぎると感じたからである，といわれる（前掲書『友愛革命―鳩山由紀夫の素顔』108-109頁）。

総選挙の得票数では，同じ自民党の石原派から福田派に合流した高橋辰夫に次いで2番目の得票であった（定数5名）。なお，小選挙区に変わった1996年以降，鳩山家が開拓した地域は由紀夫の選挙区から外れている。こうして由紀夫は，この時39歳，弟の邦夫に遅れること10年を経て，決して早いとはいえない政界入りを果たした。その後，由紀夫は豊富な資金力に加え，祖父以来の人脈や名門出身の毛並みの良さや知名度に支えられ，短期間の内に頭角を現し，1990年代の政界再編時代に，一躍中心的存在となっていった。そして後述するように，1988年8月に，由紀夫は86年当選組を中心とした自民党の派閥横断的な集団として，後の新党さきがけの母体となる「ユートピア政治研究会」に参画するのである。

本節では，以上の知見を踏まえて，鳩山由紀夫の（政治）思想の内容を検討する。前半では，内政面について，そして後半では外交面について述べる。

(1) 内政―友愛革命と憲法改正

　我々は，鳩山由紀夫の思想信条が何かと聞かれれば，真っ先に「友愛」という言葉を連想する。実際，由紀夫は1996年，雑誌『論座』に発表した「わがリベラル友愛革命」の中で，次のように友愛の真意を訴えている。

　「リベラルは愛である。私はこう繰り返し述べてきた。ここでの愛は友愛である。友愛は祖父・鳩山一郎が専売特許のようにかつて用いた言葉である。自由主義市場経済と社会的公正・平等。つきつめて考えれば，近代の歴史は自由か平等かの選択の歴史といえる。自由が過ぎれば平等が失われ，平等が過ぎれば自由が失われる。この両立しがたい自由と平等を結ぶかけ橋が，友愛という精神的絆である。世界の多くの国々に比べ，はるかに経済的に恵まれた環境にあるにもかかわらず，口を開けば景気の話ばかりする日本人は，最も大切なものを失っている気がしてならない。多種多様な生命が自由に往来する時代に，相手との違いを認識し許容する友愛精神は共生の思想を導く。弱肉強食と悪平等の中間に位置する友愛社会の実現を目指して，そして精神的なゆとりが質の高い実のある"美"の世界をもたらすと信じつつ，政治家として青臭い批判をあえて覚悟のうえで一文を認めることにした」(http://www.hatoyama.gr.jp/speech/ot02.html)。

　由紀夫は，この論文の中で，自己の尊厳を高めることに最大の努力を払う，自己を高めて初めて他者に優しく振る舞うことができる，自愛が利他を生む，意見を異にしてもそれを許容し，品格を信頼し友情を結ぶことができるという自己の尊厳が友愛精神の本質だと説いている。そして，個を基本にし，党議拘束から解放された個の自由による連合，リベラルを友愛，すなわち，自己の尊厳の尊重と解放した「リベラル合同」を成し遂げる，と主張している (http://www.hatoyama.gr.jp/speech/ot02.html)。

　この点について，中曽根康弘元首相が「愛とか友愛とかって，政治というのは，そんな甘ちょろいものではない。お天道様の陽に当たれば溶けてしまうソフトクリームのようなものだ。政治的なくわだては，ひそかにおこない，ここぞと思うときに，一気に打ちだすものだ」と揶揄したことは，よく知られた話

である。

　友愛は，祖父の鳩山一郎が専売特許のように用いた言葉であって，それは鳩山家の"家伝"でもある。一郎は，1952年8月，政界復帰後の初めての公式演説の中で，「友愛と智を両輪とした民主主義政治の確立のための改革を，友愛革命という」と説いた。この言葉の源は，オーストリア・ハンガリー帝国駐日特命全権大使で，日本人の妻ミツコをもったハイン・クーデンホフ・カレルギー伯爵の息子クーデンホフ・カレルギーがその著作『自由と人生』(1952年，鳩山一郎訳) の中で唱えたものである。ちなみに，由紀夫自身も祖父の友愛思想とクーデンホフ・カレルギーの友愛思想を政治活働の基本にしており，2008年1月には「鳩山友愛塾」など友愛の名前がついた組織を設立している。

　由紀夫の「友愛」について政治学者の小林正弥は，戦後日本政治における歴代内閣の中で，由紀夫内閣ほど明確な形で友愛思想を政策理念として掲げた内閣は存在しなかったと評価して，その意義を次のように述べている。

　「鳩山首相は，初の所信表明演説で，弱者・少数者のための"友愛"というような友愛政治の意味を明らかにするとともに，"新しい公共"をその大きな理念として掲げた。これは，人々に共有され行動の指針となるという意味とともに，新しい公共性の実現を目指すという意味においても，まさに"公共の哲学"の名に値する」(小林正弥『友愛革命は可能か—公共哲学から考える』平凡社，2010年，12，100頁)。

　同じく，政治学者の宇野重規も，「友愛という理念が……注目に与する政治理念であるといえる」とした上で，「"友愛"理念の最人の特徴は，自由と平等の理念を媒介し，両者の相克の矛盾を克服しようとする志向にある。……鳩山は，冷戦の終焉とグローバル化の時代の到来を受けて，"友愛"理念の現代的再定義を試みている」と指摘し，「"市場原理主義"を排した上で，なお一定の新自由主義的側面を保持しつつ，他方で，貧困や格差など新たな社会問題への積極的取り組みを目指す，そのような政治的方向性を"友愛"の理念に託そうとしているように見える」と述べ，その役割を「これは，党内に新自由主義的な勢力，社会民主主義的勢力，保守主義的勢力を内包する民主党という政党の

内部にあって，その結節点を提供しようとする彼の政治的意図とも合致している」と看破している（宇野重規「"友愛"は新しい政治理念となるか」山口二郎編『民主党政権は何をすべきか—政治学からの提言』岩波書店，2010年，135-136頁）。

ところで，政治評論家の板垣英憲は著作『友愛革命—鳩山由紀夫の素顔』の中で，友愛思想に基づき構想した由紀夫の新憲法試案の意義を次のように記している。

「鳩山由紀夫は"友愛革命"によって，この日本をどのような国に変えようとしているのか。あるいは，鳩山由紀夫の"友愛革命"によって，日本がどういう国になるのか。具体的には何をしようとしているのか，政策の内容が厳しく点検され，問われなくてはならない」と述べ，その際「その最も有力な手がかりとなるのが，鳩山由紀夫が，平成17（2005）年に上梓した『新憲法試案』（PHP）である」と評価する。これは，「当然のこととはいえ，形式的には条文によって構成されているけれども，実は，鳩山由紀夫が"家伝"である"友愛思想"に基づいて構想した日本の新しい国家像という性格を持っている」とし，「言い換えれば，憲法規定の形式をとりながら，友愛精神に立脚して描いた日本のあるべき姿，つまり将来像という特性を持っている」と鋭い分析をしている（前掲書『友愛革命—鳩山由紀夫の素顔』参照）。実は筆者自身も，由紀夫の憲法試案に注目してきた一人である。実際，祖父の鳩山一郎は改憲論者であったし，最近では『読売新聞社』の憲法草案が知られている程度で，最近，わが国では本格的な憲法草案は見られない。そこで，次に鳩山由紀夫が提案した憲法改正試案をやや詳しく見ていきたい。

まず由紀夫は，「憲法改正試案の中間報告」の冒頭で，次のように憲法改正に対する認識を示している。「私は数年前に民主党代表選挙に出馬した際，"憲法改正"を公約の一つに掲げた。……憲法，言い換えれば国家構想や国の仕組みについて，国民の間に広範な議論が巻き起こるというのは，それ自体が変革期を象徴する現象である」とした上で，「私は来るべき平成の憲法改正は，単に現行憲法を部分的に手直しするものではなく，明治憲法が創始した議会主義と政党政治の伝統を受け継ぎ，昭和憲法が確立した国民主権と国際協調主義を

発展的に継承しつつ，今後五十年の日本の国家目標を明らかにし，その実現のための新たな国の仕組みを確立するものでなくてはならないと考える」。そして，「憲法の条文と政治的現実があまりに乖離していることは，日本の政治から健全なリアリズムを奪い，日本の"政治の言葉"について侮りをかい，外国の信頼を失うもととなる」と指摘，「平成の新憲法においては，わかりやすい言葉で……定義し直さなければならない」と述べている。

　また，衆議院議員・鳩山由紀夫の立場から明らかにした「憲法改正試案の中間報告」と題するパンフレットの目次は次のような構成であり，これを見ると，由紀夫自身が考える憲法草案の優先順位とその特色を垣間見ることができるので，紹介しておく。

Ⅰ．「国際協調主義および平和主義」「安全保障」の条項について
　・戦後憲法の成果と限界
　・国際協調の再定義
　・自衛権の明記（自衛隊の保持）
　・主権の委譲
Ⅱ．「総則」および「天皇」条項について
　・「総則」および「天皇」条項の試案
　・公用語は日本語
　・天皇制と国民主権（国民主権と象徴的元首の並存は可）
　・女帝は認める
Ⅲ．地方自治条項の改正について
　・道州制への疑問
　・「補完性の原理」に立つ憲法改正
Ⅳ．統治機構の再編成
　・政党条項の新設
　・国会は一院制に再編成
　・行政権は内閣総理大臣に帰属
　・解散権の制限と国民投票制度

・野党の対抗権力の制度化
　　・憲法裁判所の新設と国民審査の廃止
　　・財政健全化条項を新設

　新憲法試案の特色を要約すれば，第一に，国際活動への参加および主権の委譲，第二に，天皇元首および女帝の承認，第三に，自衛軍の保持，第四に，政党条項の新設および国会の一院制，そして第五に，憲法裁判所の新設，などである。前出の板垣英憲がいうように，新憲法試案はただ条項を羅列しただけのものではない。それは，友愛思想を背景として構築された単なる"規範体系"というよりも，むしろ憲法の形式を取って由紀夫が描き，そして作成した「友愛社会像」，つまり「ビジョン」であると同時に"政策体系"となっている点に留意する必要があろう（鳩山試案の内容と意義については，板垣英憲『友愛革命―鳩山由紀夫の素顔』119-141頁に詳しい）。

(2) 外交―友愛外交と東アジア共同体

　鳩山由紀夫が雑誌『Voice』（2009年9月号）に寄稿した論文「私の政治哲学」は，米国の経済政策や日米関係の現状を批判したものだ，といわれた。実際，この論文は『ニューヨーク・タイムズ』に翻訳されて反米的であると物議を醸したし，また『産経新聞』によれば，当該論文の抄訳について「専門家の間では論文に強い失望感と警戒感を抱いている」と報道された。ただ，由紀夫自身は後に，論文の内容は必ずしも「反米ではない」と釈明している（http://ja.wikipedia.org/wiki）。

　すでに由紀夫は民主党代表選の時の公約の中で，「価値の異なる社会とも共生していける友愛外交を推進する」と謳い，また『新憲法試案』においてもアジア太平洋版EU構想を掲げていた。そこで次に，由紀夫が「私の政治哲学」の中で展開した"ナショナリズムを抑える東アジア共同体"のくだりと菅直人らとの共著『民益論―われら官僚主導を排す』の中の"アジア外交の基本は「自立」と「共生」"の部分を紹介しながら，由紀夫自身が考える日本外交の方向と展望を検討する。

「私の政治哲学」論文において，由紀夫はまず「"友愛"が導くもう一つの国家目標は"東アジア共同体"の創造であろう。もちろん日米安保体制は，今後も日本外交の基軸であり続けるし，それは紛れもなく重要な日本外交の柱である。同時にわれわれは，アジアに位置する国家としてのアイデンティティを忘れてならないだろう。経済成長の活力に溢れ，ますます緊密に結びつきつつある東アジア地域を，わが国が生きていく基本的な生活空間として捉えて，この地域に安定した経済協力と安全保障の枠組みを創る努力を続けなくてはならない」という見解を披露する。

　その上で「今回のアメリカの金融危機は，多くの人に，アメリカ一極時代の終焉を予感させ，またドル基軸通貨体制への懸念を抱かせずにはおかなかった。……アメリカは今後影響力を低下させていくが，今後二，三〇年は，その軍事的経済的な実力は世界の第一人者のままだろう」と述べて，「この地域の安定のためにアメリカの軍事力を有効に機能させたいが，その政治的経済的放恣はなるべく抑制したい。身近な中国の軍事的脅威を減少させながら，その巨大化する経済活動の秩序化をはかりたい。これは，この地域の諸国家のほとんど本能的要請であろう。それは地域的統合を加速させる大きな要因でもある」との認識を示している。

　そして結論的に，「そうした時代認識に立つとき，われわれは，新たな国際協力の枠組みの構築をめざすなかで，各国の過剰なナショナリズムを克服し，経済協力と安全保障のルールを創りあげていく道を進むべきであろう」と結んでいる（http://www.hatoyama.gr.jp/speech/ot02.html）。

　このように，由紀夫は政権交代後の日本外交の理念として，持論の友愛外交を強調し，その具体策として，米国を含むいわゆる「東アジア共同体」構想をぶち上げた。そして，友愛精神が欧州諸国をEUという組織に高めたと述べ，外交面では特にアジア重視の姿勢を見せた。これを米国政府の要人と日本専門家がどのように解釈したかは知らない。だが，快く思わなかったことだけは推測できよう。

　由紀夫はまた，菅直人らとの共著『民益論―われら官僚主導を廃す』（PHP,

1997年）の中で，インタビューに答える形で日本のアジア外交の基本は「自立」と「共生」だと述べて，一種の"米国排除論"を展開している。

「いままでの外交は，米ソ冷戦時代の影響でアメリカに依存してきました。そして，それを国益だと思っていたのです。冷戦の時代は，たぶん，それでよかったのでしょう。しかし，冷戦終焉後の今日，その発想によってアメリカにもバカにされた日本になってしまいました。日本の外交は，アメリカ追随外交といわれるようなものだったことを反省する必要があります。そして，独立国の日本としての外交を見出さなければいけない。いままでのような依存型外交ではなくて，自立型外交というものです」。

そして，「"自立型外交"というと，すぐに"自主防衛強化論か"と危険なものに思えるかもしれませんが，そういう意味ではありません。すべてがアメリカの，あるいはほかの先進国のいいなりになって，あたかも国連の常任理事国入りを目指すためには"じっと我慢の子"でいるべきだという発想から解放された，自分の考えを世界の国々に対して発信できるような国になるべきだという意味の自立です」と説明する。

その上で，「また，"友愛"という意味では，アジアのなかで日本が信頼される国になるための歴史認識の問題をクリアしなければなりません。……21世紀に向けて，しっかりとした信頼関係を醸成していくための日本のありようを考えるとき，当然，過去を真剣に見つめる勇気をもたなければならない。それができれば，アジアのなかで"共生"という思想を育んでいくことができるでしょう。外交においても，自立と共生型の社会を構築する時代が到来します。そのときに，日本が真のアジアのリーダーとして"自立"と"共生"という理念を基にアジアの国々をどうやってまとめていくかは，重要な外交課題となります」と強調している（同上，112-113頁）。

さらに由紀夫は，（麻生太郎首相が主張した）「価値の外交」が展開され，「不安定な弧」を「自由と繁栄の弧」にするだけでは，世界平和は実現できない，と考えるとし，真の世界平和は，特定の地域の自由と繁栄を望むだけでは，実現できない。そこで「友愛外交」こそが，その目的を果たせると自負している。

だから「私は"価値の外交"ではなく"友愛外交"だろうと思っておりまして，むしろ，価値観の異なる人たちとの間にこそ外交が必要であり，ある意味では，社会体制が違う，経済体制も違う，そういう人たちとどううまく付き合っていくかが，外交だと思います」，と独自の外交論を展開している（前掲書『友愛革命——鳩山由紀夫の素顔』196頁）。

4．鳩山由紀夫の行動

(1) 新党さきがけへの参画

　先に引用したノンフィクション作家の佐野眞一は，鳩山由紀夫の政治家としての行動を，次のように皮肉ぽく描いている。「興味深いのは，お坊ちゃんとくせ者というこの取り合わせが，孫の由紀夫の代にも隔世遺伝していることである。由紀夫は新党さきがけが結成したときには武村正義と盟友関係を結び，旧民主党結成のときには，菅直人とパートナーシップを組んでいる。いずれも政権を目指す野心家である。そして，今回の政権取りでは海千山千の小沢一郎を後ろ盾とした。こうした野心的な政治家と組まなければ，一郎も由紀夫も存在感を発揮できなかった」（前掲書『鳩山一族　その金脈と血脈』84頁）。本節では，このような由紀夫の（政治的）行動の特色を探りたい。

　既述のように，由紀夫は1988年8月，武村正義，田中秀征ら自民党の若手議員による政策勉強会＝「ユートピア政治研究会」に参画した。この研究会は，リクルート疑惑に揺れる党内にあって，自民党の巨額の政治資金の実態を明らかにして大きな反響を呼び，1990年代の「政治改革」運動の契機となった。研究会は，政治腐敗を糾弾して，政官財の癒着を厳しく批判する一方，憲法を尊重する「尊憲」の立場から政治改革を主張，のちに結成された「新党さきがけ」の母体となった。

　1993年6月，由紀夫は政治改革をめぐって自民党を離党，武村を代表とする「新党さきがけ」を結成した。結党時の議員は，鳩山由紀夫，三原朝彦，佐藤謙一郎，渡部紀三郎，武村正義，園田博之，田中秀征，岩屋毅，綾瀬進，および井出正一の都合10名であった。総選挙後，新党さきがけは13名の当選者をだ

し，非自民・非共産連立政権で成立した細川護熙内閣に参画した。その際，新党さきがけ代表の武村は内閣官房長官に，そして由紀夫は内閣官房副長官に就任した。

　細川内閣で首相秘書官だった成田憲彦は，「鳩山さんはお坊ちゃんだけど，非常に頑固。ただ，鳩山さんの下だと（意見の違う人がいても）不思議にまとまるんですよ。それが優れた資質。そこは細川さんと似ています。きらっと蛮勇をみせるところも共通しています」と，由紀夫の持つ求心力を評価している（前掲書『鳩山由紀夫事典』53，55頁）。

　ところで，新党さきがけ代表幹事として，自民，社会，さきがけ連立政権を支えていた由紀夫は，北海道知事選に出馬を要請され，1994年11月17日，これまで消極的であった姿勢を変えて，突然国会内で「出馬の環境を整えていきたい」と宣言した。これには中央政界は大きく揺れ，当時の村山富市首相は「中央で待望されているんじゃから」と翻意を促した。ただ4日後，由紀夫は出馬を断念している。おそらく，離党した自民党と手を組む"自社さ政権"に不満が募っていたのであろう。「さきがけの次のリーダーは君なんだと」と言って慰撫した新党さきがけ代表の武村は，そんな由紀夫を「長期的視点よりも，極めて直感的に判断するところがある。軽妙というか柔軟というか」と，由紀夫の政治行動の危うさをいさめている（前掲書『鳩山由紀夫事典』47-48頁）。

(2) 民主党の結成

　鳩山由紀夫は新党さきがけから訣別して，新党をつくろうと考えた。それが「民主党」である。1996年8月12日，由紀夫は9月中旬までに弟の邦夫に加えて，横路孝弘・北海道知事，海江田万里・市民リーグ代表や数人が，新党準備会を見切り発車させ，それ以外の参加者は，解散・総選挙まで所属政党に留まる。そして，選挙後に菅直人厚生大臣なども新党さきがけや，社会民主党の「リベラル96」，総志会などが合流するという「二段作戦」を立てていた（前掲書『友愛革命─鳩山由紀夫の素顔』85頁）。

　由紀夫は8月15日から4日間，軽井沢の別荘に同志を集め，合宿の形で政策

作りに入った。そして19日までに新党の基本政策の原案をまとめた。それは「民」主導型社会を目指すという内容で，業界と癒着した官僚や官僚政治との対決姿勢を示したものであった。8月25日，由紀夫はテレビに出演，突然「武村さんには参加してほしくない」と述べた。党代表の武村正義に対する通告がきっかけで，離党問題が浮上，「鳩山新党」が現実のものとなってきた。由紀夫は27日，新党さきがけの代表幹事の辞表を持って党本部に赴き，それを提出した。その際，由紀夫は新党には武村正義と村山富市の参加を拒否した。その理由は，「既成の政治家はできるだけ排除することだった」。目指す新党が既成政党の合流ではなく，新たな政治潮流であることを明確にするため，社民・さきがけの両党の党首を遠ざけたのであるなど，といわれている（前掲書『鳩山由紀夫事典』52頁，『友愛革命―鳩山由紀夫の素顔』83-87頁）。

　この点について，排除された村山富市は「僕は社会党とさきがけが一緒になることを考えていた。新しいリベラル層を結集して，社会民主主義という考え方を基調とすることが必要ではないかと。だけど，鳩山さんは全然違う，保守の立場から新党をつくっていこう」としたと語っている。一方，武村正義は，「（自民党離党前から）3，4年間，鳩山という人をかなり尊んで，期待して付き合っていたから，特段嫌われる理由はないのでね。本当に不思議で，分からない」と述べている。政治の世界で恩義ある先輩2人を拒んだ由紀夫の行動は，我々国民には分かりづらく，それは「友愛」という新党の理念とはやや遠い行動だった，といわざるを得ない（前掲書『鳩山由紀夫事典』31，52頁）。

⑶　政権交代に向けて

　鳩山由紀夫の政治的行動には，強い「排除」の論理がみられる一方で，他方で大胆な「連携」の論理もみられる。旧民主党のメンバーは1998年4月，民政党，新党友愛，民主改革連合と統一して「新民主党」を結成し，菅直人が初代の代表に就いた。そして，翌1999年9月に行われた民主党代表選挙で，由紀夫は菅直人および横路孝弘の両者を破って，代表におさまったのである。なお12月，自由党の小沢一郎党首が保守新党構想を明らかにするや，由紀夫は「小沢

氏は政治家としての終焉を迎えている」と，小沢を批判している。

　ここで，由紀夫と菅との関係について触れておくと，両者はさきがけ以来の"同志"である。1996年の民主党結成時代には，二人は共同代表になったし，また，98年の新民主党の結成後は2004年5月まで，交互に代表を務めた仲である。一般に，由紀夫は「調整型」なのに対して，菅は「企画型」だと，いわれている（前掲書『鳩山由紀夫のリーダー学』82頁）。

　由紀夫は菅のことを，「二人は認識は同じだという一方で，アプローチの仕方は根本的に違うかもしれません」と述べた上で，菅を「"眼光紙背に徹す"というか，建物の後ろにいる人物までわかってしまうくらいの洞察力と，それを裏付けるための理論的な精緻さをもっています」とほめ上げている。一方，菅の方は，由紀夫を「鳩山さんの一つのスタンスというか，持ち味は，ある種の理念を持っていること，そして"勇気"だと思います」と立てている（前掲書『民益論―われら官僚主導を排す』200-206頁）。

　2002年9月の民主党代表選挙で3選を果たした由紀夫は，「政権交代には，野党勢力の結集は不可欠である」と考え，先に批判した小沢一郎が率いる自由党との合併構想を進めた。しかし，事前の党内の根回し不足なこともあって強く反対され，合併構想は一時後退した。だが，民主党は12月3日，両院議員総会を開催し，由紀夫の代表辞任と引き換えに，自由党との連携を進めることを了解した。この席で由紀夫は「小異をすてて大同団結し，野党の結集で国難を救う民主党が歩むことを期待する」と述べている。実際の合併は，菅代表のもとで2003年9月に行われ，この結果，新民主党は衆議院議員137人，参議院議員67人の合計204人を擁する一大野党勢力へと衣替えした。

　当然のこととはいえ，この時の自由党との合併については，民主党内から「独断専行だ」という批判が噴出，党代表辞任という代償まで払わされた。由紀夫はよく「おのれを捨てる覚悟がある」という言葉を好んで使用するという。それは，新しい状況を切り開くには，退路を断つ決意が必要だという意味だそうだ。だとすれば，自由党との合併時にも，このような，彼特有の計算と覚悟が読み取れた，といえなくもない（前掲書『鳩山由紀夫事典』53，58頁）。

2009年3月，西松建設巨額献金事件で小沢一郎代表の公設秘書が逮捕された時には，当時幹事長だった由紀夫は「一連托生」「殉ずる」とまで語り，一貫して小沢を支え続けた。そして，5月に代表を辞任した小沢は事実上，代表の地位を由紀夫に渡した。それが，9月の民主党の大勝利とともに，由紀夫にとって首相の座への道につながったと見るのは穿った見方であろうか。ある意味で由紀夫にとって，小沢は"権力政治"が跋扈する政界の「師匠」的存在であった，といってよいだろう。

最後に，由紀夫自身の政治資金について触れておこう。改めていうまでもなく，新しい政党を結成するに際し，また，総選挙を戦いぬくには，多額の資金を必要とする。

由紀夫は，新党さきがけを結成したとき，武村正義とともに銀行から2億円ずつ合計4億円借金したという。しかし，当時の由紀夫の資産は，個人資産が24億7600万円で衆議院議員中第3位であり，あえて借金する必要はなかったといえる（前掲書『友愛革命―鳩山由紀夫の素顔』80頁）。

鳩山兄弟の財力が広く知られるようになったのは，1996年の旧民主党結成の時であった。結党に際して資金25億円のうち，15億円を鳩山兄弟が負担したという。鳩山は民主党の資金のオーナーでもあったわけだ。また，1994年に父威一郎の遺産相続が発表された際に，田中角栄元首相の遺産が109億円だったのに対し，威一郎の遺産は何と152億円であった。その内訳は，音羽御殿が50億円，軽井沢の別荘が26億円，預貯金が15億400万円で，あとはブリヂストンの株式450万株であった。現在，由紀夫の資産は田園調布の自宅や軽井沢の別荘，株券など時価100億円以上だといわれる。だが既述のように，鳩山家が相続・保有してきた莫大な資産の源泉は，威一郎の妻である安子の実家にあたる石橋家，つまり，安子の父＝石橋正二郎が用意したものである（以上，前掲書『鳩山一族　その金脈と血脈』196頁，『鳩山由紀夫のリーダー学』40頁，『鳩山由紀夫と鳩山家四代』168頁）。

2009年11月，母の安子から毎月1500万円，5年間に約9億円に上る政治資金が提供され，その事実を首相であった息子の由紀夫は知らなかったと釈明して

世間を驚せたのは，我々の記憶に新しい。この事件は，国民に政治活動をささえるにはカネが不可欠であることを改めて知らしめた，といえる。

5. 鳩山由紀夫内閣

(1) 2009年

　鳩山内閣は，2009年9月16日に発足，由紀夫は首相就任後の初の記者会見で，「官僚依存を脱した政治を実践するための大きな船出だ」と強調し，夜の閣議では，国家戦略室の設置とともに，事務次官会議や各府省の事務次官会見を廃止し，府省の方針や見解の公式発表は，閣僚，大臣，政務官の"政務三役"に限る原則を確認して，「脱官僚」を強く訴えた。

　そして，10月26日，臨時国会で首相就任後の初の所信表明演説では，由紀夫首相は「友愛」の意義を述べるとともに，脱官僚依存，地域主権など鳩山内閣の取り組み方を「無血革命の平成維新」と位置づけて，政治変革に果敢に挑戦する決意と姿勢を強調したのである。

　一方，外交面では，由紀夫首相は，9月21日から26日にかけて，訪米し，国連における演説やオバマ米大統領と日米首脳会談をこなした。9月22日，由紀夫首相は国連の気候変動サミットで演説を行い，温室効果ガス排出について20年までに，1990年比で25％削減を目指す中期目標を表明した。米中両国など主要排出国が参加する新たな枠組みの構築が前提であるものの，しかし，由紀夫首相が示した意欲的な削減目標について国際社会はこれを大きく評価した。

　国際デビューとなった24日の国連総会一般演説で，由紀夫首相は，オバマ大統領が呼びかけた「核兵器のない世界」に呼応する形で，日本が核廃絶に向けて先頭に立つ決意を表明した。さらに，11月13日，初来日した，オバマ大統領との日米首脳会談では，沖縄普天間の米軍基地移設に関して作業グループの設置で合意し，由紀夫首相は，「できるだけ早く結論を出したい」と伝達し，オバマも辺野古への移設計画の履行が望ましいとの考えを示した。その際，由紀夫首相が「私を信じて欲しい（トラスト・ミー）」と発言し，オバマ大統領も「もちろん，あなたを信じる」と応じたのは有名な話である（居石乃「ぎくしゃ

くする日米関係」『世界年鑑，2010年版』共同通信社，2010年，22頁）。

　だが，由紀夫首相は過去に「常時駐留なき安保」を提唱するなど，新たな日米関係を模索しており，いわゆる「対等な日米関係」を念頭においていたのは間違いない。「対等な日米関係」と並ぶ由紀夫首相の外交の目玉が，「東アジア共同体」構想である。それは既に述べたように，多国間枠組みとして中国や韓国などアジア諸国との信頼関係を構築し，通商や金融，エネルギー，環境，災害援助，感染症対策の各分野で協力体制を確立する内容である。しかしながら，「脱・米依存」見解に示される由紀夫首相の発言について，その後の12月15日，普天間問題で移設先の結論を先送りした鳩山内閣の方針決定を含めて，米国側がかなり神経質になっていたのは否めない（同上）。

　政権発足時の9月には，鳩山内閣の支持率は72％（共同通信社調べ）と高く，発足直後の支持率としては，宮沢内閣以降，小泉および細川両内閣に続いて第3位であった。しかし，その後，由紀夫自身の偽装献金問題，景気の低迷，および普天間問題の先送りなど，首相としての由紀夫の政治指導力について疑問が呈される状況が続き，内閣支持率は翌年2010年1月には，41.5％へと僅か4ヶ月間で36ポイントも急落した（同上，23頁）。

(2)　2010年

　2010年に入って鳩山由紀夫首相は，米軍の普天間基地移設問題，また由紀夫自身と小沢幹事長が抱える「政治とカネ」の問題で迷走し続けた。まず後者の問題では，4月21日，由紀夫の資金管理団体「友愛政経懇話会」をめぐる偽装献金事件で検察審査会は不起訴相当であると議決。一方，同28日，小沢の資金管理団体「陸山会」の土地取引事件には起訴相当であると議決した。また，前者の普天間問題では，5月4日，由紀夫首相は沖縄を訪問し，「学べば学ぶにつけて，沖縄の米軍全体と海兵隊が連携している中で抑止力が維持できるという思いに至った」と発言し，一国の首相としての軍事的認識の甘さで世間を驚かせた。

　由紀夫首相自身，普天間問題の解決期限を5月末に設定したものの，結論を

いえば，それは反故にされ，5月28日，日米共同声明が発表された。その内容は，普天間飛行場の移転先は従来どおり沖縄県名護市の辺野古周辺と明記され，基地の負担軽減策として普天間の海兵隊の訓練を沖縄県外に移すというもので，首相自身が唱えていた「国外または県外」は実現せず，夢に終わった。この結果，社民党は30日，連立を離脱し，民主，社民および国民新党の三党連立体制の一角が崩れたのである（塩田潮『民主党政権の真実』毎日新聞社，2010年，236頁）。

社民党が連立を離脱した後，31日に発表された共同通信社の内閣支持率はついに19.1％までに下落し，民主党内で由紀夫首相の責任論が出てきた。6月2日，由紀夫首相は次のように退陣表明をせざるを得なかった。「国民のみなさんの昨年の暑い夏の戦い，その結果，日本の政治の歴史は大きく変わりました。国民のみなさんの判断は決して間違っていなかった。私はいまでもそう確信しています」。

そして，民主党両院議員総会では，民主党政権の仕事が「国民の心に映っていない。国民が徐々に聞く耳を持たなくなってしまった」と述べ，退陣の原因として，普天間の問題と政治とカネの問題を挙げたのである。こうして鳩山由紀夫は6月4日，総辞職を決意し，8日に菅直人に首相の座を譲ったのである（同上，239頁）。

このような鳩山由紀夫首相の行動を，作家で政治評論家である塩田潮は，以下のように分析している。

「迷走の跡を振り返ると，首相としての見識や哲学に基づく判断ではなく，鳩山の癖ともいうべき思い切りと度胸のよさ，言え換えると，浅慮で軽はずみな決断が原因で自縄自縛に陥った面があった」とし，その上で「惜しむらくは，言葉だけが上滑りし空回りしてしまったことである。……複眼的思考や緻密な議論の組立て，段取りなどが欠如した。困難を乗り越え，目標を達成するには何が必要かを真剣に考え，最良のシステムやスタッフを用意して駆使するといった戦略，手法も思い至らなかった」と批判，そして，「強烈な個性や指導力はないが，好人物で敵の少ない鳩山は結局，民主党政権の初代首相として，本

格政権と強力リーダーが登場するまで,政権交代直後という過渡期の繋ぎ役をこなすのが精一杯だった」と,結論づけている(同上,238-239,242-243頁)。

なお,我々が鳩山内閣のいわゆる"崩壊過程"で特に奇異に感じるのは,由紀夫首相を支える立場にあった閣僚たち,ことに民主党設立の立役者の一人であった菅直人副総理兼財務大臣の行動である。「鳩山首相の下で菅副総理は,首相を補佐する立場にいた。だが,普天間からの米軍移転問題で積極的に動いたわけでもなく,景気の回復に当たって主導権を握った形跡も見あたらない」からである(藤本一美「日本政治」前掲書『現代用語の基礎知識2011』408頁)。

6. おわりに―課題と評価

以上,鳩山由紀夫首相の家系,経歴,思想および行動を検討してきた。政治思想史的には,由紀夫の立場をヨーロッパ流の「社会民主主義的」流れの中に位置づけることが可能である。ただし,その一方で,自衛隊を軍隊にする改憲論者であり,天皇の元首化を主張する「保守的」側面をもっている。それは根が自民党出身だからかもしれない。行動面では,由紀夫の言動の真意をつかむのはむずかしい。由紀夫には誰でも近づけるが,表情が読み取りにくく何を考えているか分からないところがある,という。それは政治家にとって必要な資質でもある。だが,あるいは,ある種の冷徹で合理的な由紀夫の行動は"理科系出身者"だからであろうか。

1995年12月,月刊誌『文藝春秋』は「21世紀のリーダー」という企画の中で由紀夫を第1位に選んだ。それから15年の年月を経て,由紀夫はついに日本を代表する事実上のリーダー="宰相"になった。

鳩山新首相が誕生した時,『朝日新聞』はその社説「鳩山新首相に望む"変化"を実感できる発信を」の中で,次のように期待感を寄せた。

「有権者は決然と政権交代を選んだ。しかし,新政権に向ける視線は甘くはない。何を語り,何を実行するのか,じっくり見極めようとしている。鳩山首相がまずやるべきことは,このように冷静な有権者に,"変化"を実感させる力強く具体的なメッセージを届けることである。……政治は言葉である。政治

指導者は，言葉によって浮きもすれば沈みもする。新首相がまず磨くべきは，言葉による発信力である」(『朝日新聞』2009年9月17日)。

　その鳩山由紀夫首相が発信した言葉により，内閣が沈没したのは皮肉としかいいようがない。ことに，沖縄の普天間の米軍基地移転問題をめぐる由紀夫首相の発言のブレはいただけなかった。また，自身の金銭問題でも野党時代にあれほど秘書が不始末した場合の議員の責任を追及していたのに，自己を弁護する姿勢はどういう神経なのか，不思議でならない。それは「宇宙人」のなせる業なのか。理解に苦しむことばかりである。

　もちろん，鳩山由紀夫内閣は，脱官僚・政治主導を掲げ，国家戦略室と行政刷新会議を設置し，また，子ども手当，高速道路の無料化を進め，事業仕分け，高校学校授業料無償化などを実施して果敢に改革に努めたことなどは大いに評価しなくてはならない。

　その場合問題なのは，政策決定の軸足がどこにあるのか結局判然としなかったことだ。一説によれば，最終的な政策決定には，小沢一郎幹事長が強い影響力を行使したともいわれる。もし，そうだとすれば，それは「権力の二重構造」に他ならず，決して好ましいことではない。

　由紀夫首相は2010年6月8日，内閣総辞職に追い込まれた。わずかに8ヶ月しかもたなかったことになる。これに関連して，『朝日新聞』は世論調査を実施しており，「鳩山さんは，約8ヶ月首相を務めました。鳩山内閣の実績をどの程度評価しますか」の質問に対して，「あまり評価しない」が43%，「まったく評価しない」が16%という具合に約6割の回答者が否定的回答を寄せている(『朝日新聞』2010年6月4日)。

　確かに，由紀夫は首相辞任の理由として，普天間の問題と政治のカネ問題を挙げ，世間もそれをもって納得した観がある。しかしながら，見方を変えるなら，米軍基地問題がいかに重要な問題であったかを我々に周知徹底させたという意味で十分に政治的効果があったし，また，政治とカネをめぐる問題でも，首相と与党の幹事長がいかに金銭的に汚染されていたかを国民に改めて認識させたという点で，わが国の「民主主義の発展」(?)にとって一歩前進であった，

と逆説的に評価することも可能である。

　本論を閉じるにあたって，次の貴重な意見を紹介しておこう。自民党室蘭支部幹事長として由紀夫の元側近を務めた桜井孝輝は，「由紀夫に欠けているのがまさにその点（苦労人）である。由紀夫は，お膳立てのなかで生きてきた人間です。福祉だ何だと，政治用語を駆使してきれいゴトは言えても，苦労を知らない人間には，本当の貧乏人の辛さはわからない」と苦言を呈している。だとすれば，由紀夫首相が果たした政治改革の実態は「"政権交代"といっても，古い保守から新しい保守にかわっただけ」なのかもしれない（前掲書『鳩山由紀夫と鳩山家四代』156頁，『鳩山一族　その金脈と血脈』191頁）。

　いずれにせよ，鳩山由紀夫は「素人受けするスローガンとキャッチコピーを掲げて夢のある話を打ち上げることにかけては天才的だが，それを現実化していく政策能力は，ほぼゼロに等し」かった。その意味で，結論をいえば，由紀夫自身は，"理念"の政治家＝宰相に留まったということになろうか。その理念を実現していく明確な「ロードマップ」を作成できなかったところに由紀夫の宰相としての大きな限界点が存在した，といえる（前掲書『鳩山由紀夫と鳩山家四代』133～134頁）。

　ただ，ここで忘れてならないのは，今日の段階で振り返って見れば，我々国民自身も，マスコミなどを含めて，鳩山由紀夫の主張する（政治）"理念"を支えていこうとしなかったことだ。その意味で，現代人はあまりにも早急すぎるのかもしれない。一般的に言えば，他人の思想や行動を批判し，それをこきドロすことは容易である。しかし，その他人を納得させることができる"成果"を出すのはより難しく，それがまた結果責任が優先する「政治の世界」における現実の姿である。

　なお，鳩山由紀夫は，首相引退後の議員辞任表明をくつがえして，議員を続ける意向を示し，また菅内閣の時には，菅直人と小沢一郎との関係修復に努め，さらにイランを訪問し，その発言が批判をあびるなど，物議をかもしている。このように，由紀夫の言動は民主党の行方に大きな影響を与えている。本人は善意のつもりでも，結果は必ずしも成功したとはいいがたい。

第2章 菅 直人

岩切 博史

1. はじめに

　菅直人は2010年6月11日の総理就任後初めての所信表明演説において,「私は,山口県宇部市に生まれ,高校生のとき,企業の技術者の父の転勤で東京に移りました」と述べ,父が自宅購入に苦労したことが都市部の土地問題に取り組むきっかけになったこと,大学卒業後に特許事務所に勤務しながら市民運動に参加したことなど,自身の経歴について長々と述べた(「菅総理の演説・記者会見等」http://www.kantei.go.jp/jp/kan/statement/.以下,菅の総理としての演説は上記サイトによる)。これを,政治評論家の岩見隆夫は前例がない演説とみなし,異色の経歴も宣伝したかったが,トップリーダーとしての資質を疑わせたと評している(岩見隆夫『非常事態下の政治論』毎日新聞社,2011年,16頁)。

　確かに菅は,他の平成期の有力政治家と比較して異色の政治家である。彼は世襲議員でもなく,自民党員歴がなく,政界では少数派の東京工業大卒(菅を含めて現在,東工大卒の国会議員は3人)であり,地方議員の経験もない。また国政選挙4度目の挑戦で衆議院に当選してからも10年以上,社会民主連合という国会に議席のある政党の中では最少数派に所属し,全国的には無名であった。菅は1993(平成5)年の自民党分裂に伴う政変後に新党さきがけに転じた。1994年の自社さによる村山政権ではさきがけ政調会長として,与党の政策調整の責任者のひとりとなり,続いて橋本内閣では厚生大臣として薬害エイズ処理に辣腕を振るい,「最も総理大臣にしたい人物」として最有力政治家となった。

　そして鳩山由紀夫と共に旧民主党を結成し,自民・旧新進党に対抗する第3極を形成した。その後,新民主党の結成,小沢一郎の自由党との合併を経験し,

菅自身の女性キャスターとの騒動や厚生年金未納による代表辞任などの紆余曲折を経て，ついに宰相の座にまで上り詰めるに至った。だが，その1年3ヶ月あまりの政権は，消費税増税と参院選大敗，小沢との党内抗争，尖閣問題，TPP参加問題，東日本大震災とそれに伴う東電福島原発事故，震災復興と原発事故の処理とまさに激動の連続であり，満身創痍での退陣であった。

　元外務省職員で作家の佐藤優は，菅は小沢一郎を利用した後に叩き潰すことに腐心し，仙谷由人に対してすら警戒するマキャヴェリストとみなす。そして佐藤は，菅が真のマキャヴェリストとなり過去の成功体験から脱して，憂国の念を抱く優れた人々の声を聞き入れるならば，当面の政権維持は可能であろうと評した（「古典でしか世界は読めない」『文藝春秋』2011年6月号，454-455頁）。この佐藤の指摘は，重要である。というのも，菅の旧東京7区での市民型選挙，薬害エイズ処理などでの成功体験は，総理としての菅の政権運営に関して却って阻害要因となったからである。菅の著作に『市民ゲリラ国会に挑む』（読売新聞社，1980年）というものがある。この中で菅は，自身の衆院初当選（1980年）を「これまで既存の大組織によらねば当選できないとされてきた国政選挙への障壁に対する突破口として意義づけ，これを足がかりに，さらに市民政治の新しい波をまき起こしていくこと」（同上，203-204頁）を目指すとしていた。

　すなわち菅は，ゲリラ部隊長として55年体制，および自民党長期政権を打倒することには成功したが，しかし，正規軍の司令官として日本の国家運営には成功することができなかった。それは「奇兵隊内閣」というフレーズについても同じことがいえる。「奇兵隊」とは非正規軍のことであり，奇兵隊の高杉晋作も第二次長州征伐時に幕府軍を撃破してまもなく病没し，直接，維新政権の運営には参画していない人物であり，国家運営の手本にはならないであろう。むしろ伊藤博文や山県有朋など軽輩から出世して，明治政府で活躍した人物の中から手本をさがすべきであったように思える。そして菅直人の成功と蹉跌を学ぶことは，現在の日本の政治状況とともに，政治家にとって必要な資質，特にリーダーシップとは何かを理解する一助になるであろう。

2．菅直人の軌跡

(1) 政治家になるまで

　菅直人は1946（昭和21）年10月10日，山口県宇部市に生まれた。その他に兄弟としては，姉真子がいる。父の寿雄も東工大卒の技術者であり，当時，宇部曹達工業（現，セントラル硝子）に勤務していた。その後，父の東京への転勤に伴い，宇部高校2年在学中に尾山台高校に転校した。1965年に現役で東京工業大学理学部応用物理学科に進学した菅は，全共闘，民青，体制側のいずれともなじめずに「全学改革推進会議」を結成したという。このグループは，ゲバ棒を持たずに大学改革を推進すべきだという方針で，学生大会でこの提案が主導権をとったので，5年かけて卒業することとなった（前掲書『市民ゲリラ国会に挑む』37頁，五百旗部真・伊藤元重・薬師寺克行編『菅直人―市民運動から政治闘争へ』朝日新聞社，2008年，13-14頁）。東工大在学中に父からオルダス・ハックスリーの『すばらしき新世界（*Brave New World*）』（原著　1932年）をすすめられた菅は，この本に大きな影響を受けることとなった。そこで描かれている新世界は，「子供は人工授精で生れ，ガラス瓶の中で保育され，父親も母親も知らない。生まれる前から将来の役割が割り当てられ，催眠術や条件反射教育によって，個人はその役目を自動的に果たすように条件付けられ，悩みや不安は錠剤の精神安定剤を飲めば解決される」（『ブリタニカ国際大百科事典　小項目電子辞書版』2004年）。この本は，ユートピアを人工的に作ろうとすると非人間的な社会になるとして菅の政治的な原点の一つ「政治の役割は最小不幸社会である」のバックボーンとなっている。菅は「最後は政治は（略）強制力だと思うんですね。……なるべく政治というのはなくてすむものならないほうがいいんじゃないか。（略）政治が担当できる分野というのは，あまり大きいことは幸せなんじゃなくて，小さいほど幸せなんだと」（菅直人・ばばこういち『激論　革自連 VS 社民連―80年代に政治の変革と復権は可能か』ちはら書房，1979年，114-115頁）と述べている。大学卒業に当たって菅は一般企業には就職せずに，特許事務所に勤務しながら弁理士試験合格を目指すことにした。1970年11月に

菅は1歳年上の従姉の伸子（旧姓姫井）と結婚している。菅の父と信子の母が兄妹の関係であった。当時，菅の両親は父の転勤で三重に居住しており，岡山県から上京して津田塾大学，そして津田塾卒業後に早大に学士入学した信子と菅，菅の姉真子の3人で菅の自宅で暮らしていた。その後，菅夫妻には長男源太郎，次男真二郎が生まれている（菅伸子『あなたが総理になって，いったい日本の何が変わるの』幻冬舎新書，2010年，49，56，143頁。以下，『あなたが総理になって』と略記）。

その後，1971年に弁理士試験に合格すると，「よりよい住まいを求める市民の会」を結成し市街化区域内農地の宅地並み課税を推進する運動を展開していた。その運動のシンポジウムのゲストとして招かれたのが，市川房枝（1971年参院選東京選挙区で落選）であり，菅は74年の参院全国区での市川の担ぎ出しに関与し選挙責任者となり，市川は193万票を獲得し全国区2位で当選した（前掲書『菅直人―市民運動から政治闘争へ』19-23，27頁）。その後，菅は76年の衆院選に旧東京7区（定数4）から革新系無所属で初挑戦し，次点で落選する。77年7月には参院選東京選挙区（定数4）から，当時，社会党を離党した江田三郎とともに結成した社会市民連合から出馬し再び落選する（8位）。当時，「あきらめないで参加民主主義をめざす市民の会」を結成していた菅は，同年4月に政治学者の篠原一の紹介で江田とのシンポジウムを行ったが，江田三郎は5月に癌のために急逝している。だが，この江田との出会いは菅にとって，長年の同志となる江田の長男五月や「菅直人を応援する会」会長として尽力した江田二郎のブレーンで江田「構造改革論」の理論家貴島正道との出会いをもたらすものであった（塩田潮『江田三郎―早すぎた改革者』文藝春秋，1994年，373-386頁）。なおこの参院選で江田五月は，全国区で当選している。1978年3月に社会市民連合は，社会党を離党して社会クラブを結成していた田英夫（当時，参議院議員）・秦豊（同，参議院議員）・楢崎弥之助（同，衆議院議員）らと合流して社会民主連合となり，菅はその副代表に就任した。

(2) 社民連時代

　菅直人は，1980年6月の衆参同日選挙において衆院旧東京第7区から出馬し，自民圧勝（衆院287，参院70）の全国的な流れに抗して，15万票を獲得し，33歳でトップ当選を果たした。東京7区は，三鷹市から昭島市にかけての中央線沿線，旧保谷市から東村山市・清瀬市の西武線沿線の15市からなり，この当時，有権者が104万人で，面積が20万5000平方キロと巨大な選挙区であった。この選挙に関して，菅は選挙のやり方に自信があるために，他の運動員に細かく口出してイライラしているように見えるので「イラ菅」と呼ばれていたが，今回は候補者に徹することができたという（前掲書『市民ゲリラ国会に挑む』56，58頁）。菅の悪癖と称される細かいことに口を出す傾向はこの頃から自覚されていたことが認識できる。なお，選挙運動自体は，「菅直人株」（カンパに対する一種の領収書で，寄付者を菅に対する「株主」として登録するもの）発行，支援者の人的ネットワークを中心とした運動員200人確保・公選ハガキ・ポスター貼り・協力依頼電話・お知らせ電話などの非組織依存の市民選挙を展開し，当選時にもバンザイやダルマを排除した（同上，66-68頁）。

　政治学者の篠原一は，現代政治が「ハイ・ポリティクス」（政党の綱領などにみられる基本的な政治）と「インタレスト・ポリティクス」（利益団体が中心の利益配分政治）に加えて，「ライブリ（Lively）・ポリティクス」（日々の生活に関わる環境・福祉・消費者問題に関する政治）が出現して来たとした上で，既成野党がライブリ・ポリティクスを十分に体現できていないという。そして近年の選挙で都会の流動票が豊かさ信仰と生きた政治の欠落という構造で保守層へと流れたのに対し，ライブリ・ポリティクスを掲げ，地域密着型の小集団活動を展開した菅が東京7区で勝利したことを流動票が自民ではなく，革新派が獲得したことにあるとみなす。篠原は，菅らが既成政治と多様な接触方法を持ちながら，菅のような政治家が今後も出現することに期待を抱いている（同上，13-20頁）。ここでの篠原の分析も菅を評価するためには，篠原の指摘を超えて重要であろう。というのもいわば篠原の発想ではカウンター・コンセプトに過ぎない市民政治家が実際に権力の階段を上る過程で，ハイ・ポリティクス，

インタレスト・ポリティクスとどのように付き合うかという問題が生じたからである。

「国会議事検索システム」によれば，同年10月16日の衆院社会労働委員会で初質問にたった菅は，当時，乱脈診療で問題となっていた富士見病院，医療専門官の不足，人工透析患者のうち透析が不要な患者のチェック，死後の肝臓提供を園田直厚生大臣に問うた（http://kokkai.ndl.go.jp/cgi-bin/KENSAKU/swk_logout.cgi?SESSION=4810.）。この初質問について菅は，わずか15分の質問時間であるので園田と親しかった田英夫を通じて，この質問について事前に園田にレクチャーし，「こういう質問をしますから，こう答えてください」と述べたという。また質問主意書も積極的に活用していた（前掲書『菅直人―市民運動から政治闘争へ』48-51頁）。

この時期の社会労働委員会において菅が熱心に追及したのは，丸山ワクチンの問題であった。日本医科大学付属病院ワクチン療法研究施設「丸山ワクチン・オフィシャルサイト」によれば，1944年に丸山千里が皮膚結核の治療薬として開発した同ワクチンを1964年からがん患者に使用したところ，延命効果がみとめられたという。そして特定の患者に通常無料で行われる治験薬実験に対し，丸山ワクチンは特例として希望するガン患者が誰でも使用可能な有償治験薬（患者が実費を負担する）であることを1981年に厚生省（当時）に認められるようになった（http://vaccine.nms.ac.jp/general/index01.html.）。

菅の「丸山ワクチンの製造承認申請に係る審査の現況に関する質問主意書（1980年12月12日付）」によれば，①厚生省生物製剤課長の「有効率は極めて低い」発言や中央薬事審議会の単独投与の有効率「３％以下」の評価（『朝日新聞』1980年12月６日）という数字の根拠，②中央薬事審議会の昭和53年の内容と同ワクチンの製造業者ゼリア新薬工業（同ワクチンの申請者）に対して出された追加文書提出の命令文書の詳細，③最近認可された２種類の免疫療法剤（ピシバニール，クレスチン）と丸山ワクチンに関する『朝日新聞』（1980年12月６日）の有効率の比較の基準の根拠，基準の相違の有無，をたずねている（http://www.shugiin.go.jp/itdb_shitsumona.nsf/html/shitsumon/a094002.htm?OpenDocument.）。

「衆議院議員菅直人君提出丸山ワクチンの製造承認申請に係る審査の現況に関する質問に対する答弁書（1981年1月9日付）」では、①中央薬事審議会の審議では、丸山ワクチンの有効性を確認できず、指摘の発言もこの審議を踏まえている、②中央薬事審議会は申請者の提出した資料や実験内容が不十分と判断し、再度の提出を求めた、③ピシバニール、クレスチン、丸山ワクチンの真偽はいずれも抗悪性腫瘍剤に関する基準に基づいている（http://www.shugiin.go.jp/itdb_shitsumona.nsf/html/shitsumon/b094002.htm）と、いうものであった。

その後、菅は1981年3月19日の社会労働委員会において、クレスチンの認可を実際上、調査をした抗悪性腫瘍剤調査会（14名）のメンバーの一人である癌研究所癌化学療法センター基礎研究部長（当時。委託日は1975年12月10日）が、クレスチンの申請者である呉羽化学（申請日は1975年8月1日）のデーター提供者であることをすっぱ抜き、中央薬事審議会の審議運用に関してしっかりとした基準がなく、自分のデーターに関することには口出しをしないという慣習に任されているに過ぎないことを認めさせた。なお菅と同じく丸山ワクチン認可に熱心であった公明党の草川昭三（現、参議院議員）を紹介議員として、「丸山ワクチン製造認可促進に関する請願」は1981年11月26日に衆院社会労働委員会で可決され、内閣に送付された。そしてこの請願代表者は、政治学者の篠原一であった。これらの動きが丸山ワクチンの有償治験薬としての承認につながっていった。官僚の前例重視を市民的感覚で切り込む菅のスタイルの原型である。

1983年、86年、90年と順調に当選回数を重ねた菅は、盟友江田五月の「シリウス」構想に中心的な役割を果たすこととなる。88年に発覚したリクルート事件は、中曽根・安倍・宮沢・竹下といった自民党有力者が軒並みリクルートの政界工作に関与していたことが分かり、藤波孝生（中曽根内閣時の官房長官）が逮捕された。また1989（平成元）年5月から3％の消費税がスタートした。結局、竹下は退陣を余儀なくされ、同年6年に派閥の領袖ではない宇野宗佑が首相についたものの間もなく女性スキャンダルが週刊誌上で暴露され、いわゆる3点セット（リクルート事件、消費税、宇野スキャンダル）もあって7月の参院選は土井たか子率いる社会党が圧勝した（社会52議席、自民38議席）。また、この

89年に発足した労働組合「連合」は、社公民の推薦を得て11名を当選させている。自民党は宇野に替えて海部俊樹を首相に選出したが、翌年2月の衆院選でも社会党は86から136と党勢を回復させた（自民は304議席から286議席）。91年に社会党委員長は土井から田辺誠、自民党総裁は海部から宮沢喜一へと交代している。土井の退陣は統一地方選敗北の責任を取ったものであるが、海部は自己の内閣の求心力を保つために「政治改革」の大義のもとに衆院選の小選挙区・比例代表並立制を推し進めようとしたものの、これに失敗して総裁選不出馬を余儀なくされたものであった。

　この時期、このように「政治改革」が内政における主要なテーマとして浮上していた。これに対して、江田・菅らは社会党と連合参議院の若手計27名で政策集団「シリウス」を92年11月に結成した（前掲書『菅直人―市民運動から政治闘争へ』54頁）。この92年は日本の政治経済の大きな転換点のはじめの年であった。6月、カンボジア和平を機運として国連PKOへの自衛隊参加が軍事活動を伴うPKFへの凍結を条件に自公民の賛成で可決された（PKO協力法案）。これに共産と共に徹底抗戦した社会党は7月の参院選では当選24、連合はゼロという惨敗を喫し、翌93年社会党委員長には山花貞夫が就任した。細川護熙の日本新党は、4人当選している。また日経平均株価や地価の下落が公然化し、バブル経済の崩壊が明らかとなった。この当時、自民党副総裁・竹下派会長金丸信は権勢を振るっていたものの、東京佐川急便から5億円の裏金をとっていたことが発覚した。さらに東京佐川急便事件（元々は同社元社長の特別背任事件）の公判で、87年の総裁選びの際に竹下をほめ殺し攻撃した右翼団体に対する金丸から暴力団への中止依頼工作も明らかとなり、10月に金丸は議員辞職した。この後継会長人事をめぐり、竹下派は羽田派と小渕派とに分裂する。翌93年3月に金丸は巨額脱税（18億5000万円）事件で逮捕・起訴され、その捜査からゼネコンから中央・地方政界へのヤミ献金が発覚し、政治改革が最大の政治課題となっていった。

　菅はこの時期の活動の重点をシリウスや「制度改革研究会」（93年1月発足）に移している。この制度改革研究会は自民の武村正義・田中秀征、社民連の江

田・菅，日本新党の細川らが参加した行政改革や地方自治の研究会であった（前掲書『菅直人―市民運動から政治闘争へ―』55頁）。宮沢内閣は単純小選挙区制度を中心とする政治改革法案を提出したものの，当時の幹事長梶山静六ら自民党執行部は可決には消極的であった。そのために6月18日に内閣不信任案が提出されると，自民党内の「改革推進派」からの造反によって可決された。宮沢は直ちに衆議院を解散したが，羽田派が「新生党」（36名），武村らが「新党さきがけ」（10名）を結成し，自民の現有議席は222名に減少した。これに対して江田はシリウス新党結成まで決断することはできなかった。シリウスは元々，社会党乗っ取り計画であったという話も存在する（大下英治『菅直人―総理の野望小沢一郎との死闘』KKベストセラーズ，2010年，191頁）。この盟友江田の消極性に失望したのであろう菅は，7月の衆院選当選後にさきがけの院内会派に属することになる（翌年1月に正式に社民連を離党し，さきがけ政調会長に就任。社民連自体は同年5月に解散）。なお，日本新党とさきがけは将来の合併も視野にいれた統一会派を組むこととなった。

(3) 新党さきがけ時代

　この1993年衆院選の結果，細川護熙を首班とする「非自民・非共産」の7党連立政権が発足した。与党の一員となった菅は衆院外務委員長に就任している。最重要課題とされた政治改革は，衆院の選挙制度を並立制（小選挙区300・全国11ブロックの比例区200）とする公選法改正，政党助成法など「政治改革4法案」が細川と河野洋平（自民総裁）の間の妥協によって，94年1月末に成立した。その直後，細川は突如として，「国民福祉税」（事実上，現行の消費税3％を7％に引き上げるもの）を打ち出したものの，社会党（93年9月より委員長村山富市）やさきがけの反対で撤回することになる。ここに日本新党とさきがけに亀裂が生じることとなった。そして細川が同年4月に金銭疑惑によってゆきづまり総辞職し，4月末に羽田孜内閣が発足する。すると，さきがけは羽田首班に賛成票を投じた一方で，閣外協力に回り，日本新党との会派も解消するに至った。一方，社会党も，社会党以外の羽田政権与党が統一会派「改新」を事前連絡な

しに結成したことに反発し，閣外協力に転じた。さきがけと社会党の離脱により羽田政権は少数与党となり，94年度予算成立を待って6月末に総辞職した。

　菅によれば，村山富市首班をはじめに言い出したのは，さきがけの田中秀征であるという。そしてさきがけ政調会長の菅は社会党政審会長の関山信之と政権構想を練り上げ，自民党が了承した。そして村山は，6月末の首班指名において，旧連立派の小沢一郎が担ぎ出した元首相海部俊樹を決選投票で破って，自社さを与党とする政権が発足することとなった。そして菅は，村山・武村・河野の3党首が路線も近く，信頼性が生じたのでうまくいったという。そして加藤紘一（自民政調会長）・菅・関山の間で与党政策調整会議がもたれ，その下で約20のプロジェクトチーム〔PT〕（自民3・社会2・さきがけ1）が作られた。そしてPTで固まった政策が政策調整会議に上がり，そこでまとめられた与党責任者会議（幹事長・書記長）にあげられて決定されるシステムであった（前掲書『菅直人―市民運動から政治闘争へ』80-81，90-91頁）。このようにして与党内のコンセンサス形成を重視した村山は，安保堅持・自衛隊容認・日の丸君が代容認といった現実策を打ち出していった。一方，苦杯を舐めた旧連立派は200名を超える国会議員を擁する新進党（党首海部俊樹・幹事長小沢一郎）を結成した。95年には1月に阪神大震災，3月にはオウム真理教による地下鉄サリン事件が発生し，村山政権はその危機管理能力を問われることとなった。水俣病未認定患者問題，被爆者援護法制定，「村山談話」などで社会党らしさをなんとか打ち出した村山であったが95年7月参院選での社会党惨敗（16議席）もあって96年1月に突如退陣を表明するに至った。

　村山退陣を受けて自社さは新たな政策合意を打ち出した。そこで菅は，さきがけの重点項目として，当時，問題となっていた住専の不良処理を含めた金融問題と，薬害エイズの問題を離脱も覚悟の上で臨んだという。そして合意文書には，薬害エイズの「原因究明と責任追及」が厚生省の抵抗を排除して，明示された。この薬害エイズとは，85年までエイズに感染していたアメリカでの売血を原料とした非加熱血液製剤が日本の製剤メーカーによって製造・販売されたために血友病患者2000名が感染し，600名を超える死者が出たとされる（同上，

103-104, 107頁)。96年1月に新たに発足した橋本龍太郎政権において菅は、武村からの推挙の上で厚生大臣に就任した。妻の伸子や『インサイダー』誌編集長の高野孟は、大臣就任に反対であったものの、それを押し切って菅は大臣就任初日が勝負であったという。つまり既に大臣秘書官が厚生官僚によって事実上、決められており、さらに記者会見用のペーパーも用意されていたのである。薬害エイズに関しても、患者が気の毒だから救済する旨はあっても、責任や原因は触れられていないものであった。そこで菅は自分なりに整理したポイントを話した。

そして菅は、厚生事務次官(当時)の多田宏に省内に薬害エイズ調査プロジェクトチーム結成を命じたところ、多田は最初、反対したものの、13人のメンバーで発足した。その後2月9日の国会休憩中に薬務局長の荒賀泰太が菅に非加熱製剤の危険性を認識した厚生省内の研究班(班長は後に帝京大副学長となる安部英)のファイルを提出した。ただし、菅は、このファイルは2週間くらい前に発見されていたが、提出を迷っていたものとみなしている。また、この2月9日が金曜日であったのも、週末が空白期間となることから意図的にこの日にしたものという。同日の記者会見で菅は資料発見の事実だけを告げ、「国の責任もはっきりするであろう」と述べるにとどめた。最終的に薬害エイズ関連のファイルは30冊に及んだ(同上、113-116頁)。

その1週間後の2月16日に菅は、厚生省において国の薬害エイズの責任をエイズウイルス(HIV)に感染した血友病患者や遺族の前で認め、「厚生省を代表して、本当に心からおわびを申し上げさせていただきます」と謝罪した。3月29日、東京・大阪両地裁のHIV訴訟は原告団と国の間で和解が成立した(前掲書『菅直人―総理の野望 小沢一郎との死闘』210頁)。この薬害エイズへの対応は喝采を浴び、菅は一躍、有力政治家の仲間入りを果たすこととなる。ただし菅の後任厚生大臣となった小泉純一郎の秘書飯島勲は、薬害エイズ・ファイル発見に関しては菅の前任者の森井忠良(当時、社党)のひたむきな努力が、厚生省を動かしていったことが原動力であり、菅はこのときから他人の手柄を横取りし、自らが発表するという手法を確立していたと酷評する(「すっから菅

総理のスタンドプレー」http://president.jp/articles/-/3906?page=2.)。さらに，この96年夏に発生した大阪・堺市でのO157事件の原因とされたカイワレ生産業者が提訴し，2004年に国側敗訴で終わった賠償訴訟について，菅は，3ヶ所の施設から見つかったO157のDNAが一致しており，しかも特定農園のカイワレのみが同一食材であったとして，疫学的には「クロ」であったという（前掲書『菅直人―市民運動から政治闘争へ』124-126頁）。なお，飯島はこれについても，「驚くべきことに最高裁で敗訴が確定しているにもかかわらず，本人はこれを成功体験ととらえているらしい。目立つことさえすればマスコミに賞賛される。それを感覚として知っているのだ」（前掲「すっから菅総理のスタンドプレー」）と酷評している。ともかく国民的スターとなった菅は，1996年10月の並立制ではじめての衆院選挙において，鳩山由起夫らと新党「民主党」を結成した。

(4) 民主党時代
① 民主政権発足まで

1996年になるとさきがけ内部では衆院小選挙区での勝負を見据えて，社会民主党（同年1月に社会党から党名変更）との「社さ新党」が武村から提唱されるなど，新党結成の構想が活発であった。だが，社さ丸ごとの合併はさきがけ議員の反発が強く，特に武村と村山の参加を拒否する「排除の論理」が展開された。菅は，この論理は鳩山邦夫の意向が反映されているという。つまり新生・新進と渡り歩いた邦夫にとって旧連立を破壊した武村と村山は裏切り者であって，排除しかないというものである（前掲書『菅直人―市民運動から政治闘争へ』124-126頁）。一方，兄の鳩山由紀夫も8月25日の民放番組において，武村の排除を明言した。排除論者ではなかった菅ではあったが，武村と村山を排除する形でさきがけと社民党からの離党者を中心とする新党結成に9月28日，現職の厚生大臣のままこぎつけた。菅と鳩山由紀夫がこの新党「民主党」の共同代表に就任した。10月20日の総選挙では52議席（比例17，小選挙区35）の当選者を出すことができた。菅は，これを①鳩山兄弟の資金，②旧総評を中心とする連合の支援，③自分の人気，の3要素があったからと述べている（同上，143-151

頁）。民主党は総選挙において必ずしもその政権構想が明確でなかったが，選挙後は野党としてのスタンスを強めていった。一方，自（239議席）社（15議席）さ（2議席）による橋本政権，最大野党としての新進党という枠組みは継続されたものの，社さは大きく議席を減らして閣外協力に転じ，新進党も総選挙直後から自民党への復党者など離党者が続出し97年末には解党に至った。

　そして98年参院戦前の4月に旧民主党に小沢一郎系（自由党を結成）と公明党を除く旧新進党の議員が加わって新民主党が結成され，菅がその代表となった。98年7月の参院選挙で民主党は27議席を獲得した一方，自民は44議席にとどまり，橋本政権は総辞職に至った。これは橋本が，北海道拓殖銀行の経営破綻，山一證券の廃業など97年に明らかになった経済危機に対する財政出動に消極的であったのが有権者の不評を買ったためといわれる。後継の小渕恵三政権にとって金融危機への対策が，最大の課題として横たわっていた。98年7月から10月の金融国会に対応して菅は「金融国会を政局にしない」方針の下で小渕に野党（民自公）の金融再生法案を丸のみさせた。同年11月には女性キャスターと密会したのではないかとの週刊誌の報道に対して菅は釈明に努めたものの，菅の人気は急落していった（前掲書『菅直人―総理の野望　小沢一郎との死闘』225頁）。翌99年1月に自自政権が成立した。この9月の代表選で菅は鳩山由紀夫に破れて代表の座を退き，政調会長となった。この間，小渕自自政権は新ガイドライン法（5月），国旗・国歌法（8月）を成立させ，10月には自自公政権となった。2000年4月に小沢一郎と小渕が決裂し自自公体制が崩壊するのと同時に，小渕が急逝した。小渕の後継は森喜朗政権であったが，小渕からの継承経緯の不明朗さや失言癖もあって当初から人気は低迷した。この6月の総選挙で民主は127と議席を伸ばした。9月に菅は幹事長に転じている。11月のいわゆる「加藤の乱」を経て，森は翌01年4月に退陣に至った。

　01年4月の自民総裁選において小泉純一郎は構造改革を唱えて，橋本龍太郎らの他候補に圧勝した。小泉はハンセン病訴訟の国側控訴断念，郵政民営化の明確化などトップダウン型の政権運営に努め，01年7月の参院選で自民党64議席と圧勝し，民主党は26議席にとどまった。同年9月の9・11テロ事件後には，

10月のテロ特措法成立, 11月の海自艦船のインド洋での多国籍軍支援の補給開始が続いた。翌02年9月の代表選で菅は再び鳩山に敗れた。だが, 鳩山が幹事長に代表選出馬を取りやめ鳩山支持に回った中野寛成を起用したことに「論功行賞」人事との批判が集まり, 12月に辞任を余儀なくされた。12月の代表選で菅は岡田克也を破り, 代表へと復帰した。そして菅は翌03年9月23日, 民主が自由を合併する民由合併にこぎつけた。この9月の総選挙はマニフェスト選挙として戦われ, 自民党237, 民主党177と民主は前回より50議席伸ばした。04年, 年金問題に関連して, 中川昭一・麻生太郎・石破茂ら未納時期のある閣僚の発覚が続出していた。これを菅は「未納三兄弟」と強く批判した。ところがその菅が厚生大臣であった10ヶ月間, 未納であったことが発覚した。これは行政側の事務手続きのミスであったが, 菅へ批判が殺到し同じく未納が発覚した官房長官の福田康夫が辞任したこともあり, 5月10日に辞任した（後継は岡田克也）。

その後, 菅は四国八十八ヶ所をめぐりを始めた。（同上, 246-251頁）。岡田は05年9月の郵政選挙で自民党の小泉に大敗（自民296・民主113）した責任をとって辞任し, 菅と前原誠司の一騎打ちの後継選挙では菅が僅差で敗れた。だが, 民主党衆院議員の永田寿康が06年2月の偽メール事件（ライブドア元社長の堀江貴文が自民党幹事長の武部勤の次男に3000万円のコンサルタント振込を指示したとされるもの）で醜態を晒し, 代表の前原にも批判が高まった。結局, 永田は議員辞職, 前原は代表辞任することとなる。前原の後継争いは菅と小沢の間で行われ, 小沢が勝利した。小沢は党勢の立て直しに尽力し, 成功する。この06年9月に政権の座は小泉から安倍晋三へ交代した。教育基本法改正, 国民投票法などを成立させた安倍も, 年金問題, 現役農林大臣松岡利勝の自殺などのために翌07年の参院選で自民党83議席・民主党109議席と大敗を喫し, 体調不良を理由に退陣した。そしてその後継の福田康夫も小沢との大連立構想が頓挫して, 満足な政権運営ができずに08年8月に退陣した。福田の後継者麻生太郎は09年9月に政権を引き継いだものの, リーマン・ショックなど世界的金融危機を理由に解散に打って出ることはなかった。一方, 順風満帆に見えた小沢も公設秘書が政治資金規正法違反で逮捕されたことにより, 09年5月に鳩山に代表

の座を譲り，自らは幹事長に転じたのである。

② 鳩山政権

　2009年8月30日の総選挙で民主は308議席を獲得した。そこで，民主・社民・国民新党連立による鳩山政権が発足した。この政権に菅は当初，副総理兼国家戦略・経済財政担当大臣として入閣した。鳩山政権は子ども手当，高校無償化を実現したものの，揮発油税の暫定税率廃止の白紙化，高速道路無料化の限定的実施など民主党マニフェストの非現実差が明らかとなった。また，鳩山首相の母親からの9億円以上の政治資金援助をめぐっての収支報告書への不記載，架空の個人献金が明らかとなり，小沢も10年1月に元秘書で現職議員の石川知裕が逮捕されるなど民主党首脳部の不祥事が相次いだ。一方，菅の国家戦略室は法的な権限や予算もなく事実上，休眠状態にあり，期待はずれとマスコミからの批判にさらされた。

　鳩山政権の命取りとなったのが，辺野古基地移転問題である。06年に当時の日米政府間で米海兵隊普天間基地の辺野古付近への移転が同意されていたが，地元の反対もあって未着手なままであった。これに対して鳩山首相は選挙期間中に来沖し，普天間から県外・国外への基地移転を公言した。だが，外務省と防衛省は先の日米合意実施を推進しており，窮地に陥った首相は10年5月末までの先送りを図った。結局鳩山は，辺野古での基地建設を容認するに至り，これに反発した社民党首の福島瑞穂は連立離脱を決意した。金銭スキャンダルも相まって政権運営に行き詰まった鳩山は首相と代表を辞任し，同じく金銭スキャンダルを抱える小沢も鳩山に続いた。6月4日の両院議員総会での代表選において，菅直人は樽床伸二を291対129（議員総数423）で破り，ここに菅政権が発足した（前掲書『菅直人―総理の野望　小沢一郎との死闘』365頁）。

3．菅直人政権

〈その発足と参院選挙敗北〉

　菅首相の所信表明演説（2011年6月11日）では「税制の抜本的改革に着手することが不可避」とし超党派的な議論を呼びかけながらも，消費税についての

言及はなかった。だが，同17日の参院選マニフェスト発表会において，「消費税率に関する改革案をとりまとめたい。税率は（自民党参院選公約の）10％を参考にする」と発言する。一方，配布された公約集には「消費税を含む税制の抜本的改革に関する協議を超党派で開始します」となっていた。なお，鳩山由紀夫前首相は09年総選挙時に，4年間は消費税引き上げはないとして発言している（『朝日新聞』2010年6月18日）。朝日新聞が6月19，20日に実施した全国世論調査（電話）では，内閣支持率50％（前回時〔12，13日に実施〕59％），不支持27（前回23）％，菅首相発言を「評価しない」50％，「評価する」39％であった。

　こうした情勢下で7月11日に実施された参院選での菅首相の目標は54議席であったが，自民51議席（前回比＋13），民主44議席（－10），みんな10議席（＋10），公明9議席（－2），共産3議席（－1），社民2議席（－1），たち日1議席（0），改革1議席（－4）で，非改選議席を含めて与党110対野党132（半数121）という「ねじれ国会」が生じることとなった。自ら「奇兵隊内閣」と呼んで意気込んだ菅は出鼻をくじかれた。民主党の落選者の中には，千葉景子法務大臣（神奈川選挙区）が含まれ，その影響は，民主党の政治主導の中核を担う「国家戦略局」構想（首相直属の予算編成や外交方針決定権限を担う機関）の事実上の放棄（「国家戦略室」＝首相への助言機関に縮小）となって即座に現れた（『朝日新聞』2010年7月17日）。29日の民主党両院議員総会では，中津川博郷（衆・東京比例）から「菅総理もみずから責任を取るべきだ」，小泉俊明から（衆・茨城3区）「敗因は，執行部がだれにも相談しないでマニフェストを変え，消費税を勝手に上げると宣言したことだ」などの退陣論を含んだ責任論が小沢一郎に近い議員から2時間近く噴出した（『朝日新聞』2010年7月30日）。

〈民主党代表選挙と尖閣諸島沖中国漁船事件〉

　2010年9月7日午前，尖閣諸島・久場島(くばじま)付近の東シナ海で中国のトロール漁船（166トン）が第11管区海上保安本部所属の巡視船「よなくに」（1300トン）からの退去警告に対して，よなくにに衝突して逃走。さらに巡視船「みずき」（195トン）の停船命令を無視して，みずきに衝突。結局，同日午後1時前に日

本のEEZ（排他的経済水域）内で停船し，漁船員は拘束され，翌日に船長は公務執行妨害の疑いで逮捕された。その1週間後の民主党代表選挙は，菅首相と小沢一郎前幹事長の一騎打ちとなり，国会議員票は菅412対小沢400，地方議員票は60対40，党員・サポーター票249対51（数字はいずれもポイント）で菅721ポイント対小沢491ポイントとなり，300小選挙区ごとの「総取り制」である党員・サポーター票を圧倒的に獲得した菅が勝利した。小沢系議員を内閣から排除した改造内閣を17日に発足させた菅は，同日の記者会見で「政権交代から1年間は試行錯誤の内閣だった。これからは『有言実行内閣』を目指す」とのべ，「政策を官邸主導，政治主導で実現する」などの基本方針を閣議で決定した（『朝日新聞』2010年9月18日）。

だが，菅に中国漁船問題が重くのしかかることとなった。中国は19日夜，閣僚級以上の交流停止を発表し，王光亜筆頭外務次官は丹羽宇一郎中国大使に対し漁船長の即時釈放がない場合の強烈な対抗措置を警告した。21日の温家宝首相の「即時に無条件」での釈放要求に続いて，電気自動車のモーターやレーザーなどに必須のレアアース（希土類）の対日禁輸，軍事施設のビデオ撮影を理由としたゼネコン・フジタ社員の4名の拘束が24日までに明らかとなった。こうした中国の攻勢に対し，24日，那覇地検は巡視船の被害が軽微であったことと，日本国民への影響と今後の日中関係を考慮して漁船長を処分保留のまま釈放した。菅はあくまで検察の判断であると強調したが，自民党の石原伸晃幹事長をはじめ検察が政治判断をしたとして検察側の証人喚問を求めた。その一方で，24日に自民党の谷垣禎一総裁は04年3月に中国人活動家7名が尖閣諸島に上陸した事件で，当時の小泉政権が2日後に強制送還した事例を挙げて，「そういう処理のやり方もありえたと思う」と述べている（『朝日新聞』9月25日）。

その後，一般に非公開とされた漁船衝突場面のビデオが海上保安官（のちに辞職）によってネット上に公開されるなどの余波もあった。10月1日の所信表明演説で菅は，「〔中国の〕透明性を欠いた国防力の強化や，インド洋から東シナ海に至る海洋活動の活発化には懸念を有しています」と中国側を批判した。だが，菅政権の対応は世論の批判をよび，支持率の低下に悩まされることになる。

〈陸山会事件，ロシア外交，TPP参加，APEC首脳会談，菅政権の苦境〉

　2010年10月5日，小沢一郎の政治資金団体「陸山会」の土地取引事件で，東京第5検察審査会は小沢の04，05年分の政治資金規正法（虚偽記載）で強制起訴相当とする2度目の「起訴議決」を公表した。この事件は小沢からの4億円の借入金で陸山会が04年10月に3億5000万円の土地を購入したにもかかわらず，04年分ではなく05年分に支出として記載されていたものである。同審査会は10年4月に1度目の「起訴相当」議決を下し，東京地検特捜部が不起訴としていた。2度目の決議で小沢は強制起訴されることとなった。この小沢の強制起訴をきっかけに民主党内の反小沢派と小沢派の抗争が激化することとなる。

　菅首相は10月1日の所信表明演説で「環太平洋パートナーシップ協定交渉等への参加を検討し，アジア太平洋自由貿易圏の構築を目指します」として，アメリカ，オーストラリアなど9ヶ国が構想する環太平洋パートナーシップ協定（Trans-Pacific Partnership：TPP）参加への意欲を示していた。菅政権はTPPを明治維新，太平洋戦争敗戦に続く「第三の開国」と位置づけ，農業分野を含めた原則関税の撤廃を目指すTPPへの党内の反対に対して，菅は「10年後の農業をどうするかと，内閣が掲げる『国を開く』ことの両立は可能だと考えなければならない」と強い決意を示した（『朝日新聞』10月28日）。外交への意欲を菅政権が示すのと同時期の11月1日，ロシアのメドベージェフ大統領が北方領土の国後島へ旧ソ連を含めてロシアの最高指導者として初めて訪問し，またしても菅政権は外交的な失墜を重ねてしまった。また，菅政権は11月7日，TPPについて，「情報収集を進めながら対応し，国内の環境整備を早急に進めるとともに，関係国との協議を開始する」とした基本方針を決定し，党内への慎重派に配慮した参加表明を避ける内容となった（『朝日新聞』11月7日）。

　こうしたなか，日本で開かれたAPEC首脳会談に議長国として臨んだ菅首相は，中国・胡錦濤主席，ロシア・メドベージェフ大統領と11月13日，首脳会談を行なった。菅・胡錦濤会談は通訳を交えてわずか22分というもので，ギリギリまで開催が決定されなかった理由は，中国が対中強硬派といわれる前原外相への警戒を緩めなかったためとされる。尖閣への発言は双方ともになかった。

また菅・メドベージェフ会談も，菅首相が「四島の帰属の問題を解決して平和条約」を締結したいという原則論を述べ，メドベージェフが「平和条約の締結に向けたアプローチを変え，経済（関係の強化）を先にやろうと」と交わしたものにとどまった（『朝日新聞』11月14日）。

　菅政権の苦境はなお続いた。国会を軽視した発言をした柳田稔法相が事実上，更迭され（11月22日），続いて北朝鮮による韓国領土への砲撃（24日），尖閣事件への対応のまずさを理由に仙谷官房長官，馬渕国交大臣への問責決議が参院で成立（26日），民主党が不戦敗であった沖縄県知事選で現職の仲井真知事が再選（28日）され，改めて普天間基地移転がクローズアップされた。国会閉幕（12月3日）後，12月17日に菅・仲井真会談が沖縄県庁でもたれたが，辺野古がベターという菅と県外移転を求めた仲井真の主張は平行線に終わった。

〈2011年度予算，内閣改造，党内抗争〉

　菅政権は12月24日，2011年度政府予算案を閣議決定した。一般会計予算の総額は92兆4116億円で，税収は40兆9270億円，新規国債は44兆2980億円と前10年度並みに過去最大規模であった。衆院選マニフェストで謳われていた高速道路無料化（1.3兆円かかる）は1200億円での社会実験，子ども手当（中学卒業まで月2万6000円支給）は3歳未満のみ2万円支給にとどまった（『朝日新聞』12月25日）。菅首相は，28日，国会招致を小沢一郎が拒んだ場合の離党勧告を促した。これは，前週に打診したたちあがれ日本との連立のたち日側の拒否，年内決着を目指した小沢招致問題の越年化が背景にあるとみられた。支持率低迷に苦慮する菅首相の政局工作は，「政権基盤の強化は遅々として進まないのに，時間ばかりがすぎていく」（『朝日新聞』12月28日）と評された。

　年が明けた2011年1月14日，菅第2次改造内閣が発足した。たちあがれ日本の前共同代表の与謝野馨が「一本釣り」によって経済財政大臣に就任したほか，TPP担当の経済産業大臣（前経済財政大臣）の海江田万里を横滑りさせた。与謝野は消費税増税論者であり，その筋道をつけることが狙いとみられた。また海江田は経済財政大臣時代からTPPに積極的であった。一方，前年，参院で問責決議を可決された仙谷由人，馬渕澄夫，同決議を提出された岡崎トミ子（内

閣府特命担当相）は退任となった。新官房長官には枝野幸男が就任した（『朝日新聞』2011年1月15日）。1月24日に召集された通常国家において菅首相はその施政方針演説で「三つの国づくりの理念」，①平成の開国＝TPP参加，②最小不幸社会の実現，③不条理を正す政治などを掲げた。その直後，1月28日に米格付け会社のスタンダード＆プアーズは民主党政権を不安視し，日本の国債格付けを「AA」から「AAマイナス」に引き下げた。これに関して菅首相は「そういうことに疎い」と発言し，国債問題への理解不足を懸念された。2月1日に小沢が強制起訴され党員資格停止処分となったが，同17日に小沢を支持する16人が菅首相を公然と批判し，会派から離脱する構えを見せるなど民主党内の抗争が一層明らかとなった。また同24日には松木謙公農林政務官が辞任し，菅内閣の求心力低下が明らかとなった。3月に入ると前原外相の外国人献金問題での辞任（6日）に引き続き，菅首相自身の外国人献金が発覚（『朝日新聞』3月11日）し，年度内退陣は必至とも思われた。

〈東日本大震災，原発問題，菅内閣総辞職〉

　まさに菅が外国人献金問題で追及されていた3月11日14時46分，牡鹿半島東方130キロを震源とする東日本大震災が発生した。マグニチュードは9.0で東北沿岸を津波が襲い，2012年1月12日現在，警察庁がまとめた東日本大震災（余震を含む）の死者は1万5844人，行方不明者は3394人と戦後最大の災害となった。そして東京電力福島第一原子力発電所で稼働していた1～3号機は地震・津波のために制御・冷却のための電源が失われ，核燃料の溶融が発生し，レベル7（深刻な事故＝チェルノブイリ事故と同レベル）の事故となった。

　この震災被害者の救出と原発事故の対応という二つの重大な課題を担ったのが菅内閣であった。だが，福島第一原発から爆発音と煙が確認されたのが12日午後3時36分，枝野官房長官が記者会見をした午後5時46分時点で半径10キロ避難指示，午後6時25分に菅は20キロ圏内へと指示を拡大し福島県に通達したものの，国民に直接知らされたのは午後8時半の首相メッセージであった。このような対応は「国民への情報提供が後手に回っている」と批判された（『朝日新聞』3月13日）。週明けの14日からは計画停電が首都圏で開始され，鉄道ダ

イヤの乱れ，臨時休校など混乱が拡大した。一方，被災地に10万人規模の自衛隊投入を指示した菅首相は19日，自民党の谷垣禎一総裁に「副総理兼震災復興担当相」として入閣するよう電話で要請したものの，「あまりに唐突な話だ」として拒否された（『朝日新聞』3月20日）。東日本大震災復興構想会議（議長五百旗部真防衛大学校長）は4月14日，初会合を開き，「震災国債」「復興連帯税」といった構想をうちあげた。

4月10日の統一地方戦前半戦，24日の後半戦ともに民主党の退潮が鮮明となった。国会においても3月12日の菅首相の福島第一原発視察の適切さや「20年住めなくなる」と発言したとされる問題が追及され防戦に追われた。菅首相は，5月6日には東海地震への備えを理由に中部電力浜岡原発の稼働停止を要請し，中電はこれを受諾した。菅首相は，6月2日の衆院での内閣不信任案を自ら「一定の目処が立った時点」での辞任を表明することでしのいだ。6月24日に公布・施行された東日本大震災復興基本法は，首相を本部長とする復興対策本部を置き，新たに任命する「復興担当相」を副本部長に充て，政府は復興計画の企画立案から実施までの権限を担う「復興庁」や復興特区の早期設置に向け，関連法案の準備に入ることとなった。

また6月30日，「社会保障・税一体改革案」が了承され，経済の好転を条件に2010年代半ばまでの消費税10％引き上げ，消費税の社会保障目的税化（年金・医療・介護の高齢者3経費を基本としつつも少子化対策の費用を含めた「社会保障4経費」に改める）が確認された。

菅首相は，7月13日に脱原発を打ち出したものの，結局，8月26日に特例公債法（赤字国債を発行するための1年限りの特例法）と再生可能エネルギー買取法（陽光や風力，小規模水力，地熱といった，再生可能な自然エネルギーを推進するための「固定価格買取制度」を実施するもの）の成立をもって退陣表明をした。

『日経』『読売』『朝日』『毎日』（8月27日）各新聞の社説をもとに菅政権の評価を見ておきたい。『日経』は，菅首相が消費税引き上げやTPP参加に意欲を示しながら，党内からの異論のため成果をあげられなかったとして，次期代表選での一定の方向づけを促す。『読売』は国政の停滞を招いたとし，民主党

の政権能力を疑問視する。消費税引き上げ，TPP参加，「脱原発」も場当たり的，唐突であると批判する。また普天間，尖閣，北方領土でも失態を重ね，官僚を基本的に信用せずに敵対相手とする野党的体質を権力の中枢に持ち込み，行政を混乱させたという。『朝日』は菅首相の掲げた政策（脱原発，税と社会保障の一体改革）は間違っていないものの，合意づくり，根回しが欠けていたという。だがそれ以上に党内の混乱，足の引っ張り合いなど非自民集結のための「選挙互助会」的体質が内紛の原因ではないかと指摘する。

　『毎日』は最も紙面を割いて，菅政権を評価している。震災・原発対応，参院選敗北のねじれ，与党の一体化欠如による満身創痍の退陣と評する。震災対応はがれき除去，仮設住宅の遅れ，省庁間の情報共有，被災自治体との情報収集もスムーズにいかず，政治主導が機能不全だった。一方で，震災2日目で自衛隊10万人投入の決断は早かったとみる。原発に関しては，浜岡原発停止は評価されるし，全原発への安全評価，エネルギー政策の見直し，環境省外局としての原子力安全庁設置をあげる。だが周辺住民の安全対策では情報公開と対応の遅れ，初期段階での政権の対応評価もこれからだという。その他，消費税引き上げ，税と社会保障の一体化改革，TPPも実現への道筋がなかった。マニフェストも子ども手当，高速道路無料化が後退を余儀なくされた。さらに外交では，船長を逮捕しながらも結局，中国の圧力に屈したような印象を与え，ビデオ漏えいも起きた。普天間も進展がなかった。政局運営は稚拙で，3.11後もねじれ対応が後手に回り，小沢問題の対応にも揺さぶられ，首相の性格・政治手腕への批判も背景にあったとする。国家観・国家経営という観点が薄く，首相には荷が重すぎたきらいもあるという。

　結局，菅直人政権は2010年6月8日から2011年9月2日まで452日続いた。これは菅首相までの戦後32人の首相のうち19番目の長さであった。

4．おわりに─菅直人とその政権から学ぶべきこと

　改革派官僚として知られた古賀茂明（当時，経済産業省大臣官房付）は，「性急な政治主導が招いた官僚たちの士気喪失」（『Voice』2011年7月号）において，

官僚も今回の震災では政府からの適切な指示さえあれば，いつでも動ける体制をとっていたはずで，「政治主導」の政治ショーをみせるためにギアをいれたのは逆効果であったし，さらに阪神・中越沖といった震災対応のノウハウがあったはずだが，民主党政府は白紙に戻してしまったという。そして古賀は，菅首相が増税論の与謝野重用に見られるように財務省に擦り寄りながら，人気取りのための官僚叩きを行っているように思えると指摘する。そのため官僚のサボタージュが派生し，「政治主導」による政治の停滞が起きたという。

また政治学者の岩井奉信は「退陣後も状況は変わらない―菅政権の一年はなんだったのか―」(『改革者』2011年8月号)において，菅首相の政治手法の問題点として，根回しなしに唐突に会見で重要な施策を発表することを指摘する。それは消費税引き上げ，TPP参加，浜岡原発停止，脱原発といった事例であり，方向性はともかく，関係者からの反発を招く結果となっている。小泉純一郎の「政局観」に比較して，菅には一貫した主張がなく，政権浮揚のためと思われるのも仕方がない。さらにねじれ国会，党内対立から菅はますます独断専行→孤立化→独断専行という悪循環に陥っている。だが菅退陣でこの図式は終焉しない。なぜ菅が首相に選ばれたのかという，根源的な問題が民主党に投げかけられていると岩井はいう。

菅政権の総務大臣を務めた片山善博は「『政治主導』はどこへ向かうか―総務大臣としてみた民主党の課題」(『世界』2011年12月号)で，その政権行き詰まりの理由として，①鳩山・菅ともに官僚機構など大きな組織を動かす技術がなかったこと，②国民から信頼感を得られなかったこと，例えば，鳩山の普天間基地への「海外，最低でも県外」発言や菅の「脱原発」発言は一国の総理として裏付けのない軽いものであったこと，③与党内の対立・身内の倒閣運動であり，複数の党のようであったこと，民主党に核となる「綱領」がないことをあげる。さらに震災対応の一つとして，片山はガソリン不足を指摘する。経産省はそれまで適切に処理をしているといっていたが3月17日に具体策を聞いたところ，資源エネルギー庁は原発対応や計画停電で手一杯でガソリンの流通まで至らなかったと認めたという。そこでガソリンなら資源エネルギー庁から石

油業界へ，医薬品なら厚労省から医薬品業界へと要請して流通ルートを確保するようにした。さらに片山は，菅政権は中央政府の役割でないものまで背負い込んでしまったという。その典型が仮設住宅建設であり，本来，事情に通じた県以下の自治体の仕事である。だが，自治体での建設が遅れていると，政府が非難されるので，つい何とかしようとする。菅首相の「お盆までには私の内閣の責任で建てます」という発言も一例である。すると国交省から県に建設を急がせることになり，被災者に不便な住宅ができるという結果になる。

　次に，菅直人と伸子夫人の発言から菅の人となりを理解したい。「市民派は自分たちが好きなことはやるけれども嫌いなことはやらないですからね（笑）。私は，薬害エイズや土地問題などに取り組んできたテーマ型政治家ですね」（前掲書『菅直人―市民運動から政治闘争へ』196頁）。「（※インタビュー当時は代表代行）　私は代表がいちばん苦手であんまり好きじゃない。（略）代表というのは本当に党の代表なんです。そう感じるんです。自分はタフだと思っていたけど，ものすごくプレッシャーを感じるんです。よほど確信をもって走らないと務まらないポストです」（同上，201頁）。

　「菅の場合は，たとえばイギリスへの関心といっても，シェイクスピアなどの文化ではなく，議院内閣制での政治家と官僚の関係はどうなっているかなど，政治まわりのシステムなどに興味があるだけです」（前掲書『あなたが総理になって』74頁）。ここで筆者の個人的な思い出を述べたい。十数年前，菅の後援会長を務めていた貴島正道が菅直人を評して，「自分の得意な分野（土地政策）の細かい数字よりも，もっと大所高所を見据えるための哲学や国家論を勉強すべきだと常々いっているんだけどね。どうしても好きなものを優先してしまう癖があるね」というのを聞いたことがある。

　以上を踏まえて菅直人とその政権について考えてみたい。菅の政治経歴は，小政党（社民連）→中政党（さきがけ）→大政党（民主党）への出世街道であった。徒手空拳の青年が首相にまで上り詰めるためには，自分と自分のリーダーシップを認める少数の仲間だけを信じるしかなかった。それが菅の出世の手段であり，さらに橋本内閣時での薬害エイズ問題処理での大出世，国民的政治

家への道を開いた「官僚と戦う政治家」という佐藤優が指摘した成功体験につながったからなおさらである。「イラ菅」での成功ともいえる。だが菅はあくまで厚生問題や土地政策といった比較的マイナーな分野に精通した国内政策型の政治家であり，外交・防衛といった国際性が問われる分野や経済政策といった分野は不得意であったこと，また大組織に属したことがないのでなんでも自分で率先してやりたがるタイプであったことが，いかに適材適所に人材を，配置して，権限を委譲するかという首相としてのリーダーシップを発揮できずに政権運営に失敗した要因といえよう。つまり「イラ菅」での成功を封印し，耐えて他人を信頼する度量と大きな視野を持つ努力が必要であった。

　そして国家的な政治家を志すならば，何かしら政治以外の部分にまで関心を持ち，いわば余白の部分を持つべきであることともつながる。菅直人と40年あまりの親交のある評論家の佐高信は，小泉純一郎も奥行のない男だが，菅よりは話ができるという。菅は無駄話ができず，酒を飲んでも政治の話しかできない。であるから官僚からすれば菅は操りやすいという（佐高信『民主党の背信と小選挙区の罪』七ツ森書館，2011年，20頁）。つまり，政治しか語れない人物は，首相級のリーダーとしての資質に欠けるということになる。

　それと同時に現在の衆院選制度（並立制）も見直すべき時期にきているように思える。2005年での自民党の大勝も，09年での民主党の大勝も，小泉を除いて短命の宰相しか生んでいない。あまりにも巨大な与党に宰相自身が飲み込まれている。であるならば，比例代表的な部分を重視した制度に変えるのも，検討すべきであろう。例えば，民主は09年衆院選挙小選挙区において約3347万票（相対的得票率47.43％）で議席率73.67％（221議席）を占めた。自民は約2730万票（相対的得票率38.68％）で，議席率22.15％（64議席）である（石川真澄・山口二郎『戦後政治史　第三版』岩波新書，2011年，262頁）。あまりにも振幅の激しい結果である。野党が無力なあまり，与党の緊張感を欠き党内抗争にうつつを抜かす結果が近年の，特に民主党の政治である。ともかく勝ち馬に乗りたがるのではなく，最低限，志を同じくする人々が政党を結成するようにすべきである。

　ともあれ菅直人の軌跡は，無名の一青年でも十分に政界の中心人物になれる

ことと同時に，成功体験も打ち捨てて成長すべきことがさらなる上層のリーダーとして必要であるとの教訓を我々に教えてくれるのである。

補論　『福島原発事故独立検証委員会　調査・検証報告書』

　一般財団法人日本再建イニシアティブ（船橋洋一理事長）は，福島原発事故独立検証委員会（北澤宏一委員長）を発足させ，菅ら関係者へのインタビューを行い，『福島原発事故独立検証委員会　調査・検証報告書』（ディスカヴァー・トゥエンティワン，2012年）を発表した。ここでは同書108～112頁の「菅首相のマネジメント・スタイルの影響」を取り上げてみたい。同報告書は，福島原発事故の初期対応での菅首相の個人的なマネジメント手法が現場に一定の影響を与え，肯定的・批判的な2つの見解があるという。菅首相は東京電力の退避申し出拒否（2011年3月15日）という重大な案件から電源車の手配（同11日夜）の事務手続きまで関与しようとした。細野豪志首相補佐官（当時）は，これにより官邸による現場関与が深まったと述べる一方，菅首相が電源車の担当者に細かい質問をする状況に「ぞっとした」とある同席者はいう。

　菅首相の自己主張の強さもある。枝野官房長官（当時）ら大臣も菅の行動を止められなかった。これには正（物事を実行する効果）と負（関係者を萎縮させる）両面があったと評価する。その他に菅直人のスタイルとして，ライン（霞ヶ関や東電）への猜疑心とスタッフ（個人的アドバイザー）への依存が指摘される。菅首相は原発事故の情報が来ないと苛立ち，官僚が資料を持って説明すると「事務的な長い説明はもういい」と追い出されることがあったという。一方で，菅は細野ら当時の首相補佐官，震災後，任命された6名の内閣官房参与を重用した。菅首相の内閣参与や個人的アドバイザーとのやり取りは，携帯電話でなされたために関係者に情報が共有されにくかった。

　私的見解を述べるならば，危機対応に関しても菅のスタイルが貫かれたのは間違いがない。なお本章は，藤本一美編『現代日本宰相論―1996年～2012年の日本政治』（龍渓書舎，2012年）の「第九章　菅直人首相―"市民派宰相"の軌跡」に加筆したものである。

第3章

野田　佳彦

清水　隆雄

1．はじめに

　野田内閣発足後，4ヶ月が経過した。だが，政権は数々の困難に直面している。内政では大震災対策，特に原発対策問題，税と年金の一体改革問題，特に消費税増税問題，外交では普天間問題，TPP問題等は，対応を誤れば，政権崩壊にもつながりかねない重要な問題である。そのほかにも自衛隊の海外派遣，武器輸出三原則緩和問題等の問題が山積している。野田首相は，これらについて，国民の前で語ることが少ないので，これからどのような方向にわが国を導いて行こうとしているのか，判断するのが困難である。このため，本章では，野田首相の過去の言動および外部からの批判等を参考にして，今後の展開を考えて見ることにする。論文の構成は，先ず，野田首相の経歴から始まり，次に，首相の政治的な理念，特に大きな影響を与えたと思われる松下政経塾について，三つ目として，首相になる以前における政策，そして最後に，今後予想される政策について記すことにする。

2．経　歴

(1) 生い立ち

　野田佳彦は，1957年5月20日千葉県に生まれた。2人兄弟の長男で，弟，剛彦（現在船橋市議）がいる。

　野田の父は，1930（昭和5）年，富山県婦負郡野積村（現在の富山県八尾町水口）出身で，農家の6人兄弟の末っ子である。15歳の頃，満蒙少年義勇軍に参加しようと九州まで来たところ，終戦になり，渡満を果たすことができなかっ

た。その後，1952（昭和27）年警察予備隊が創設されると，その第1期として入隊した。警察予備隊は，保安隊，自衛隊と名称を変化させたが，変わらず勤務を続け，習志野駐屯地に異動してきたときに，佳彦の母と出会い，結婚した。習志野では最初，空挺団にいたが，足を負傷したため，後に業務隊に異動した。母は千葉県の農家出身で，11人兄弟姉妹の末っ子である。

　夫人は仁実。江戸川区の町工場に生まれ，音大で声楽を専攻した。野田との間に2人の息子がある。

　野田は，地元の船橋市立薬園台小学校，船橋市立二宮中学校を卒業し，千葉県立船橋高等学校に入学した。小学校時代の野田は，口数が少なく，おとなしい性格で，閉じこもってコナン・ドイルの『シャーロック・ホームズ』ものやマーク・トウェインの『トム・ソーヤーの冒険』などを好んで読んでいた。中学，高校時代の読書は，外国ものでは，ヘルマン・ヘッセの『車輪の下』やアンドレ・ジイドの『狭き門』などを，日本のものでは，五木寛之の『青春の門』を授業中にも読んでいた。熱心さが嵩じて，田中健，大竹しのぶ主演の映画「青春の門」も見に行った。そして，主人公の信介が通う早稲田大学に進学したいと思うようになった。

　趣味は格闘技を見ることである。力道山から始まってプロレス全般，特にジャンボ鶴田のファンであった。相撲では大鵬，キックボクシングでは沢村忠を好み，テレビで「柔道一直線」を見た。その影響で柔道への憧れが生じ，高校時代のクラブ活動では，柔道部を選んだ。野田はごく普通の選手だった。

　大学での授業では，日本政治史を好んだ。その影響からか歴史小説を読むようになった。司馬遼太郎の『坂の上の雲』『竜馬がゆく』『翔ぶが如く』，藤沢周平の『蟬しぐれ』，山本周五郎の『青べか物語』などを愛読した。歴史小説以外では『三太郎の日記』『出家とその弟子』などの本も読んだ。スポーツでは，高校時代と異なり，合気道を始めたが，野田の言葉によれば，「のめり込むまでには至らなかった」ようである（早野透「政治家の本棚　野田佳彦氏」『論座』2003年12月号，80-84頁）。

(2) 政治的経歴

　政治への関心が芽生えたのは，1960年10月の浅沼稲次郎社会党委員長（当時）刺殺事件からである。その時，野田は3歳半だった。テレビに浅沼委員長の倒れている姿が映し出され，母親から「政治家っていうのは命がけの仕事なんだよ」といわれた。それが政治というものの最初のイメージだった。その後，ケネディ兄弟の暗殺事件があり，ますます政治は危険な仕事という意識が強まった。しかし，生まれ育った千葉県は「金権風土千葉」といわれるし，中央では「田中金脈問題」「ロッキード事件」が起き，命がけというより私利私欲の人が多いのではないかと疑問を持ち始め，金権政治への反感が募った（野田佳彦・早野透（対話）「民主党の帆柱を立てる」『論座』2002年11月号，20-22頁）。

　大学は早稲田大学政治経済学部政治学科に入学した。在学中は，新自由クラブ支援のボランティアを行う学生グループの新自由主義研究会で活動した。新自由クラブは，ロッキード事件が引き金となって，自民党の金権体質に嫌気がさして分裂した政党である。大学での野田の活動は，政治の金権体質に対する反感からの活動であったことが推測できる。

　これらの経験が，現在の野田佳彦の政治に対する姿勢の一部を形作ったと考えられる。

　このため，学生時代，野田は，田中金脈問題を追及していた立花隆にあこがれ，ペンを通じて政治を捉えて行きたいと考え，ジャーナリストになることを希望していた。しかし，実際に卒業後の進路として選んだのは，松下政経塾への入塾である。入塾する契機となったのは，1979年6月，新聞の第一期生募集の広告を父親から見せられ興味を持ったからである。塾の募集広告は次のように呼びかけていた。

　「経済的発展の一方で，各界に混迷の色濃い日本。この現状を打破し，21世紀の日本を理想の姿とするには，国家経営の基本理念の確立と各界の指導者に人を得ることが必要です。国家国民を愛し，未来の指導者を志す有為の青年の自己研鑽と理念探求のため松下政経塾を創設し，ここに第一期生を募ります」

　そこで，案内のパンフレットをとり寄せてみたところ，「現実の人間と社会

のさまざまの様相を肌で実感体得するために，多種多様な仕事に就く。そしてその勤労を通じて，人間の心，いろいろなものの考え方，また社会を支える貴重な労働について体で理解する」という説明が付けられた，自ら鍬で大地を耕すイラストを見て，「自分もこの塾に入れば，自らの手で道を作って行くような人生を歩めるのではないか」と直感的にひらめいた。「自らの手で切り拓く」ということに代え難い魅力を感じた。そして，それまで政治家になろうとは思っていなかったが，塾で，そのチャンスをつかみ取ることができるのではないかと考えた。当時は，政治家になりたくても，地盤，看板，カバンの3バンがなければ，当選にはおぼつかなかった。このため，3バンを親から受け継いだ政治家の子息や官僚出身者が政治家になることが多かった。現在では，3バンがなくても一般公募という形が民主党や自民党に作られているが，3バンの威力は衰えておらず，相変わらず世襲や官僚出身者の政治家の数は多い。野田は，パンフレットを見て，松下政経塾は政治家になる一つのルートと成る可能性を感じ取ったのであろう。

　しかし，両親は，新聞広告を見せたものの，入塾することには反対だった。開塾当時，松下幸之助は85歳，塾は5年制だったので，「途中で亡くなってしまうのではないか」と心配したのである。松下政経塾の内容については，後述する（野田佳彦「わが政治哲学」『Voice』2011年10月号，47-48頁）。

　野田は1980年松下政経塾に入塾し，1985年，卒塾した。しかし，政治家はおろか，仕事もなかった。このため，タウン誌の営業，家庭教師，山登りのリポーター，都市ガスの点検などのさまざまなアルバイトによって糊口を凌いだ。

　1986年10月からは船橋市内の鉄道の駅前で，朝立ち演説を開始した。この演説は，土日を除き，毎日続けられ，2009年9月，野田が財務副大臣に就任したときに終わった。

　1987年4月，29歳無所属で千葉県議会議員に立候補し，初当選した。このとき，松下政経塾から選挙応援があり，お揃いの新撰組の衣装を着用して応援したという。県会議員は2期務めている。しかし，2期目は第40回衆議院議員選挙に立候補するため，1993年7月5日に辞職している。

1993年7月の衆議院選挙に日本新党から立候補して、千葉1区で初当選した。日本新党は、当時、熊本県知事を辞職し、政府の臨時行政改革審議会「豊かな暮らし部会」の部会長を務めていた細川護熙が中心となって結成した政党である。細川は松下政経塾の評議員の一人でもあったので、政経塾出身者と親しかった。政経塾出身者は、考え方は保守的なので、既存の政党のうち、野党とは肌があわず、また、感覚的に一番近い自民党は、3バンを持たない人たちが国政選挙の候補者として公認される確率は低かった。このような状況から、国政選挙に立候補するには新党に頼るのが近道だった。野田は細川の誘いに乗って旧千葉1区から立候補し当選した。この選挙では自由民主党が過半数割れとなり、野党であった八つの政党が集まって、細川を首班とする非自民・非共産の連立政権が誕生した。しかし、寄合所帯が連立を維持することは難しく、細川はわずか8ヶ月で首相を辞任した。細川の辞任後、1994年12月、日本新党は解党されたので、野田は12月、新進党の結成に参加した。1996年10月、小選挙区制で行われる最初の衆議院議員選挙において、新進党公認で千葉4区から立候補したが、105票という僅差で落選した。この後、野田は約4年間の浪人生活を送ることになる（出井康博『松下政経塾とは何か』新潮新書、2004年、109-124頁）

　1997年12月、新進党が解党されたあと、野党勢力は、自由党、フロムファイブ、国民の声、新党友愛など、分裂状態になった。その後、1998年4月には、131名の国会議員を有する新民主党が結成され、同年7月の参議院選挙で勝利した。

　これらの政党とは別に、1998年初め、野田ら、松下政経塾出身者が中心となって「志士の会」が結成された。しかし、政党としての助成を受けるためには、少なくも5名の国会議員が必要だが、現職議員がわずか2名だったため、政党としての活動は頓挫してしまった。この結果、志士の会の代表幹事である野田は、民主党に合流した。その経緯を野田は次のように説明する。「参院選で民主党が勝って、衆議院を狙っているメンバーの間には、民主党という判断もあるのではないか、という見方が広がった。誰か一人の責任というものではありません。私自身、民主党の将来を見極めきれない部分もあった。（持論の）保

守2党論のひとつには位置づけられないが，そっちへ行く可能性も秘めている。最後は左（派）が落ちていくはずだと決断した」（同上，134頁）志士の会については後述する。

2000年6月，衆議院選が行われ，野田は民主党公認で千葉4区から立候補し再選を果たした。同年，早くも民主党総務局長に就任，翌2001年には，民主党の次の内閣で，行政改革・規制改革担当大臣に就任した。この後，野田は，民主党の要職を次々と経験していくことになる。

2002年9月には民主党代表選挙に立候補する。鳩山由紀夫，菅直人の2人が立候補を表明したが，この2人では政権交代ができそうもないという党内の不満から「第二期民主党をつくる有志の会」が結成され，野田が代表候補に擁立された。野田は「自らの政治生命に一つの区切りをつけたい。自分が代表になって政権を取れなければ国会議員を辞める」と立候補したが結局敗れた。しかし，選挙戦を通じて党内での知名度が上がる効果があった（野田佳彦「民主党に旋風を起こせなかった」『日経ビジネス』2002年10月14日号，129-132頁）。その後，2002年12月から2003年11月まで民主党の国会対策委員長に就任。2004年には，次の内閣の財務大臣に就任し，2005年9月まで，職務を遂行した。

2005年9月の衆議院選で民主党は敗北した。その責任を取って，岡田克也委員長が辞任し，後任に前原誠司が選出された。前原もまた松下政経塾の出身である。野田は再度党の国会対策委員長に就任した。しかし，2006年2月，民主党の永田寿康議員の引き起こした，いわゆる「偽メール」問題において，責任を取って国会対策委員長を辞任した。その後，党の科学技術政策ワーキングチームの座長として「宇宙基本法」の制定に向けて活動を行った（後述）。

2008年8月，野田は民主党代表選挙に立候補の意思を示した。野田グループの「花斉会」には，「挑戦すべきだ」と強く出馬を進めてくれた人もいたが，「判断が遅すぎた。今からでは戦う段取りができない」「解散，総選挙が近い。党内で戦っている場合ではない。自民党を倒す準備に専念したほうが良い」と自制を求める人の方が若干多かった。このため，一丸となって戦う機運が作れず，出馬を断念した（野田佳彦「ボコボコにされてもいいから出たかったこれだけの理由」

『中央公論』2008年10月号，95-97頁）。

　2009年5月には，民主党幹事長代理に就任，8月の衆議院選に臨み，自らは千葉4区で当選。民主党も大勝し，政権を握った。同年9月，鳩山内閣では，藤井裕久財務大臣の希望により財務副大臣に，2010年6月には，菅内閣の財務大臣に就任した。そして，2011年8月，党代表に就任，内閣総理大臣に指名された。

3. 政治的理念の形成

(1) 松下政経塾

　政治をめぐるさまざまな暗殺事件や金権政治への反感が，佳彦の政治への萌芽であるとするならば，松下政経塾は，佳彦の政治に対する萌芽を成長させ，基本的な考えかたを培った重要な組織である。現在でも佳彦の政治に対する姿勢態度は，松下政経塾および政経塾を作った松下幸之助の大きな影響下にあるといってよい。このため，ここでは，この松下政経塾およびそれを創った松下幸之助について詳述する。

　松下政経塾は，松下幸之助の政治にかける強い想いから生まれた。江口克彦によれば「いくら商売で成果を上げても，政治がコケれば社会全体が悪くなることが戦争で証明された。政治家にまかせているだけではだめだと考え，幸之助は『右手にそろばん，左手に政治』ということを言い始めるのです」。そして「政治に関する何らかの行動を起こしたいとの思いがありました。そのためのものとして，政経塾，国民運動，研究所という3つのアイディアが頭の中でぐるぐる回っていた」という（前掲書『松下政経塾とは何か』109-124頁）。しかし，国民運動，研究所は挫折した。また，ここに引用した江口氏の言葉にはないが1985年には新党結成まで構想されたが，これも挫折し，残ったのは政経塾だけだった。

　松下政経塾という名前は，吉田松陰が長州藩内に作った「松下村塾」を意識して付けられているようである。松下村塾からは，高杉晋作，久坂玄瑞，伊藤博文，山県有朋ら明治維新時に活躍した多くの志士が育った。松下幸之助は，

政経塾からも，松下村塾のように多くの志士が巣立って行くことを夢見ていたのであろう。維新の志士の中では，特に坂本龍馬に憧れ，龍馬の中に真の政治家の姿を見たのか，塾からも龍馬のような人物が出ることを望んでいたという。

しかし，現実に，有能な数多くの政治家を育てるのは大変困難な作業である。政治家の育成について，幸之助は，次のように塾関係者に語っている。「僕は本当の政治家を育てたいのや。一人でもええ。この塾から，本物の政治家が一人でただけでも，僕は満足や」。ここでいう本当の政治家とは，「国家百年の計」を持った政治家ということである（同上35頁）。

また，幸之助は，政治に経営感覚を持ち込むことを希望し，次のように述べている。

「政治はすなわち国家の経営であります。よき経営は正しい経営理念のあるところに生まれます。したがって真のよき政治には正しい国家経営理念の存在が不可欠であると考えられます」。幸之助は，このような経営理念に立ったうえで，無税国家と国土創成を実現することを望んでいた（同上109-124頁）。1985年，新党結成をめざして作成された次のような「当面の実現十目標」の中に，幸之助の理想とする政治の一端を垣間見ることができる。

 1．所得税一律5割減税の実施，2．建設国債の発行，3．無税国家，収益分配国家の実現，4．新国土創成事業の展開，5．政治の生産性の向上，6．日本的民主主義の確立，7．多様な人間教育の実施と教員養成機関の設立，8．政治家及び官吏の優遇，9．生きがいを高める社会の実現，10．国際社会への真の寄与貢献

しかし，前述のように，新党は実現せず，残ったのは政経塾だけであった。

元毎日新聞記者，硲宗男氏は，政経塾について次のように語っている。

「幸之助は歴史に名を残そうと政経塾を作り，死後のシナリオまで考えていた。それはたしかに凄いことです。しかし，政経塾は所詮，松下イズムの士官学校で，そこに横着な若者が集まったに過ぎない」

すなわち，硲氏の言わんとしているところは，政経塾は，単に政治家候補生を育成するだけではなく，幸之助という人物の理念や哲学を学ぶ場所であると

いうことであろう（同上109-124頁）。

たしかに政経塾における生活は，特徴がある。

松下政経塾は5年制（現在は4年制）であり，2年目までは全員が寮で共同生活を送る。入塾1年目は，外部講師らによる政治，経済などの講義や英会話などのほか，茶道，書道，剣道などの稽古があり，儒学や近現代史なども学んだ。2年目からは，各自テーマを決めて国内外の現場で働いた。数ヶ月間，政経塾で研修した中国社会科学院の研究者は，「神社にお参りしたりと不可解な教育が印象に残っている」と語っている（本澤二郎「松下政経塾の知られざる実像」『月刊社会民主』2005年11月号，2-9頁）。

政経塾の朝は，夏は6時，冬は6時半のラジオ体操から始まり，掃除，約3キロのランニング，朝食と続く。午前8時45分からは朝会が始まる。塾生の一人が前に出て，巻物に書かれた，塾の目的である「塾是」，研修の基本である「塾訓」，指導者としてあるべき心構えを説いた「五誓」を大声で読み上げ，他の塾生がこれに続く。

塾是には，「真に国家と国民を愛し，新しい人間観に基づく，政治・経営の理念を探求し，人類の繁栄幸福と世界の平和に貢献しよう」と書かれている。

塾訓には「素直な心で衆知を集め，自修自得で事の本質を究め，日に新たな生成発展の道を求めよう」とある。

五誓には，素志貫徹の事，自主自立の事，万事研修の事，先駆開拓の事，感謝協力の事，以上の五つがある。

政経塾卒塾生は，現在でも，朝会で読み上げた塾是，塾訓，五誓を諳んじていて，ことあるごとに思い出すという。野田佳彦は，現在でも，五誓にある「素志貫徹の事」の言葉が，松下政経塾で学んだことで最も役にたったと思うと述べている。「素子貫徹の事」は以下のとおりである。

「常に志を抱きつつ懸命に為すべきことを為すならば，いかなる困難に出会うとも道は必ず開けてくる。成功の要諦は，成功するまで続けるところにある」

初期の入塾生は，一つの共通意識として，現在でもこのような建塾の精神を日々の支えとして，政治活動を行っているという。「松下イズム」は政経塾卒

塾生の心に深く染み渡っているといえるだろう（高橋純子「ブランド化で揺らぐ幸之助の志」『論座』2006年4月号，39-55頁）。

また，初期の塾卒業生の共通意識として，「自分たちはアウトサイダー・アンチテーゼだった」という意識を持っていることが挙げられる。

野田は，卒塾当時の状況について，「国会議員はおろか地方議員になるのも命懸けだった」と述べている。世襲や官僚出身でなければ，なかなか国会議員になれないような風潮があり，当選するのには数億円必要なのではないかと言われていた時代である。自分の力で日本の政治を変えたいという意識があった。しかし，金権，利益誘導，世襲といった当時の政治家に対するイメージを変えるということは，結局，権力に対するアウトサイダー・アンチテーゼの立場をとるほかなかったのだろう。

前述の江口氏も次のように述べている。

「政経塾は保守の思想に基づいていますが，保守政党の自民党は上下関係や徒弟制度を重んじていたため，卒塾生を生意気だと毛嫌いし，受け入れてくれなかった。卒塾生にはその結果，民主党という選択肢しかなくなった」（前掲書『松下政経塾とは何か』109-124頁）。

松下政経塾に対する批判は多い。

政治学者，篠原一は，1989年5月29日付『毎日新聞』夕刊で次のように述べている。「権力への批判精神がないと，声高の政治改革派はネオファシストになってしまう可能性すらある。国家の経営目標というテーマを立てると，国家にからめとられて間口の狭い理念になってしまわないか」と述べ，政経塾出身者は，国家を語ることは得意でも，一般の有権者との関係が希薄であり，支持には結びつかないのではないかと懸念している。換言すれば，議論が上滑りで足腰が弱いのではないかと述べているのである。

また，政経塾出身議員に対しては，「縁の下の力持ちがいない」「無難であり，弁舌爽やか，危険性はないが，大物にはなりそうにないタイプ」「人に認められたいのか，上ばかり向いて生きている」「人に使われたことがないので，人の使い方がわからない」「均質性が高く，みんな同じ顔に見える」「集団行動が

苦手」「政経塾が日本の政治を悪くしている」「政治家として何をするかではなくて、政治家になること自体が目的になっている」「政経塾は、権力を持たないものが成り上がるための装置に過ぎない」という評がある（前掲論文「ブランド化で揺らぐ幸之助の志」46頁）。

　このような状況を見ると、民主党の議員の中では、政経塾出身者に見られるような、国家の理念や目標を示して国民を導こうとするタイプ、いわゆる都会型選挙を行う議員グループと、小沢一郎議員を代表とする議員グループに見られるように、地元の選挙区を丹念に回り、足腰を強化している旧来型のタイプと２つに分けられるように思われる。しかし、いざ選挙となると、都会型は、無党派層を取り込むイメージ選挙に強く、追い風が吹かない選挙では、旧来型に軍配が上がる傾向が強い。

(2) **保守主義**

　保守的な思想は、最初の千葉県議会議員選挙の時から現れている。選挙の応援者がお揃いの新撰組の衣装を着用していたことである。新撰組は、徳川幕府という旧体制を守るための組織であり、決して新しいことを目指す組織ではない。新撰組の衣装を着用したということは、たとえ本人にその意識がなかったとしても、心の奥底にある潜在的な保守の意識がそうさせたのではないかと考えられる。

　保守主義について、野田は次のように述べている。

「私自身、どちらかと言えば保守側に立つと考えているのに（民主党が国民の）支持を得られないのは残念。民主党が政権をとっても国益を損なうようなことはしない。個々の政策をみれば、自民党よりも保守的なものも少なくない。日教組や自治労が特別な力をもっているわけではない。」

　保守的な思想は、野田が代表幹事として関わった1998年の「志士の会」の結成にも現れている。先に述べたように、志士の会の結成の背景には、当時の野党勢力の分裂があった。新進党が解党し「太陽党」「フロムファイブ」「自由党」「新党平和」「黎明クラブ」「新党友愛」「国民の声」などの小党が乱立し、「新

党さきがけ」と「社民党」の一部による「民主党」も出現した。1998年になると，太陽党，フロムファイブ，国民の声が合体して民政党となり，新党友愛，民主改革連合が民主党に合流した。野田は当時の状況を次のように述べている。
「もともと自分たちがやろうとしたのは日本新党でした。その日本新党がなくなり，今度こそ自分たちで（新党を）やろう，と。思いを実現するためには，対症療法ではなく，骨太の政策で堂々とやるべきだと考えたのです」。野田は，当時，1996年の衆議院議員選挙で落選しており浪人の身だった。
「志士の会」に集まったのは，野田佳彦，山田宏，長浜博行，中田宏ら松下政経塾出身者を中心に，塾以外から，河村たかし等が加わって総勢十数名となった。結成を祝う席では血判を押した後，皆で「船中八策」という酒を飲んだ。船中八策とは，坂本龍馬が考案した新しい国家体制の要綱で，船中で作られたことから，この名前が付けられたものである。このとき，志士の会は，公にはされた存在ではなく，まだ世に知られていなかった。志士の会は，後日，「日本プライド構想」を公にする。この趣旨書には「『いま一度日本を洗濯致し申し候』，これが私たちの志である。ここに，名もなく，地位もないが，ただひたすらに日本の再生のため，『21世紀維新』に身命を捧げようという改革者の結集体として『志士の会』を結成する」と書かれている。なお，「いま一度日本を洗濯致し申し候」（前掲書『松下政経塾とは何か』120-122頁）という言葉は，坂本龍馬が姉の乙女に宛てた手紙の中にある有名な一節である。
続いて，「何から何まで国が主導するやり方は政治家と官僚を慢心させ，国民から自立心と責任感を奪い取り甘えやたかりの精神を蔓延させた。私利私欲で動く人が増え，かれらの御用聞きになりさがる政治家が現れ，官僚が国の全てを支配している」「官僚の保護・恩恵を受けるものと，反対に規制を受けるものがいる。企業経営に失敗しても税金で救済されるものと，そうでないものがいる。特権階級が支配していた崩壊前の旧ソ連と酷似している」と述べている（前掲「松下政経塾の知られざる実像」7-8頁）。
また，外交，安全保障問題については，日米安全保障条約の重要性を説いている。そして「PKO（国連平和維持活動），武力を伴うPKFを積極的に」と

の主張を行っている。さらに「中国の海洋調査船や海軍艦艇による日本側排他的経済水域への度重なる立ち入りに，なぜ巨額のODAを供与するのか」「東京裁判において戦勝国に一方的に好戦的，邪悪な国家として裁かれた」と述べている（同上，8-9頁）。

このような構想の核となったのは，地方分権，小さな政府，改憲という塾出身者の大多数に共通する原則である。構想は，この原則に基づいて，首相公選制，道州制，税制改革，郵政三事業の民営化，憲法9条改正を含む安全保障など11の項目からなっている。どちらかといえば，民主党よりも自民党に近い政策である。

しかし，先に述べたように，活動はわずか数ヶ月で頓挫する。志士の会が頓挫すると，野田は，民主党に合流し，そして，2000年の衆議院議員選挙で民主党から千葉1区に立候補し当選する（前掲書『松下政経塾とは何か』118-124頁）。

(3) 中庸の政治

野田は，次のように語っている。

「人類は長い政治の歩みの中で『自由』と『平等』という価値を維持してきた。両立を果たすことは極めて難しい。社会主義的な統制の束縛がつよくなったときには『自由』という右足を出し，現在のように困っている人がたくさん出ているときには『平等』という左足を前に出し是正する」

「良くも悪くも日本らしさの根幹だった中間層の厚み，その厚い中間層が維持されたままで，そこからがんばれば上流に勝ち上がれるならば，何の問題もありません。しかし，現状はまったく違います。上流階級が厚くなっているわけではなく，中間層からだんだん下流にこぼれてしまっています。いま問題なのは，セーフティーネットがないために，一度こぼれ落ちると中間層に再び戻れないことです。政治がやるべきは，厚い中間層をもう一回作り直すことであり，こぼれてしまった人たちを，しっかりまたすくい上げることができるセーフティーネットをどのように構築するかだと思います」

「現在は本人の努力とはまったく関係のない要因によって，はからずも中間

層から落ちてしまう可能性が強くなっています」(野田佳彦「わが政治哲学」『Voice』2011年10月号，45-46頁)

(4) 将来のビジョン

　野田佳彦の，将来のビジョンも，松下幸之助の深い影響を受けている。松下幸之助は，生前，「新国土創成論」を唱え，山を削って人が住めるようにし，削った土砂を海に埋めて，国土を広げるという構想を持っていた。その理由は，日本は，人口が世界で11番目なのに，国土の面積は60番目であり，そのうち7割は山岳森林地帯である。このデメリットを克服するためには，新国土が必要だから，というものである。国土創成を実現するためには，計画立案に25年，工事に200年かかるという構想である。

　野田は，この構想の根底にある戦略を受け継いで，宇宙開発と海洋開発に新たな日本を創成するというプロジェクトを考えている。

　先ず，宇宙開発については，次のように述べている。

　「日本は自主開発の優秀なロケットを持ち，世界で3番目に静止衛星の打ち上げに成功した宇宙開発先進国である。しかし，最近は，中国やインドなどに激しく追い上げられており，国家戦略として梃入れを図る必要があります。昨年（2008年），超党派の議員立法で『宇宙基本法』が成立しましたが，もはや官僚にまかせておけない。政治家主導で宇宙開発を進めていかねば」「いま，日本の宇宙技術は最先端レベルに達している。世界の中でこれだけのロケットや人工衛星を飛ばせる国がそうそうあるわけではない。さらに宇宙飛行士も国際協力の下，どんどん育ってきている。いままで予算を削りすぎてきたが，宇宙技術の利活用をもっともっと進めていけば，日本は世界の息づかいを，そして地球の息づかいを一番感じられる国になるだろう。そこには国際貢献の道もあるし，ビジネスチャンスもある」(同上46-47頁)。

　野田は，「宇宙基本法」の成立に，野党側の責任者として参加している。しかし，宇宙関連の役所は大きく分けて6つもある。ロケット技術の開発を担当する文部科学省，通信関係は総務省，気象衛星の国土交通省，産業振興の経済

産業省，宇宙外交の外務省，安全保障，軍事利用の防衛省である。野田の言葉によれば，この各省がバラバラに運営されているため，宇宙開発の司令塔を作った上で，国として戦略的に取り組むべきという意識が強くなり，技術を積極的に産業化につなげたり，国民の生活向上に役立てるというユーザーサイドの視点を設けた，ということである。

しかし，吉井英勝は，「宇宙基本法」は，1969年の「宇宙の平和利用に関する国会決議」を死文化して公然と宇宙の軍事利用ができる道を開いた，と批判している。すなわち，吉井によれば，1969年の「国会決議」の解釈を「非軍事」ではなく「非侵略」として，侵略行為に関わらない軍事利用であれば決議に反しないとするために，宇宙基本法が定められたのだ，と批判している（吉井英勝「宇宙の平和研究・開発の道か，軍拡・軍事利権への道か」『前衛』2010年12月号，49-62頁）。

宇宙開発への想いは，宇宙基本法の制定だけではなく，日本版全地球測位システム（GPS）作りにも向けられている。GPS作り関連予算が平成23年度第3次補正予算で認められた。現在，日本は米国製のGPSを使用しているが，日本版では「準天頂衛星」と呼ばれる複数の測位衛星を，日本列島の真上に打ち上げ，精度を高める。これにより，現在は約10メートルの誤差であったものが，約1メートルの誤差で位置の特定が可能となるという。これにより，災害時には救助が必要な被災者の位置を特定することに活用できる。

軍事目的に転用される懸念もあるが，関係者は「ミサイル誘導などに使われることはない」と否定している（『朝日新聞』2011年11月26日）。

次に，海洋開発については，次のように述べている。

「日本は国土面積は60番目でも，日本の管理海域の面積は6位であり，世界有数の海洋大国であることを忘れてはなりません。しかも大深度水域を広く保有し，五千メートル以深の深水海の保有体積は世界ナンバーワン。その底には石油，天然ガス，レアメタル（希少金属），レアアース（希土類）などの資源が眠っているはずです。1994年，各国沿岸12海里の領海と200海里の排他的経済水域をその国の管理海域と定める『国連海洋法条約』が発効しました。お隣

の韓国と中国はいち早く対応し，国を挙げてガス田開発や資源探査に乗り出しました。ところが日本はボーッとしており，2年前（2007年）にようやく『海洋基本法』を成立させるという有様。この間，東シナ海のガス田問題で中国のやりたい放題にさせてしまった責任はあまりに大きい。グズグズしているときではありません。一刻も早く国家としての海洋戦略を確立すべきでしょう」「（鉱物資源を）しっかり調査し，活用できる技術をどんどん開発していけば，日本の前途は洋々たるものである」（野田佳彦「保守の王道政治を受け継ぐわが決意」『正論』2009年5月号，90頁）。

3番目は，「ハブ化である。港湾や空港は，これまで全国にずいぶんと作ってきました。しかし，ネットワーク化がうまくできておらず，ハブ化はアジアのほかの国々が，すでに先行している。日本は出遅れている」。

「以上のアイデアを松下政経塾に提案したところ，お墨付きを得ることができた。松下幸之助さんの思いをどう実現するかというのが願いの一つである」と野田は書いている。

さらに，「われわれは，わが国の国土の可能性とフロンティアに挑戦できる技術力を誇るべきであろう」「狭い国土はある程度仕方がないとして，宇宙と海とハブ化で，立体的に発展の方向を考えると，日本はもっと魅力ある国になるはずである」と述べている（野田佳彦『民主の敵』新潮新書，2009年，142-145頁）。

4．首相就任前の政策

(1) **内政**

① A級戦犯問題

野田佳彦は，わが国が東京裁判を100％認める立場に立つならば，今後，主体的な外交を行うことは不可能と考えている。中静敬一郎が聞き手となって，保守の論客にインタビューする「保守政治は再生するか」『Voice』2006年4月号によれば，その理由は，以下の通りである。

東京裁判において，わが国の戦争指導者が「平和に対する罪」を犯したとし

て，裁判にかけられた。「平和に対する罪」は，極東軍事裁判所条例に基づくものであり，いわば，事後法である。法律があって初めて罪になるという近代法の理念から逸脱している。勝者が一方的に敗者を裁く。罪刑法定主義に基づいていない。しかも，国家が行ったことを個人の責任に帰す。このような裁判は，国際法を進歩させるものではない。

　戦争犯罪人というのは，普通，交戦法規に違反した場合に適用される。それには，戦勝国も戦敗国もある。戦勝国にも裁かれるべき罪がある。広島，長崎への原子爆弾の投下や，東京大空襲は，明らかに「人道に対する罪」「平和に対する罪」だと思う。

　また，日本は，サンフランシスコ講和条約で，東京裁判の「ジャッジメンツ（諸判決）」を「アクセプト（受諾）」することになった。この「ジャッジメンツ」は，フランス語では，「言い渡された判決」と書いてある。しかし，わが国は裁判の受諾と訳した。裁判の受諾というと正当性を含め，全部認めたことになる。

　国会でも，1952年の「戦争犯罪による受刑者の釈放等に関する決議」など，戦争犯罪による受刑者の赦免に関する国会決議が4回行われた。この決議は，戦犯として亡くなられた人を公務死として取り扱い，遺族に扶助料と年金を支払うというものである。国内法的には犯罪者扱いではなくなっている。戦争犯罪人が祀られているところで手を合わせれば軍国主義の美化になるかもしれませんが，戦争犯罪人でないのだから軍国主義の美化ではない。靖国神社の参拝は純粋に戦没者の追悼と平和の希求であることを，誰もが理解するべきだと思う。もちろん戦争指導者の責任は，政治的責任を含めてあると思うが，戦争犯罪人かどうかは別問題である。

　小泉純一郎首相（当時）は，諸外国の非難を受けながらも靖国神社の参拝を行った。しかし，2006年6月2日，衆議院予算委員会において，「A級戦犯を戦争犯罪人として認識している」と答弁している。これは，歴史観も思想性もない，単なるパフォーマンスではないかと野田は考え，同年10月17日，内閣に質問主意書を提出した。その内容は，①「A級戦犯」は戦争犯罪人ではない，

②その合祀を理由に首相の参拝に反対する論理は破綻している，このことについて政府はどのような見解を持っているか，というものである。政府の答弁書の内容は，「(戦争犯罪は) わが国の国内法に基づく刑ではない」というものであった。これは，1986年，後藤田官房長官（当時）が，内閣委員会で行った答弁を踏まえたものであり，国内法的には犯罪人ではないというものである。

靖国神社参拝問題に関連して，中国や韓国との関係がどうなるかについては，東京裁判や靖国神社をどう考えるかについて説明できないまま，相手を挑発するようなことをしてはならない。靖国神社に参拝するからには「理にかなったことをしている」と説明する。

以上が，野田のA級戦犯に対する，基本的な考え方である。しかしながら，総理就任後，野田内閣は靖国参拝はしないと述べている。また，靖国参拝との関連で，戦没者のための国立追悼施設の建設については，時期尚早である，と述べ，さらに，靖国神社に代わる新たな施設を作っても，そこに魂がなければ追悼の象徴にはならない。何をもって魂とするかは，国民的議論が必要であり，結論を急ぐべきではない，と述べている。

②　財政問題

野田が，最大の危機と考えているのは国の財政である。国の総債務残高は約1000兆円にも達している。東日本大震災の発生により，財政の危機レベルがさらに上昇している。

日本の財政が危機に陥った一つの原因は，政治家も含め国民全員が，毎年30～40兆円の借金に慣れてしまったからである。

リーマン・ショック後の平成21年度からは，日本の財政は，国債発行額が税収を上回る異常な姿に陥ってしまっている。税収を分母，借金を分子に置いたときに，100％を超えてしまったのは，戦後の1946年以来のことである。

こうした借金は，日本の多額の個人資産が存在することで可能となったが，今では個人金融資産の一般政府総債務残高に対する割合は，1.5倍に過ぎない。他の主要先進国では２～３倍ある。これからは個人資産に頼るのは難しい。

また，急速な高齢化に伴い，社会保障支出が増大している。その一方で，社

会保障以外の支出は，OECD 諸国中最低の水準になっている。内閣府の試算では，名目3％の経済成長が続いても，債務残高の GDP 比が増加し続け，財政健全化を達成することはできない。今の状況は，子や孫のクレジットカードを，親や祖父母が勝手に使っている状況に似ている。財政再建は未来への責任です（野田佳彦「わが政権構想」『文藝春秋』2011年9月号，99-100頁）。

　増税をするタイミングは，経済状況をよく見極める必要がある。しかし，選挙での敗北を恐れるあまり，政治家自らが，増税や社会保障改革の議論自体をタブー化してしまうような無責任なあり方には，断固として「NO」を言わなければならない。同時に，行政のムダの徹底的削減も続けなければならない。

　鳩山由紀夫元首相が（衆議院任期4年間の）政権担当期間中は消費税率を引き上げないといったことと，（消費税増税の）議論をしないということはイコールではない。議会はもともと英国で生まれ，その役割は税金を上げるか下げるかについて，国民の代表が議論する場だった。一般論としては，（消費税を）上げるか下げるかを選挙の前に明らかにして，その上で国民がどのような判断をするのか見極めるという段取りで進めるのが筋だ。（税に関する）議論の帰結を次期衆議院選で示すというのは，一つの流れだ。それは消費税に限ったことではなく，税制抜本改革全体にいえることだ（『地方行政』2010年6月17日15頁）。

　しかしながら，増税構想については，江口克彦参議院議員が次のように批判している。

　「新総理は，復興税として所得税，法人税の増税と消費税の増税を考えている様子。しかし，最初に増税ありきの政策が，松下幸之助の教えに沿っているとは考えにくい」。松下幸之助は，「『政治家は，税金をいかに低く抑えるかに知恵を使い，工夫しなければならない』と公言していた。国家の豊かさは，国民の豊かさである。政治の目的は，いかに国民を豊かにするかにある。政府が貧しく，政治家や官僚が貧しくても，国民を豊かにするのが政治家の役目。税金を低く抑え，国民の可処分所得を増やし，生活を豊かにすべき」「松下幸之助の人間観に基づく『税金観』からすれば，財源が足らないから増税で，あるいは東日本大震災の復興財源は増税で，と安易に考えて発言する政経塾出身の

政治家がいるとすれば、彼は、松下哲学の物差しから大きく逸脱しているばかりか、その人間観、政治観、国民観から、とても松下政経塾『出身』と名乗る資格はない。せいぜい松下政経塾『中退』というべきではないか」（江口克彦「松下幸之助を忘れた松下政経塾」『正論』2011年11月号、74-75頁）。

③　国内産業問題

日本の製造業は、東日本大震災の前から、四重苦に直面しているといわれてきた。第一が円高、第二が韓国、台湾、中国等の新興国の追い上げ、第三がEPAなどの経済連携協定の遅れ、第四が国内市場の低迷である。この四重苦に大震災と電力不足が追い打ちをかけた。

また、過去20年間、自動車、電機メーカーなどの製造業は、急速に国内から海外に生産拠点を移してきた。その結果、500万人近くの雇用が国内から失われた。国内が空洞化した。

円高対策については、為替介入を実施し、空洞化に対しては、1400億円の立地補助金を実行し、一定の雇用を条件にエコカーや省エネ製品を製造する企業に対する支援を行っている。

民主党政権は、2010年「新成長戦略」を策定し、グリーン・イノベーション（環境・エネルギー分野）、ライフ・イノベーション（健康医療分野）で新産業を興し、成長するアジアの市場を取り込むという計画である（前掲論文「わが政権構想」95-96頁）。

④　電力・エネルギー問題

福島第一原発事故により、原子力の安全神話が崩れた。電力は日本社会の血液であり、政府は電力を安定的に供給する体制をつくる責任がある。当面は、原発の安全性を徹底的に検証したものについて、再稼働に向けて努力するのが最善の策ではないだろうか。

中長期のエネルギー戦略の立て直しも重要である。政府のエネルギー基本計画では2030年までに原発を14基新設し、原子力で総発電量の50％をまかなう方針を示してきたが、新増設が難しいのは明らかである。

大切なのは、「脱原発」対「推進」の対立ではなく、国民的な幅広い多角的

な議論である。福島事故の検証に立って，原発への依存度を減らす方向を目指しながらも，少なくも2030年までは，一定割合は既存の発電所を活用する，原子力技術を蓄積することが現実的な選択である。

　太陽光や風力，地熱，バイオマス（生物資源）といった自然エネルギーの拡大は新時代の国家戦略である（同上96-98頁）。

⑤　憲法

　野田は，現憲法について次のように語っている。

「憲法は国のデザインだと思っている。国のデザインなら時代に適合できるように，柔軟に変えてもいいものがあるだろうし，白紙からデザインを見直してもいいという感覚です。憲法改正論でも，従前のアメリカが押し付けたから改憲すべしという話ではない。あくまで国のデザインとして不都合があれば治す。そういう国づくりをしていこうという考え方の人が，多分民主党には多いと思いますよ」「平和主義，主権在民という前文に出てくる理念は否定しませんが，一字一句変えてはいけないという強い警戒心を持つことはない」「（いつか来た道というように戦争を心配しますが）そうさせない自信はある」「憲法の理念は，いわば日本人のDNAの中に流れつつあるのではないでしょうか。平和主義を実現するためには，非軍事主義ではない方法論や手段があると思います。だけど，戦争にどんどん加担していくことを是とする考え方は誰も持っていないだろうと思うし，迂闊にワナにはまるようなことに対しても一歩引くと思います」（野田佳彦・早野透「民主党の帆柱を立てる」『論座』2002年11月号，22-30頁）。「憲法改正というとすぐに『9条を死守せよ。軍国主義の復活を許すな』云々という話が出てきて，それ以外の大事なポイントが議論されません。たとえば，地方自治についていえば，憲法では92条から95条までの4条しか触れていません。その中で本質的なものは92条の『地方自治の本旨に基いて，法律でこれを定める』だけと言っていい。これでは何も言っていないに等しい。（中略）国の統治のやり方として，地方分権，地域主権という要素も憲法に入れるべきだと思います」「護憲であるということと，憲法改正について考えるということは対立するものではないはずです。もっと自由に憲法について議論がで

きることを願います」(前掲書『民主の敵』151-153頁)。

　憲法第9条関連で問題なのは集団的自衛権である。政府見解では，集団的自衛権は保持しているけれども，憲法上，それは行使できないということになっている。これを踏み越えることができるかどうかが一番の肝である。集団的自衛権をフリーハンドで行使できるようにするべきであるというような，乱暴な話は論外であるが，いざというときには，集団的自衛権の行使に相当することもやらざるを得ないことは，現実に起こりうるわけである。ですから，原則としては，やはり認めるべきだと思う。認めた上で，乱用されないように，歯止めをかける手段をどのように用意しておくべきかという議論が大切になっていく（同上，133-134頁）。

(2) 外交・安全保障

　野田の外交に関する基本的な認識は，「大事なのは，国家として何を目指すのか。目的を明確にした上で，しっかりと戦略を立てることです。外務省という一つのお役所にまかせきりにしておけるレベルの話ではありません」（同上123頁）。

　「内政の安定と健全な国民経済は，国の安全保障の前提であり，外交力の源泉でもある。我が国が『内向き』になることは許されない。国家の安全と安定した国際関係が確保されなければ，経済社会の発展など望むべくもない」（前掲論文「わが政権構想」100頁）というものである。

① 日米安全保障条約

　野田の考え方の元になったと思われる松下政経塾に関する資料を見ても，外交や安全保障に関する記述は少ない。松下幸之助が1982年に新党結成に動いた時の新党の方針10項目中の最後の10番目に，国際社会への真の寄与貢献の項に見られるが，抽象的な概念を提示しているだけである。国内問題に比べれば，関心度が低いのかもしれない。

　しかしながら，政界進出後の野田は，周囲の影響からだろうか，外交・安全保障に関する発言も多く行っている。まず，日米安全保障条約に対する考え方

から野田佳彦の考え方について紹介する。前述の「日本プライド構想」では，次のように述べている。

「日米安全保障条約は，日本とアジアにとって重視しすぎることはない」「日米安保に冷淡であったり，危機管理に無頓着な人がいたりするのは政治家の怠慢が原因」。さらに，自著の『民主の敵』では，「国に自衛権はある。自衛のための実行組織を持つことは許されるというのは，ほとんどの国民に異論のないところだと思っています」「自分の国は自分で守るという覚悟を固め，これを大前提として日米同盟をしっかり堅持していく。これがあるべき安全保障の姿である。日米関係をは今世紀においても，むしろ進化させるべきものである」「日米同盟が，現実的な利益のみならず，民主主義，基本的人権の尊重，法の支配，『航行の自由・サイバー・宇宙空間の保護』といった基本的な価値を共有することを自覚しなければならない。日米同盟は，日本の安全と繁栄に不可欠な役割を果たしているのみならず，アジア・太平洋地域，さらには，世界の安定と繁栄のための『国際公共財』である」「強固な日米同盟を基軸として，中国，韓国，ロシアをはじめとする近隣諸国，アジア各国との協力を進め，アジア太平洋経済協力会議（APEC）など地域協力の枠組みを活用し，アジア・太平洋地域での開かれたネットワークを重層的に発展させたいと思う」と述べている（同上100-101頁）。

小沢一郎は「駐留米軍は第七艦隊で十分」と発言しているが，同時に「日本もきちんとした世界戦略を持ち，少なくとも日本に関係する事柄については，もっと役割を分担すべき，そうすれば米国の役割は減る」とも述べている。また，小沢氏は，2008年の麻生首相所信表明演説に対する代表質問の中で「（外交と安全保障の）第一の原則はいうまでもなく日米同盟の維持・発展である。ただし，同盟とはあくまでも対等な関係であり，米国のいうがままに追随するのは同盟とは言えない。民主党は米国との対等なパートナーシップを確立し，より強固な日米関係を築く」と述べている。これについて，野田は，日本の外交は主体性を持たなければならない。安全保障についても，なるべく自前の力でカバーしなければならないという気概は，方向性としては何ら間違っていな

い，と述べている（前掲論文「保守の王道政治を受け継ぐわが決意」83-85頁）。2012年4月30日には，①日米同盟はアジア太平洋地域の平和と安定の礎，②防衛協力の強化をめざす。日本の動的防衛力の構築と米国のアジア太平洋重視の戦略を実行。米軍再編計画の見直しで日米同盟が地域の多様な緊急事態に対応する能力が高まる，という内容の日米共同声明をとりまとめている。

民主党の松下政経塾出身議員の秘書をしていた人の話では「米国べったりが彼ら（松下政経塾出身議員）の政策の特徴」と指摘している。

② 自衛隊の海外派遣

野田は，自衛隊は世界的に見て，かなりの規模と実力とを兼ね備えている。そして，国際的な役割を果たしている。今後は，派遣の度ごとに特別措置法を制定して派遣するのではなく，恒久法を制定するべきではないかという考えを持っている。

海外派遣については，先に述べた「日本プライド構想」でも「PKO（国連平和維持活動），武力を伴うPKF活動を積極的に」と述べ，積極論を述べている。

野田の自衛隊海外派遣についての発言は以下のとおりである。

「まず必要なのは，国内での自衛隊の位置づけを明確にするということである。その上で，国際的な枠組みの中で，自衛隊をどう活かしていくかを考えるべきである。

実行部隊としての自衛隊をきっちりと憲法の中で位置づける必要がある。自衛隊は，世界的に見たら，かなりの規模と実力とを有している。自衛隊といっているのは国内だけで，外国から見たら日本軍である。

1991年のペルシャ湾への掃海艇派遣以来，92年のカンボジア，96年のゴラン高原，2002年の東ティモールなどへのPKO，94年のルワンダ，2001年のアフガニスタンへの難民救援，2001年のインド洋，2004年のイラクなどへの後方支援活動，2009年のソマリアと，自衛隊の海外貢献には，すでに長い実績があり，国際社会の中で高く評価されている。

にもかかわらず，いまだに，何か事が起こったときごとに，特別措置法という形で，泥縄式に対応している。これは非常に問題だと思う。やはり，自衛隊

を海外に派遣するときのルールは、一刻も早く明確にしておくべきだと思います。いわゆる恒久法の制定が必要です。そのためには、今の自衛隊の経験や実力を見極め、装備の見直し、武器の使用基準についての環境整備などを、時間をかけて深めていかなければいけない」(前掲書『民主の敵』123-127頁)。

最近では、国連の要請に応じて、南スーダンへの派遣が決定している。

③　国連

野田は、民主党は国連中心主義と言いながら、国連至上主義に陥っていると批判している。国連といえども、さまざまな事情を抱えた国家の寄り合いであり、冷徹な国際政治の力学の上に成り立っている。国連決議が錦の御旗になるわけではない。また、日本に関しては、いまだに敵国条項が残っているし、国連は、まだまだ改革すべき課題を多く抱えている。これらを度外視し、国連を理想化しすぎるのは、現実的な外交ではない。

国連の分担金もアメリカに次いで負担しているが、影響力はなきに等しい。日本が負担している金額に見合う発言権を確保するため、戦略的発想が必要である。

外交というのは外国との約束事だから、政権が交代するたびに外交方針が180度転換したのでは、国としての信用が問われてしまう。アメリカ、国連、アジアを軸に据えて、あとは応用動作だと思う（同上、127-130頁）

④　アジア外交

朝鮮半島情勢にどう対応するかというのは、おそらく日本の安全保障では一番大きな問題である。韓国に対する軍事挑発を繰り返す北朝鮮は、引き続き北東アジアにおける最も深刻な不安定要因の一つとなっている。北朝鮮問題では断固たる態度をとるべきである。

中国に対しても、きちんとモノを言っていくべきである。

世界経済の成長のエンジンとなった中国は、今や輸出入共に我が国最大の貿易相手国である。中国の経済社会の発展が国際社会と協調しつつ行われるならば、それは日本にとって大変な好機になることは間違いない。その一方で、中国の急速な軍事力の増強や活動範囲の拡大は、背景にある戦略的意図などの不

透明さとあいまって、日本のみならず、地域における最大の懸念となっている。

わが国にとっても、尖閣諸島への中国人活動家の上陸、東シナ海の日中の中間線付近におけるガス田の開発、中国原子力潜水艦による領海侵犯、東シナ海及び沖ノ鳥島周辺のわが国の排他的経済水域における事前通告なしの調査船の活動など、日本の国民感情を逆なでするような、お互いにナショナリズムを煽り立てるようなことは避け、行動を慎むべきだ、と唐家璇国務委員（当時）に言ったことがある。唐さんは不愉快そうだったが、言うべきことを遠慮なく言い合うことが、真の友好を築く第一歩であると思う。

双方が言うべきことを言わない限り、妥協点は見つけられない。是々非々でダメなものはダメ、協調できることは協調する、それで進めればよいのである（同上、121-127頁）。

5．今後の政策の見通し

(1) 税制改革

野田は、G20終了後の記者会見において、来年度以降における消費税の引き上げを明言した。先に述べたように、既に野田は、一般論としては、（消費税を）上げるか下げるかを選挙の前に明らかにして、その上で国民がどのような判断をするのか見極めるという段取りで進めるのが筋だ。（税に関する）議論の帰結を次期衆議院選で示すというのは、一つの流れだ。それは消費税に限ったことではなく、税制抜本改革全体にいえることだ、と述べ、衆議院選を示唆している。そして「不退転」の決意で実施するとも述べている。実施時期は2014年4月に8％、2015年10月に10％とするとされている。ということは、残る問題は、衆議院選は何時行われるのかということになる。増税法案提出前に行うのか、増税法成立後、その実施前に行うのか明確でなく、実施前に行うのであれば、現衆議院議員の任期満了を待ってということも考えられる。しかしながら、消費税増税は国民からの反対は根強く、党内も意見が二分されているようである。選挙を実施すれば、民主党は過半数割れし、党が分裂する可能性もある。そして、政界再編がおこり、新たな連立政権が生まれることさえ予想できる。

(2) 普天間問題

　普天間問題は出口が見えない。政府は2011年末に，環境影響評価を沖縄県に提出した。この問題に関連して，沖縄の那覇防衛局長が，マスコミから，いつ環境影響評価を提出するのかと聞かれたときに，「犯す前に犯すというものはない」と答え，更迭された。この発言は，沖縄県民の怒りの火に油を注いだ。米国と約束した辺野古への移転を2012年6月までに目処を立てることは極めて困難な状況になっている。

　一方，米国でも，超党派の議員によって，海兵隊の航空基地機能を嘉手納の空軍基地に移し，空軍と共同使用するという提案が行われ，また，海兵隊の一部グアム移転について，地元から反対の声が上がっている。こうした状況を踏まえ，2012年4月，日米安全保障協議委員会（「2＋2」）は，沖縄の海兵隊員9000人を海外に移す。沖縄，グアム，ハワイに海兵隊を置きオーストラリアにはローテーション展開をする。グアムには5000人の海兵隊員を置く，と発表している。

　それと同時に，「2＋2」は普天間基地についても，現行の移設案が唯一の有効な解決策である，と述べている。仮に，わが国の政府が，2012年6月までに辺野古への移動の目処を立てられなかった場合，米国側の対応が注目される。

(3) TPP

　野田は，TPPに参加するために，各国と交渉に入ることを明言した。しかし，国内では，野党はもちろん，民主党内でも反対論が根強い。党内の反対派の中には離党をほのめかしている者もある。2012年4月30日の日米共同記者会見では，野田首相は「TPPはアジア太平洋自由貿易圏実現への道筋の一つ」と述べ，オバマ大統領も「日本のTPP交渉入りは，両国や太平洋地域の発展に貢献するだろう」と述べたが「（自動車など）3分野についてアメリカとして関心がある」とも述べている。交渉参加までには，まだ紆余曲折が予想される。最近，自民党が協力できる部分は協力すると述べているが，前途は多難であり，場合によっては，TPPを基軸とする政界再編，解散といった事態も可能性として

は考えられる。

(4) 武器輸出三原則の緩和

わが国は1967年に武器輸出三原則を閣議決定し，紛争当事国や国連決議により禁じられている国などには輸出せずと表明したが，1983年に対米武器技術供与はその例外とする方針を決定した。そして2011年12月，政府は，この方針をさらに緩和して，わが国の産業の技術力が他の国の遅れをとらないように，国際貢献を目的とした武器供与および外国との武器の共同開発・生産を認める方向を打ち出している。そして，早速，2012年3月には，フィリピンとイエメンに，巡視艇を供与する意向を示している。また共同開発から輸出へと，さらなる緩和の可能性も十分考えられる。

(5) 自衛隊の海外派遣

1992年，わが国はPKO協力法を成立させ，国連総会，安全保障理事会の決議に基づく平和維持活動や人道的な国際救援活動に自衛隊を派遣することを定めた。派遣の条件としては，停戦の合意，紛争当事国（者）の受け入れ同意，中立，独自判断による撤退，隊員の生命・身体防護に限定した武器使用を条件としている。しかしながら，現在国連から要請されている南スーダンへの自衛隊派遣は，派遣予定の場所が首都で比較的治安状態が良いといっても南スーダンでは紛争が継続中である。自衛隊派遣部隊への影響が懸念される。わが国では，2003年に政府は，イラク復興支援特別措置法を成立させ，人道支援を掲げて自衛隊をイラクのサマワに派遣したが，その際，サマワは「非戦闘地域」ということで派遣した経緯がある。今後，自衛隊の「非戦闘地域」への派遣が増大するものと思われる。

(6) その他

民主党が公約した八ツ場ダムの工事中止は，結局，反故にされ，工事は継続して行われることが決定された。これに反発して少数ではあるが民主党衆議院

議員が離党している。

参議院憲法調査会では，憲法改正についての議論が行われているほか，民主党政調では，秘密保護法制定の動きがあると報道されている。野田の保守主義の面目躍如というところである。

6．おわりに

このような状況を考えると，野田政権の前途は多難である。

野田は，篠原一のいう，理念が上滑りし，足腰の弱い，いわゆる都会型の選挙を行う人ではないのかもしれない。自らも，理念だけでは無理，と述べている。上滑りでないことは，10年以上も駅前朝立ちを行ったことに現れている。しかし，「政経塾にはめずらしく，重厚な感じはあるが，新撰組の総長タイプで大きな仕事をするとは思えない」との評もある。

現在わが国は，恐らく政治的，経済的などの面において，過渡期にあるのだろう。財政，普天間基地，TPP等，どれも，日本の将来を左右する重要な問題である。そして，どれか一つでも対応に失敗すれば，すぐに政局になり，解散，総選挙，総辞職，政界再編等に結びつく可能性がある問題である。今後，どのような方向に向かうかは予断を許さないが，極めて難しい舵取りを迫られることは確実である。

第4章　小沢　一郎

丹羽　文生

1. はじめに

　平成に入って以降の疾風怒濤の永田町を眺めた時，どうしても避けて通れないのが小沢一郎の存在である。「剛腕」「壊し屋」といったレッテルを貼られながらも，政界再編のキーマンとして，常に，その主役であり続けた。
　したがって，小沢ほど見方が二分される人物も珍しく，熱狂的な「信者」がいたかと思うと，極端に忌み嫌う向きもある。「親小沢」や「反小沢」という言葉に象徴されるように，実に毀誉褒貶の激しい政治家であるといえる。
　過去において数々のダイナミックな荒業を仕掛けてきた小沢の動向は，現代日本の政治動態を検証する上で欠かすことのできない要素であることは間違いない。本章では，小沢の根底にある理念・哲学を，その有無も含めて検証した上で，彼が目指す国家像を浮き彫りにし，それを動かすための政治力を分析して，筆者なりの「小沢私論」を綴ってみたい。

2. 小沢の政治力

(1) 「小沢神話」

　小沢一郎が民主党入りしたのは，2003年9月のことである。当時，小沢は30人（衆院議員22人，参院議員8人）を抱える自由党の党首であった。自由党は議席数こそ少ないものの，2001年7月の参院選では改選議席数3議席を6議席に倍増させ，根強い小沢ファンがいることを示し，小沢本人も，「われわれには5,600万の票が必ず入るから，3,40人の政党でいる限りは安泰」（塩田潮『民主党政権の真実』毎日新聞社，2010年，88頁）と自信を持っていた。しかし，「少数

政党の壁を打破する」のは難しく，「独自路線だけでは将来の展望が開かれない」という悩みは消えない状況にあった（同上）。

　手詰まり感が否めない中，小沢一郎が目指したのが民由合併というカードだった。自由党との合流には，当時の民主党代表の鳩山由紀夫も前向きで，2人は民由合併に動き出した。ところが，2002年9月の民主党代表選で再選された鳩山は，それから僅か3ヶ月後，辞任に追い込まれる。原因は，代表選後に行われた人事において，代表選で鳩山に協力した旧民社党系グループの中野寛成を幹事長に抜擢し，露骨な論功行賞との批判を浴びた上，小沢との間で民由合併を仕掛けようとしていたことが露見して騒動に発展したためである。

　鳩山の後を受けて代表に就任した菅直人は当初，民由合併には消極的であった。だが，秋にも衆院解散の可能性があるとの観測が強まり，依然，その人気が高い小泉純一郎に対抗するには，野党が大同団結するしかないという思いが菅の中に芽生え始め，2003年7月23日，小沢一郎と会談し，9月末までに民由合併を行うことで一致して，合意文書に署名した。

　民由合併は事実上，民主党への吸収であった。菅直人は，小沢一郎への処遇として，代表に準じる扱いとなる「特別代表」への就任を打診したが，小沢は一蹴し，一兵卒に徹すると公言して，名称，規約，基本政策全てにおいて民主党の態勢を呑んだのである。

　2004年5月，菅直人は国民年金未加入，保険料未納が発覚したことで代表を辞任，岡田克也が新たに代表に就く。ところが，2005年9月の衆院選で民主党は大敗北を喫する。その責任をとって岡田も代表を退いた。次いで前原誠司が代表となるも，半年後の2006年4月，いわゆる偽メール事件で混乱を招いたことで辞任に追い込まれた。小沢一郎が代表になるのは，この後である。2009年5月，西松建設事件で小沢の公設第1秘書の大久保隆規が逮捕されたことを受けて辞任するまで，3年余り代表を務めた。

　では，なぜ小沢一郎は，民由合併から僅か3年足らずで代表の座を射止めるまでに影響力，発言力を高めていったのであろうか。民主党の実力者ともいえる菅，岡田，前原の3人が相次いで傷を負って代表を辞任するという民主党内

の混乱が，小沢に有利に働いたのも事実だが，陰りを見せていた選挙に強いという「小沢神話」への過剰なまでの期待が効果的に作用したのは確かである。

衆院選の惨敗で民主党には当時，絶望感，悲壮感が漂い，結成以来，最大の危機に瀕していた。併せて，43歳だった前原誠司の自滅によって，民主党には未熟さ，幼児性が滲み出ていた。その結果，「アレルギーに目をつぶってでも，小沢の『剛腕』に頼らざるを得ない環境」（清水孝倖『小沢一郎という「禁断の果実」』講談社，2010年，174頁）が徐々に形成されていったのである。しかも，当時，小沢一郎を除く民主党の衆院議員110人のうち，7割以上が当選回数4回以下であり，小沢の「剛腕」「壊し屋」ぶりを肌身で感じる体験をした者も少なく，「党を激変させなければいけないという空気の中で『壊し屋』の突破力にすがろう」（同上，175頁）という機運が高まっていた。

その期待に応えるように，小沢一郎が代表に就任した直後の衆院千葉7区補選では，偽メール事件による民主党への逆風を撥ね除け，弱冠26歳の千葉県議会議員だった太田和美が，自民党と公明党が押す元埼玉県副知事の齋藤健に僅差で勝利する。「最初から選挙に強い『小沢神話』を見せつけられ，党内からは9月までの代表任期をにらみ，早くも再選支持の声があがった」（同上，176-177頁）のであった。

次いで小沢一郎は2007年7月の参院選で，自らの師匠である田中角栄譲りの選挙手法を実践した。かつての民主党は風頼みで，党首の顔やパフォーマンスを重視する「空中戦」を展開してきた。ところが，「『どぶ板選挙』こそが，本当の選挙」（小沢一郎『小沢主義：志を持て，日本人』集英社，2006年，15頁）とまで言い切る小沢は，田中から学んだ「戸別訪問3万軒，つじ説法5万回，足に血豆ができたらつぶれるまで歩け」（同上）という「地上戦」を取り入れ，小泉による三位一体改革や公共事業の削減で疲弊した中山間地域や離島を中心に地方行脚に精を出し，自民党の牙城とされた1人区の切り崩しに掛かったのである。その結果，自民党は37議席に止まり，一方，民主党は改選議席数32議席から一気に60議席にまで伸ばして，小沢の狙い通り，参院で第1党に躍進する。

この小沢流は，小沢一郎が代表代行として辣腕を振るった2009年8月の衆院

選でも引き継がれ，民主党は308議席を獲得して圧勝し，逆に自民党は議席を3分の1に減らすという壊滅的惨敗を喫して119議席となった。小沢は政権交代の偉業を牽引した功労者となり，小沢グループも，小沢が指南して当選を果たした「小沢チルドレン」や「小沢ガールズ」が加わって一気に膨れ上がり，民主党内の最大勢力になる。「『選挙に強い』という側面が最大限に発揮された結果であることは確実」(花岡信昭「研究ノート：小沢一郎研究『私論』」『拓殖大学政治行政研究』第2巻，拓殖大学地方政治行政研究所，2010年，121頁) であろう。

(2) 組織操縦法

　民由合併後，小沢一郎は真っ先に旧社会党グループの横路孝弘と手を結んだ。2009年8月の衆院選後，横路は，民主党が大勝したことを受け，衆院副議長から衆院議長に昇格するが，これも小沢と親しい間柄にあったためで，逆に，かつての盟友だった渡部恒三が，その後，一気に反小沢色を鮮明にしたのは，当初，有力視されていながら衆院議長になれなかったことへの意趣返しと見る向きもある。

　小沢一郎が横路孝弘に接近し始めたのは，民由合併前の2001年末頃のことである。当時，民主党副代表だった横路は，この年の9月11日に発生したアメリカ同時多発テロ事件を受け，テロ対策特別措置法に基づき国会に提出された自衛隊派遣の承認に関する採決で造反し，「小泉政権と対決しようとしない」(『朝日新聞』2002年1月10日朝刊) 代表の鳩山由紀夫に苛立ちを見せていた。首相である小泉純一郎との協力を視野に入れる鳩山と，対立を鮮明にして野党共闘を重視する横路との間で亀裂が生じていたのである。そこで，「野党第1党の民主党の責任は重い。自民党と（主張が）同じならば自民と連立すればいい」(『読売新聞』2001年12月30日朝刊) と，鳩山の対応を批判する小沢と横路は野党共闘を目指そうと連携を模索し始める。そして，11月28日，12月7日と立て続けに2人は顔を合わせ，中でも自由党と旧社会党グループとの間で隔たりが大きかった安全保障について意見を交わした。

　2003年10月に民主党と自由党の合併大会が開催され，11月に衆院選が行われ

た後，小沢一郎と横路孝弘の2人の間で安全保障に関する協議が本格的に開始される。「旧社会党グループとはイデオロギー的に対極にある自由党勢力が加わったことで，安保政策をめぐる『党内抗争』が深刻になる可能性」（『産経新聞』2003年9月25日朝刊）があったためである。その結果，2004年3月，PKO（国連平和維持活動）や国連の下での多国籍軍に日本が参加する場合，自衛隊とは別組織の国連待機部隊（仮称）を派遣し，指揮権を放棄し国連に委ねることを柱とした「日本の安全保障・国際協力の基本原則」という合意文書を発表する。国連待機部隊は，かつて社会党が主張した非軍事，文民による国際協力隊に似た組織である。この中で，小沢は「国連主導の多国籍軍への参加や武力行使を可能とする」ことを主張する一方，「『国権の発動による武力行使はしないことを永遠の国是とする』と憲法9条擁護も打ち出し」て，横路の体面を保たせたのであった（『朝日新聞』2004年3月20日朝刊）。

かつて産経新聞社で政治部長や論説副委員長を務め，その間，小沢一郎を取材してきた花岡信昭によると，小沢に「なぜ，政治信条の違うグループと仲良くするのか」と質問した際，小沢は「自分に近い者は放っておいてもついてくる。最も遠い位置にいると思われる者たちとまず手を結ぶ。そうすれば真ん中の部分もごそっと引き寄せられる。これが組織の要諦だ」と答えた（前掲論文｜研究ノート：小沢一郎研究『私論』122頁）。小沢が旧社会党グループと手を握ったことで，民主党は小沢に「庇を貸して母屋を取られる」という状況に陥ったのである。これも，小沢という政治家を見る上での核心といえる。

小沢一郎が新進党の党首だった頃，補佐役を務めた自民党の小池百合子は，「国家の背骨を揺るがすような政策についてまで政局運営のために譲るのはいただけない」と小沢を批判しながらも，「政権交代という『究極の目的』を優先させる考え方を否定はしない」としている（『読売新聞』2008年9月29日朝刊）。小沢は「数がすべて。多数を制しなければ思うような政治はできない」として，理念・哲学を封印，あるいは犠牲にしてでも，あらゆる手練手管を駆使しながら，自らの勢力を拡大していくという実利，功利を求めることに徹する「現実派」であり，「政治の現実の世界では当然」のことを実践してきたのである（前

掲論文「研究ノート:小沢一郎研究『私論』」122頁)。

3．小沢の生い立ち

　ここで小沢一郎の生い立ちを振り返っておきたい。1942年5月24日，小沢は東京府東京市下谷区御徒町で，弁護士で当時，東京府会議員を務めていた小沢佐重喜の長男として生まれた。佐重喜44歳，母のみち42歳で，小沢にいわせると，「親父とお袋にすれば孫みたいな子」(小田甫『小沢一郎・全人像』行研出版局，1992年，18頁)だった。佐重喜は岩手県水沢市袋町出身で，苦学して日本大学夜間部を卒業し，25歳で弁護士となって，1946年4月に行われた戦後初の衆院選で初当選し，その後は，運輸大臣，逓信大臣，初代郵政大臣兼初代電気通信大臣，建設大臣，行政管理庁長官兼北海道開発庁長官といった要職を歴任した大物政治家である。

　小沢一郎が3歳の時，東京大空襲から逃れるため，一家は佐重喜の生まれ故郷である水沢市に疎開する。幼少期の小沢は，無口で，人を押し退けて前に出るようなタイプではなく，「人前に立つのを嫌い，学級委員長になったりするのを特に嫌がった」という(同上，25頁)。しかし，「勉強もスポーツも『かなり出来のいい生徒』」(奥野修司『小沢一郎:覇者の履歴書』データハウス，1994年，130-132頁)ではあった。

　地元の水沢市立水沢小学校を経て，水沢市立常盤中学校に進んだ小沢一郎は，両親の強い意向で，3年生が始まる直前に文京区立第6中学校に転校する。その後，東京都立小石川高等学校を卒業し，佐重喜と同じ弁護士を志した小沢は，東京大学法学部を受験するも失敗して，2浪の末，慶應義塾大学経済学部に入学した。小沢が政治家になることを意識し始めたのは，この頃からである。小沢は「今もそうですが，歴史が本当に好きでした。興味を持ち始めたのはハイティーンのあたりですかね。そして，歴史から政治に，次第に関心を持つようになったわけです」(五百旗頭真・伊藤元重・薬師寺克行編『90年代の証言:小沢一郎政権奪取論』朝日新聞社，2006年，12頁)と振り返る。浪人した小沢は，現役で合格した同級生よりも年齢が僅かに上であったため，「青年でありながら老

人のような雰囲気」を備え,「身体も大きく寡黙でどことなく落ち着いた風貌を漂わせていた」ことから,「おとうちゃん」というニックネームで呼ばれた（前掲書『小沢一郎：覇者の履歴書』156頁）。弁護士になりたい小沢にとって経済学部の授業は苦痛そのものであったが,一方で,法律に関する授業だけは欠かさず出席した。

　小沢一郎は,そのまま日本大学大学院に進み,司法試験にチャレンジするための準備を始める。ところが,在学中の1968年5月8日未明,小沢にとって思いもよらぬ事態が起こった。佐重喜が心不全で急逝したのである。佐重喜は東京慈恵会医科大学附属病院に入院中,「『一郎は司法試験の勉強をしているか』と気にかけていた」（前掲書『小沢一郎・全人像』30-31頁）が,結局,小沢は弁護士になることを諦め,佐重喜の後継者として,岩手2区から自民党で衆院選に出馬することを決意する。この衆院選を自民党幹事長として指揮したのが,まさに日の出の勢いを感じさせる田中角栄であった。当初,「小沢に対する評価は低かった。当時,幹事長だった田中の耳には,佐重喜の後を狙って,故小沢佐重喜周辺に別の新人を立てる動き」まであったが,「思い切ってやれ。戸別訪問は3万軒,辻説法は5万回やれ。有権者の目から君が去れば,有権者の心から君が去る。親の七光を当てにするな,カネは使えば無くなる。選挙区を1軒ずつしらみ潰しに歩け。3分でも5分でも辻立ちをして,自分の信念を喋れ。それを繰り返せ。それしかない。山の向こうを見ても,援軍は来ない。自分でやれ。それをやり抜いてはじめて当選の可能性が生まれる」との田中の指示通り,小沢は走り回った（同上,36-37頁）。

　その結果,僅か27歳でトップ当選を果たす。以降,小沢一郎は,田中から息子のように可愛がられた。それは,田中が小沢と同じ年の長男の正法を3歳で亡くしていたからである。田中は小沢の顔を見る度に正法と重ね合わせていた。結婚に際しても,自分の地元の新潟県にある大手建設会社の福田組を経営する福田正の長女の和子を引き合わせるほどで,連日のように小沢を私邸に通わせ,自分の一挙手一投足から政治を学ばせた。小沢は「田中のおやじは僕には,何も隠さなかった。何でも話してくれました。例えば,中曽根内閣時代に,中曽

根首相との内証の電話も，目の前に僕がいたって何も隠さないで，平気で話していた」（前掲書『90年代の証言：小沢一郎政権　取論』53-54頁）と語る。田中がロッキード事件で起訴された際は6年10ヶ月，合計191回の裁判を全て欠かさず傍聴した。

　小沢一郎は，科学技術政務次官を皮切りに，建設政務次官，自治大臣兼国家公安委員長，官房副長官，さらに，自民党国会対策委員会の筆頭副委員長や衆院議院運営委員長を務めることで，根回しの術を習得し，国会運営の機微に触れた。この間，田中派の事務局長と事務総長も歴任して，閥務を学ぶ機会も与えられ，やがて，金丸信の後押しによって弱冠47歳で自民党幹事長なり，政界の中枢に躍り出る。以降の肩書を追えば，新生党代表幹事，新進党では幹事長と党首，自由党党首，民主党に入ってからは代表代行，副代表，代表，幹事長ということになるが，「ともあれこの20余年，この政治家が永田町の震源であり続けてきた」ことは明らかであり，「永田町を仕切るに長けたプロ政治家」であることも疑いのない事実であろう（後藤正治「現代の肖像：衆議院議員小沢一郎・思想政治家で終わるのか」『AERA』2006年1月23日号，朝日新聞社出版本部，2006年，59頁）。

4．小沢の性格

　「剛腕」「壊し屋」というニックネームからも分かるように，小沢一郎は傲岸不遜のイメージで伝えられることが多い。象徴的なのが1991年10月の自民党総裁選に名乗りを上げた宮沢喜一，渡辺美智雄，および三塚博の3人を国会議事堂裏にある十全ビル3階の自分の個人事務所に呼び，事実上の「面接試験」を実施した時のことである。当時，小沢は自民党の最大派閥である竹下派の会長代行であった。その際，「『若僧が先輩を呼びつけて面接試験をやるとは失礼な奴だ』となり，マスコミが飛びついて一斉に批判的な報道をした」（平野貞夫『わが友・小沢一郎』幻冬舎，2009年，82頁）ことで，世間の不評を買い，傲慢なイメージを増幅させた。だが，「当日は大安の日曜日で都内のホテルの部屋がとれず，小沢のほうから3氏をそれぞれ訪問すると伝えたのだが，『推薦しても

らうほうに来てもらうのは失礼になる」と，3氏が永田町の小沢の事務所を訪ねることになった」(同上，83頁)というのが真実のようである。小沢は，相手が来る度にエレベーターまで出迎えたものの，説明不足故に「独断専行」「秘密主義」という批判が囁かれ始めるのである。

　2007年11月，時の首相の福田康夫と，民主党代表だった小沢一郎との密室会談で合意が成された「大連立」に絡む騒動の時も，事前に誰とも相談せずに進めたために非難を浴び，結局，失敗に終わった。この時，小沢は混乱の責任を取って代表を辞任する意向を表明する。だが，周囲から慰留され，代表を続投することとなる。小沢は民主党の両院議員懇談会で説明不足への反省を何度も口にしながら，「不器用で口べたな東北かたぎのままで，どうしても説明不足になりがち。それが混乱の一因になったと思います」と苦笑交じりに釈明している(『読売新聞』2007年11月8日朝刊)。「『分からない者は分からなくてもいい』といった，いわばぶっきらぼう」(花岡信昭『「小沢新党」は何をめざすか!?：日本が情緒政治と決別する日』サンドケー出版局，1994年，38頁)な感覚が小沢を支配しているように見える。

　このような性格は，小沢一郎の周辺にいる，どんな人物にも適用される。小沢の過去を振り返ると，部下や同僚が次々と小沢の元を離れ，代わって別の人々が擦り寄り，やがて彼らも去っていくということが繰り返されている。渡部恒三は，その原因は説明不足にあると述べている(『産経新聞』2007年11月6日)。

　もともと小沢一郎は「面倒くさがり屋で，べたべたした人間関係」を嫌い(前掲論文『研究ノート：小沢一郎研究『私論』』125頁)，「去る者は追わず。来る者は拒まず」を信条(前掲書『わが友・小沢一郎』99頁)としている。かつて，新生党，新進党と，側近として小沢を支え，その後，袂を分かった船田元は「一度気持ちが離れると，側近だった人でも遠ざけ，肝心なことは漏らさなくなる」と述べ，「用件がなければ会わない」という小沢の態度が人間関係を悪化させていると評している(『読売新聞』1997年5月28日朝刊)。こうしたドライな感性が誤解を生むようである。

5．小沢の理念・哲学

(1) 「普通の国」論

　小沢一郎が初めて自らの理念・哲学を世に問うたのは，1993年5月に講談社から出版されベストセラーとなる『日本改造計画』においてであった。『日本改造計画』は，田中角栄が1972年6月に日刊工業新聞社から刊行し，発行部数91万部のベストセラーとなった『日本列島改造論』の平成版として注目を浴び，発行部数は72万5000部にまで達した。

　その「まえがき」には，「米国アリゾナ州北部に有名なグランド・キャニオンがある。コロラド川がコロラド高原を刻んでつくった大渓谷で，深さは1,200メートルである。日本で最も高いビル，横浜のランドマークタワーは70階，296メートルだから，その4つ分の高さに相当する。ある日，私は現地へ行ってみた。そして，驚いた」（小沢一郎『日本改造計画』講談社，1993年，1頁）とある。小沢一郎が驚いたのは，この切り立ったグランド・キャニオンには，多くの観光客が訪れるにもかかわらず，崖の上には転落を防ぐ柵がなく，大きく突き出した岩の先端にはカップルが座り，戯れ，注意を促す人もいなければ立入禁止の立札もなかったことである。

　小沢一郎は続けて「もし日本の観光地がこのような状態で，事故が起きたとしたら，どうなるだろうか。おそらく，その観光地の管理責任者は，新聞やテレビで轟々たる非難を浴びるだろう」と述べ，そのためにも「日本の公園管理当局は，前もって，ありとあらゆる事故防止策」を敷いて「行動規制」をし，観光客も「その規制に従ってさえいれば安全」だというのが日本であると説明する（同上，1-2頁）。そして，「大の大人が，レジャーという最も私的で自由な行動についてさえ，当局に安全を守ってもらい，それを当然視」する日本とアメリカの違いを指摘し（同上，2頁），国民に対して自分の安全は自分の判断と責任で守るという自己管理の自覚を促している。

　その上で，小沢一郎は「政治のリーダーシップを確立すること」と，「地方分権」，さらには「規制の撤廃」を変革の方針として掲げ，これらの根底にあ

るのは「個人の自立」，すなわち「真の民主主義の確立である」と説き，「個人の自立」があって「国家として自立」し，「国家として自立」するには「個人の自立」が必要であると主張している（同上，4-5頁）。小沢の理念・哲学のエートスを一言で集約すれば「自立」ということになる。花岡信昭によれば，「結局のところ，どういう国にしていきたいのか」と小沢に質問した時，「個人の自立」を引き合いに出し「日本人の意識改革だ」という明快な答えが返ってきたという（前掲論文「研究ノート：小沢一郎研究『私論』」125頁）。

『日本改造計画』の13年後の2006年9月，小沢一郎は『小沢主義：志を持て，日本人』と題する著書を集英社から出版した。『日本改造計画』以来の書き下ろしであり，凡そ2年の歳月を費やして書き上げたもので，小沢は「僕の思想や信条のすべてが詰まっている」（前掲書『小沢主義：志を持て，日本人』7頁）とまで言い切っている。ここにも同じく「政治は政治家だけが考えればいいものではない。国民一人一人が主権者として，政治に問題意識を持つことが，本物の改革へとつながっていく」と語り，「国民一人一人が自立し，自覚を持って改革に取り組めば，日本はかならず甦る，と僕は堅く信じている」とし，「個人の自立」を訴えている（同上）。

では，小沢一郎のいう「個人の自立」と「国家として自立」は具体的に何を意味するのであろうか。ここで浮かび上がってくるのが，小沢にとって生涯のテーマとなる「普通の国」論である（Takashi Oka, *Policy Entrepreneurship and Elections in Japan: A Political Biogaphy of Ozawa Ichiro*, Routledge, 2011, p.25）。小沢は，「自立した個人と，自立した個人の集合体である自立国家を目指すべきだ。自立した日本人と言ってもいい。それがイコール『普通の国』だ」（『朝日新聞』2003年1月7日朝刊）と主張する。そして，「普通の国」の条件として，小沢は『日本改造計画』の中で，「国際社会において当然とされていることを，当然のこととして自らの責任で行うことである。当たり前のことを当たり前と考え，当たり前に行う。日本国内でしか通用しないことをいい立てたり，国際社会の圧力を理由にして仕方なくやるようなことはしない」ということと「豊かで安定した国民生活を築こうと努力している国々に対し，また，地球環境保護のよ

うな人類共通の課題について，自ら最大限の協力をする」ことを挙げ，これらを果たすことで，日本は「国際社会に通用する一人前の『普通の国』に脱皮することができる」としている（前掲書『日本改造計画』104-105頁）。

　小沢一郎が，このような思いに至ったのは湾岸戦争がきっかけである。1990年8月2日にイラクがクウェートを侵攻し，その5ヶ月後の翌年1月17日，アメリカを中心とした多国籍軍によるイラク空爆が開始された。当時，日本は多国籍軍に対し総額130億ドルもの資金を拠出した。ところが「カネだけ出してあとは何もしない」（『産経新聞』1993年1月14日朝刊）という従来型の日本の対応は国際社会には通用せず，感謝されるどころか，失笑を浴びることとなる。

　自民党幹事長だった小沢一郎は，自衛隊派遣を渋る時の首相の海部俊樹，外務省に対して，憲法前文にあるように「国際社会において，名誉ある地位を占めたいと思う」のであれば「いづれの国家も，自国のことのみに専念して他国を無視してはならない」のであって，自衛隊派遣すべきと迫った。「世界から『日本は血も汗も流さない』と批判」されることのないよう「カネだけじゃいけない」と言い続けたのである（小沢一郎『語る』文藝春秋，1996年，51-52頁）。小沢は自衛隊派遣を決断できない海部に苛立ち「『あの人じゃダメだ。まったくわかっていない！』と捨てゼリフを吐いた」（渡辺治『政治改革と憲法改正：中曽根康弘から小沢一郎へ』青木書店，1994年，81頁），という。

　結局，自衛隊派遣を盛り込んだ国連平和協力法案は社会党を中心とする野党の激しい攻撃を受け廃案となったが，代わって自民党，公明党，民社党がPKOへの協力の枠組みを設けることを進めるとした「国連平和協力に関する合意覚書」を取り交わし，これが基礎になってPKO協力法案が作成されて，宮沢喜一内閣時代の1992年6月に国会を通過するに至る。この一連の流れの中で小沢一郎は，日本が「普通の国」ではないことに苛立ちを募らせたのである。

　しかしながら，民主党代表になってからの小沢一郎は，湾岸戦争の時とは裏腹に，アメリカ同時多発テロ事件に伴う報復のためのアフガニスタン攻撃を受けてインド洋上で実施された海上自衛隊による多国籍軍の艦艇への給油活動中止を唱えた。ここが小沢を見る上での疑念となっている。ただ，そこには，自

民党を追い詰めて政局の主導権を握り，与野党激突の構図を鮮明にし，衆院解散を引き出そうという政略的思惑が反映されている。

さらに，2009年8月の衆院選では「民主党の政権政策 Manifesto 2009」の重要な柱として，「年額31万2,000円の『子ども手当』を創設する」や「戸別所得補償制度で農山漁村を再生する」を掲げ，「自立」とは程遠い「選挙目当てのバラマキ」(『朝日新聞』2009年11月21日朝刊)を並べ立てたが，これも「現実派」である小沢流が反映されているとも言える。それは「選挙で勝って政権を取らなければ何もできないじゃないか，という現実論」(前掲論文「研究ノート：小沢一郎研究『私論』」126頁)であり，理念・哲学とは別の次元で見る必要がある。

(2) 小選挙区制

「普通の国」を目指す小沢一郎が，そのための具体的手段として唱えてきたのが衆院選における小選挙区制の導入であった。小沢は湾岸戦争を通じて，日本を「普通の国」にするための「日本改造計画」が，社会党のみならず，他ならぬ自民党によって阻まれていることを知る。リクルート事件，東京佐川急便事件といった汚職事件に端を発する一連の政治改革は当時，腐敗防止の域に止まっていたが，小沢の狙いは「日本的政治体質を根本から変革」(前掲書『「小沢新党」は何をめざすか!?：日本が情緒政治と決別する日』206頁)して，「普通の国」を実現することにあった。その核心が小選挙区制である。

当時は中選挙区制であり，一部を除いて定数が3～5で，自民党は単独過半数を獲得するために同じ選挙区に複数の候補者を擁立した。そのため，同士討ちとなり，政党本位ではなく個人本位の選挙民へのサービス競争が生じ，それに必要な資金源となる派閥政治が横行する。当選後も，派閥にコントロールされ，票田の耕耘に専念し，「選挙民への迎合によって，国民に対し国家が必要な改革を提起しない」(前掲書『政治改革と憲法改正：中曽根康弘から小沢一郎へ』420頁)状況が生まれることを小沢一郎は問題視した。

同時に小沢一郎は自民党と社会党との馴れ合い状態の打破を訴えた。中選挙

区制の下で一時期を除いて過半数の候補者を立てず，政権奪取の意欲もなく万年野党第1党の座に甘んじていた社会党は，表では「華々しく政府・与党に挑戦状をつきつけて最後まで抵抗する」ものの，しかし，裏では「与党と取り引きして利害を調整」していた（前掲書『日本改造計画』23頁）。政治評論家の伊藤昌哉の言葉を借りれば，それは，まさに「結論わかった推理小説」（小枝義人『伊藤昌哉政論』春風社，2006年，40頁）であった。そんな「ぬるま湯に浸かった与党ボケ，野党ボケの政治の力関係をどんな手段でもいいから変えることが先決」（浅井基文『新保守主義―小沢新党は日本をどこへ導くのか』柏書房，1993年，159頁）であると考えた小沢は，これに風穴を開けようと小選挙区制を唱え始める。

小選挙区制は2大政党を生み易くし，一方が多数を制することで安定した強力な政権が生まれる。これが成果を残したのであれば，その後も続投，不十分であれば選挙民の鉄槌を浴び，政権交代が起きる。「『政権与党に緊張感が生まれる』というメリット」があり，「大筋で政策が似通ってくるため，政権交代は与党のミス」によって起きることが多く，その結果，「与党は国民との約束を守り，失策を犯さないよう注力」することになる（川上和久『2大政党制は何をもたらすか―日本大変革への道』ソフトバンククリエイティブ，2006年，18頁）。

自民党と社会党が馴れ合い状態にあれば，コンセンサスの醸成に時間を要し，急速な国際社会の流れに機敏に対応できず，それに伴う決断と責任が取れない。小沢一郎は速やかに結論を導き出すには「主義主張が似通い，したがって政権交代も行い易い2大政党制が適当」であり，「主義主張が似ていれば，従来のような密室政治によって妥協を図る必要もそもそも起こらないだろうし，そのことは大幅な時間短縮を可能にする」と考えた（前掲書『新保守主義―小沢新党は日本をどこへ導くのか』159頁）。

1993年8月，8党派による細川護熙内閣発足後，小沢一郎は着々と小選挙区制の導入に向け準備を進めたが，そう簡単ではなかった。焦点は定数である。二大政党制を志向する小沢は，できるだけ単純小選挙区制に近い形が望ましいと小選挙区300，比例代表200を主張した。それに対し，存亡の危機にあった社

会党は小選挙区250，比例代表250を譲らなかった。一方の自民党は小選挙区300，比例代表171を提案していた。

　その年の11月15日深夜，細川護熙と自民党総裁の河野洋平によるトップ会談が設定される。最終的に決裂となったが，細川が小選挙区274，比例代表226とする譲歩案を示し，3日後の衆院本会議で可決された。だが，翌年1月21日の参院本会議では社会党から多くの造反が出たために否決される事態となる。

　そこで，小沢一郎は，衆院議長となっていた社会党の土井たか子の斡旋という形式の，細川と河野のトップ会談を再び仕掛けた。土井が目論んでいたのは先送り，棚上げにあった。小沢は，土井の提案によるトップ会談であれば，社会党の反発を抑えられると読み，トップ会談に乗り込んで，小選挙区300，比例代表200に纏め上げたのである。その結果を聞いた土井は当然，激怒するが，既に流れは決まっていた。「社会党は，参院否決の原因をつくった弱みから，最後に腰砕けとなり，トップ会談の合意をすべて受け入れた」（前掲書『「小沢新党」は何をめざすか!?―日本が情緒政治と決別する日』222頁）のであった。

　こうして，1996年10月の衆院選から小選挙区比例代表並立制が導入されることになる。だが，そもそも，比例代表を附随させたのは「少数党擁護の激変緩和措置」（花岡信昭『保守の劣化はなぜ起きたのか』産経新聞出版，2009年，211頁）であった。1989年6月に発足した第8次選挙制度審議会の「選挙制度及び政治資金制度の改革についての答申」（1990年4月）も単純小選挙区制を前提にしており，「曲折を経たあげく政治的妥協の産物として比例代表との並立制が導入」（『産経新聞』1999年10月4日朝刊）されたことを考えれば，今後は，比例代表の部分を，いかに漸次，削減し，単純小選挙区制に移行させるかが焦点となるであろう。

(3)　「親中」と「反米」

　小沢一郎を論ずる時，必ずといっていいほど指摘されるのが，小沢の「親中」「反米」の姿勢である。2009年12月10日から13日まで，小沢を名誉団長とする総勢600名超の「小沢訪中団」が中国を訪問した時は，「朝貢外交」と揶揄され

大顰蹙を買った。142名の小沢の子飼いの衆参両院議員たちが，国家主席の胡錦濤と次々に握手をしながらツーショット写真に納まるという光景は実に異様で，しかも，このリップサービスの見返りに，副主席の習近平による天皇陛下謁見を強引にセットさせるという不敬を犯した。

　そもそも小沢一郎と中国との関わりは，1972年９月の日中国交正常化を成し遂げた田中角栄にある。小沢は「最初に中国を訪問したのは初当選した40年近く前だったかなあ。私の政治の師匠である田中（角栄）先生の大英断によって日中国交正常化が出来上がったわけだが，その意味でことさらに感慨深い」（城山英巳「中国共産党『小沢抱え込み工作』―『角栄の後継者』への工作は３年前から再開された」『文藝春秋』2010年２月号，文藝春秋，106頁）と，訪中時に語っている。この小沢訪中団も，田中の志を受け継いだ小沢が，当時，所属していた自民党の田中派を中心に，中華全国青年連合会，日中中国青少年交流協会と協力し，小沢が会長を務める日中至誠基金との共催で始まった「長城計画」の流れを汲んでいる。その後，小沢が民主党代表だった2006年７月，胡錦濤との会談で民主党と中国共産党間による「交流協議機構」を設置することとなり，定期的，継続的に政党間交流を行うことに合意して以降は，交流協議機構と日中至誠基金が合同で開催している。

　だが，こうした親中派の顔を見せながら，小沢一郎は別の場面においては，中国が顔を顰めるような主張を展開していることにも注意を払う必要がある。2009年２月23日，民主党本部で中国共産党対外連絡部長の王家瑞と会談した小沢は意気揚々と，日米中の３ヶ国関係を日米間と日中間とが同じ長さの「二等辺三角形」と表し，「中国には特別な親近感を持っており，友好関係を発展させていきたい」と述べ，王家瑞も「日本経済の復活と日中関係の一層の発展を推進していきたい」と応じ，当初，１時間の予定だったはずが，凡そ15分間延びるほど２人の会話は盛り上がった（『読売新聞』2009年２月24日朝刊）。ところが，それから僅か６日前の17日，来日していたアメリカ国務長官のヒラリー・クリントン（Hillary R. Clinton）との会談では，中国について「市場主義と共産主義は原理的に相いれない。必ず矛盾が表面化する。中国の民主化のソフトランデ

ィングをいかに行うかが日米にとって,世界にとって最大のテーマだ。共産独裁の中国も困ったものだ」(『産経新聞』2009年2月18日)と力説し,実に厳しい「中国論」を披露している。さらに,2008年春頃に勃発した大規模なチベット騒乱に関しても,「中国の政権が抱える矛盾が民族問題を契機として持ち上がった。共産主義独裁の政権と政治の自由は,原理からいって成り立たない」(『朝日新聞』2008年4月18日朝刊)と指摘している。

　小沢一郎にとって小沢訪中団は自らの政治力の強大さを相手に示す意味合いがあったのと同時に「随行させた議員やその支持者を喜ばせる」(前掲「中国共産党『小沢抱え込み工作』」108頁)ために利用したとも考えられ,併せて,小沢は訪中直前に,民主党内に日台交流の軸となる機関を設けるよう小沢グループ「一新会」代表幹事の鈴木克昌に命じて,台湾にも一定の配慮を示そうとしており,中国一辺倒と断定するのは無理があるように思える。

　アメリカに対する小沢一郎の態度についても同じようなことがいえる。民主党代表時代の2009年2月,小沢は在日米軍に関して「軍事戦略的にいうと,米海軍第7艦隊がいるから,それで米国の極東におけるプレゼンス(存在)は十分だ。あとは,日本が極東での役割をしっかりと担うことで話がつく」(『読売新聞』2009年2月25日朝刊)として,日本が一定の役割を担うことを前提に,アメリカ軍基地の削減を目指す考えを示し,さらに,沖縄県に駐留する在日米軍の海兵隊のグアム移転に係る協定の承認にも反対したことで,反米派と見られ,アメリカでも警戒感が広がった。

　しかしながら,小沢一郎は1990年11月,幕末の日本で日米和親条約の締結に尽力したジョン万次郎に学ぼうと「ジョン万次郎の会」を発足させ,1992年11月には財団法人化し,「ジョン万次郎ホイットフィールド記念国際草の根交流センター」として今でも日米間の草の根交流に努めており,決して反米派ではない。加えて,竹下登内閣で官房副長官を務めていた1988年3月,「日米経済摩擦の象徴」(『朝日新聞』1988年3月20日朝刊)といわれてきた建設市場開放に関する交渉のために訪米して決着させ,1989年6月には官房副長官を辞め無役でありながら「総理の特使的な立場」(『朝日新聞』1989年6月13日夕刊)で訪米

し解決させている。湾岸戦争の時も,「アジアへの配慮が必要だ」として自衛隊派遣に反対する外務事務次官の栗山尚一に対し,自民党幹事長だった小沢は「日米関係はどうするんだ」と叱った(『朝日新聞』2008年2月22日夕刊)。しかも,小沢は以前から『クリスチャン・サイエンス・モニター』や『ニューヨーク・タイムズ』の記者を務め,新進党国際局長でもあった日系アメリカ人の岡孝から「アメリカ政治について定期的に報告してもらって」おり,岡を通じて「アメリカの権力構造を常に把握し,キーマンと緊密に連絡を取っている」という(石川知裕『悪党―小沢一郎に仕えて』朝日新聞出版,2011年,45頁)。

　小沢一郎は2010年9月の民主党代表選において,「日米関係は,わが国にとり最も重要な二国間関係と考えております」と述べている。しかし,同時に「日米同盟が大切だ,なんて言っていても意味がない。アメリカの支配層の連中は,日本人を本気では相手にしていない。だから,きちんと自分の主張を言わなければならない」(前掲書『90年代の証言―小沢一郎政権奪取論』18頁)としており,日米同盟の名の下にアメリカに頼り切るのではなく,日本は主体性を持つべきという考えが根底にあるように思える。

6. おわりに

　2009年3月,東京地方検察庁特別捜査部は,小沢一郎の政治資金管理団体「陸山会」が,西松建設が設立した政治団体「新政治問題研究会」と「未来産業研究会」を隠れ蓑に西松建設から違法な企業献金を受けていたとして,小沢の公設第一秘書の大久保隆規を政治資金規正法違反の疑いで逮捕した。その後,陸山会の土地購入に絡む政治資金収支報告書虚偽記載事件へと姿を変えていき,2010年1月には大久保に加え,小沢の元私設秘書で衆院議員の石川知裕,同じく私設秘書の池田光智が逮捕,起訴され,2011年9月に有罪判決を受ける。一方,東京地方検察庁は,小沢の共謀については追及し切れず,不起訴処分とした。だが,東京第5検察審査会は,小沢を2010年4月に起訴相当,10月に起訴すべきと判断する。その結果,検察審査会法の規定に基づいて小沢は強制起訴された。最終的に2012年4月26日,東京地方裁判所は無罪判決を下し,一つの

区切りを迎えたが，国民の疑念を解消するには，まだまだ時間を要するであろう。

こうした一連の「小沢問題」について，多くのマス・メディアは，その都度，小沢一郎に対し，イエローカード，レッドカードを次々と出した。例えば，石川，大久保，池田の有罪判決が出た翌日の全国紙（2011年9月27日朝刊）の社説は，『朝日新聞』が「小沢氏の責任は明白だ」，『毎日新聞』が「小沢元代表の責任重い」，『読売新聞』が「小沢氏は『天の声』も説明せよ」，『産経新聞』が「小沢氏は即刻議員辞職を：『悪質な犯行』に自ら答えよ」，『日本経済新聞』が「陸山会判決で問われる小沢元代表の責任」と，微妙な差異はあるものの，いずれも小沢に，けじめを求めている。

確かに無罪判決になったとはいえ，今の小沢一郎の置かれた状況は極めて不安定であり，その政治力は既に地に落ちたとの見方も広がっている。さらに，69歳という年齢に加え，49歳の時に狭心症で入院して以降，常に健康状態が不安定な小沢には，政治生命とは別の肉体的，生理的な生命への不安もある。果たして小沢は，このまま政界から消え去るのであろうか。

小沢一郎が一躍，その注目を集めたのは，1989年8月，海部俊樹の下，自民党幹事長に就任してからである。1991年4月の東京都知事選で自らが擁立したNHK特別主幹の磯村尚徳が敗北したことの責任を取って幹事長を辞任するも，直後に，竹下登，金丸信率いる竹下派の会長代行となり，引き続き，実力者として影響力を発揮した。ところが，1992年8月，東京佐川急便事件に絡み，小沢の後見人だった金丸が失脚すると，会長職を竹下系の小渕恵三に奪われたため，羽田孜を引き連れ，羽田派を旗揚げする。次いで1993年6月には自民党を飛び出し，新生党を結成して，8党派の連立による細川護煕内閣を発足させた。だが，次第に連立を組む社会党と小沢との間で確執が生まれ，細川内閣は崩壊，羽田内閣も短命に終わり，自民党，社会党，新党さきがけによる村山富市内閣の誕生で，小沢は衆院議員になって以来，初めての野党暮らしとなる。

1994年12月，今度は，小沢一郎は共産党を除く野党9党派を糾合し，自民党に対峙する野党第1党として新進党を旗揚げする。「国会議員が200人を超える

政党の誕生は，昭和30年の保守合同による自民党の発足以来，39年ぶり」(『読売新聞』1994年12月11日朝刊）であった。しかし，「成り立ちも育ちも違う政党の寄せ木細工」(『朝日新聞』1997年12月19日朝刊）の域から脱することができず，僅か3年で解散の憂き目に合う。そこで，小沢は「広く包容，党内外で結集」する「融和」から「すっきり思想統一，組織統一して不純物をそぎたいという意味」の「純化」を進め（『朝日新聞』1997年12月23日朝刊），新たに自由党を結成，1999年1月には，自民党との連立を果たし，後に公明党が加わった。ところが，自民党に対して「自自合流─『保守新党』構想」(『読売新聞』2000年4月2日朝刊）を迫る小沢と当時の首相の小渕との間で溝が生まれ連立を離脱，自由党は連立に残留するグループ（保守党）とに分裂した。小沢が民主党に駆け込んだのは，それから凡そ3年後のことである。

　小沢一郎の政治歴は実に浮き沈みが激しいことが分かる。失敗する度に政治生命は終わったといわれながらも，いつの間にか表舞台に再び現れるという芸当を遣って退けてきた。記憶に新しいのは2009年5月，西松建設事件で，民主党代表を辞任した時である。後継を決める代表選において小沢は鳩山由紀夫を担いで勝ち抜き，その結果，選挙担当の代表代行に就任し，8月の衆院選で政権交代を果たし，幹事長に就いた。代表を退いてから3ヶ月足らずである。

　この振幅の激しさを考えると，小沢一郎が失脚するかどうかを判断するのは時期尚早といえる。ここは情緒的なレベルで切り込むのではなく，しばらくの間，腰を据えて，冷静に見詰めた方がいいように思える。

（謝辞）本章執筆に当たり，去る2011年5月14日夕方，急性心筋梗塞により逝去された筆者の恩師で後に同僚となった政治評論家の花岡信昭先生（拓殖大学大学院地方政治行政研究科教授）から，適切な助言を頂戴し，併せて資料・情報提供，インタビューと，数々の協力を賜った。先生は産経新聞社で政治部長や論説副委員長を務め，小沢ウオッチャーとしても知られていた。先生のご冥福を心から祈ると同時に本書を墓前に捧げ，感謝の意を表したい。

第二部
民主党と政策

第5章 政治主導

久保庭　総一郎

1. はじめに—「合意形成」という課題

　民主党政権の政権運営への評価は賛否さまざまある。だが賛否の立場を超えて政権の問題点のひとつとして広く指摘されるのは，政府与党内で政策や党運営の方向性を決定する意思決定プロセスの不安定さだ。

　これまで民主党は，政権が発足するたびに，意思決定プロセスの枠組みを組み替えてきた。「誰が」「何を」「いつ」「どういう理由で」方針を決定したのか。プロセスの枠組みの不安定さも災いして，政府与党として進める政策的な方針決定が，党外部にいるマスコミや霞が関の官僚のみならず，党所属議員にさえ分かりにくい，との声は少なくない。

　民主党は2009年8月の衆院選で，「政治主導」による政権運営を掲げた。政治主導の定義はさまざまあっても，その大前提は，与党内でのしっかりとした意思決定と，その決定に従う政党内のガバナンスの確立であるのは論をまたない。政治上の意思決定プロセスで，利害関係者の詳細なやり取りまで明らかにするのは困難が伴うのは当然のことだ。水面下の協議の必要性もある。ただ民主主義のなかで，政治的な求心力を保ち続けるには，有権者の理解は必要条件であり，その理解を得るためにも，意思決定プロセスを透明性あるものにすることは必須だ。ブラックボックスから，仮に最良の答えが飛び出してきても，有権者は盲目的に答えを受け入れるだろうか。

　国民の民意や，党内議員の意見をどう集約して，政策や政権与党の運営に反映させるか。「誰が」「何を」「いつ」「どういう理由で」決めたのか。民主党政権での，こうした基本的な意思決定プロセスの分かりにくさが，「説明不足」

との不満に直結している。政府与党の決定方針を実行する霞が関の官僚機構が十分に機能しない原因にもなっている。意思決定プロセスの不透明さを「民主党政権の構造的欠陥」とまで酷評する官僚までいる。

　民主党による政権交代は，自民党政権末期に蔓延した閉塞感への反動もあった。その政権交代から鳩山由紀夫，菅直人を経て，野田佳彦が３人目の首相として誕生したタイミングは，衆院任期４年の折り返し地点とほぼ重なる。政権交代直後には，それまで見飽きた自民党以外の新たな政権に対する目新しさが有権者の関心を引きつけたが，２年間が経過すると「実績」を求められる局面に入った。それでもなお，民主党は確固たる政府与党内の意思決定プロセスを確立できず，試行錯誤を続けている。

　三つの政権を振り返ってみれば，その時々で政権運営の目指す方向はさまざまだった。

　鳩山政権では，自民党政権の否定が宿命づけられた。政府の立場と，与党の立場を使い分け合意形成を進めてきた自民党政治へのアンチテーゼとして，政府と与党の一元化を旗印に掲げた。各省庁の大臣，副大臣，政務官の政務三役に権限を集中させ政権を運営しようとした。

　ことに菅政権では，１年に満たない与党経験を踏まえ，官僚との関係修復も模索しつつも，野党時代の役人不信を背景に信頼関係は築けなかった。内閣官房参与を多用するなど，官邸内で責任の所在が不明確となり，霞が関が機能不全に陥った。

　そして，現在の野田政権が，「背水の陣」の覚悟でとった政権運営のスタイルは，政府与党一元化の否定，政府と与党を分けた自民党側の政治スタイルの踏襲だった。政権交代以降，財務省を率いた野田佳彦の出自も影響して，財務省を重用した。形式的に自民党をまねても，党内に意思決定プロセスが根付かず，官僚にコントロールされる場面が目立ちつつある。

　そもそも民主党が有権者に求められた役割とは，自民党政権下で，野放しにされた官の既得権益や，税金の無駄遣いにメスを入れることだった。霞が関の前例踏襲主義や，非効率なあり方を見直すとの理念の下，政官業のトライアン

グルを抜本的に再構築するはずだった民主党政権は，三つの政権を経て，その あり方，目的が何だったのか揺れ動いている。鳩山，菅，および野田と3代の 政権は，時々で直面した政治的テーマは異なれど，政府与党内の意思決定プロ セスの未熟さゆえに，つまずいた共通点がある。本章では，政府与党内の意思 決定プロセスの問題点はどこにあるのか。以下では，三つの政権を比較してみ ることにする。

2．鳩山，菅，野田三政権の歩み

(1) 民主党政権の発足

　三つの政権がどのように発足したか，大まかな流れを振り返りたい。民主党 政権を誕生させたのは，2009年8月の第45回衆院選で歴史的な勝利だった。獲 得議席は解散時の3倍近い308議席となり，議席率は65％に迫った。圧倒的な 議席数を背景に，結党以来の悲願だった政権交代を実現させた。この衆院での 圧倒的な議席が，鳩山，菅，野田の三つの政権の基盤となるが，しかし選挙か ら時が経つにつれ，その政治的な意味合いは変化した。選挙直後には国民の間 にあった熱狂的な高揚感は徐々に失われ，マニフェストの修正が続くたび，政 治的な正統性にも疑問符がつくようになる。

　鳩山由紀夫は2009年9月16日，第93代首相に就任し，社民党，国民新党との 三党連立政権を樹立した。圧倒的な世論の支持を受けて誕生した鳩山政権は， 発足時に7割を超える支持率を誇った。発足直後の支持率としては，小泉純一 郎内閣に次ぐ高さとなった。

　ただ与党として初めて経験する予算編成や，沖縄県の普天間飛行場移設問題 を巡る対応の混乱で，次々に未熟さを露呈した。2010年5月末に，連立を組ん でいた社民党が政権離脱に踏み切るなど連立政権内のごたごたが続き，支持率 は2割以下に急落。鳩山由紀夫は「日米同盟を揺るがした」などと批判を受け 続けた。同年7月の第22回参院選を控え，危機感の高まった党内で広がった退 陣要求に従う格好で，同年6月2日，鳩山由紀夫は退陣表明をした。

　鳩山由紀夫の後継として，菅直人氏は2010年6月8日，第94代首相に就任し，

民主，国民新両党の二党連立政権を発足させた。政権の発足の経緯から明らかな様に，菅直人に求められたのは参院選での勝利だった。だが菅直人は首相就任直後の2010年6月17日，参院選公約の記者会見で，党内調整もなしに，自民党が公約した消費税率10％への引き上げに触れ，「一つの参考にしたい」と述べ，消費増税の方針を表明した。選挙戦に入り，増税への有権者の反発も強かったため，言動を二転三転させた。消費増税を巡る発言のぶれも災いし，民主党は7月11日の参院選で，改選54議席から10議席減らす44議席となり，大敗北した。参院では，連立与党の非改選議席を含め，過半数割れとなったことで，衆参両院の多数派が異なる「ねじれ」が発生した。

歴史的な参院選の敗北後も菅直人首相は続投意思を示した。2010年9月14日に行われた民主党代表選では，小沢一郎元代表と一騎打ちとなり，党内は「親小沢派」「反小沢派」で二分される激しい争いを繰り広げた。議員票は僅差，党員・サポーター票で圧倒的な差をつけた菅直人が再選を果たした。

代表選の最中だった2010年9月7日，尖閣沖の中国漁船衝突事件が発生。対中国の外交上の対応に批判が集まった。党内では小沢一郎を軸とした党内の対立構図が残り続けた。政権支持率の低下が続く中，自ら外国人から献金を受けていた問題が発覚した2011年3月11日，東日本大震災が発生。被災者の救命救助や復旧復興が最優先事項となったため，野党は追及の手を休め，事実上の「政治休戦」となった。菅直人は東北地方を中心とした震災被害や東京電力福島第一原子力発電所事故の対応に当たった。だが，対応の遅れが広く不満を持たれ同年4月の統一地方選で民主党は低迷する結果となった。

2011年6月2日には，菅首相の震災や原発事故への対応が不十分だとして，野党の自民党，公明党，たちあがれ日本が共同提出した内閣不信任決議案が採決された。党内にも震災対応の遅れなどに不満が広がっていたため，内閣不信任決議案の提出前に，小沢一郎，鳩山由紀夫に近い議員らを中心に，野党の動きに賛同し，造反しようとする水面下の動きが活発化した。党分裂の危機も高まったが，2日の衆院本会議前に，菅直人首相が事実上の退陣表明をしたため，党内の造反予備軍も矛を収め，不信任案は否決された。

だが不信任案が否決されると菅首相は一転して，続投に強い意欲を示した。再度，与野党内から退陣を求める声が高まったが，菅は首相ポストに固執し続けた。岡田克也幹事長らの説得もあり，退陣の前提条件として，2011年度予算の財源的裏付けとなる特例公債法案の成立など三条件を提示。法案成立にメドが立ち，8月末の代表選の実施が決まった。

　8月29日に実施された民主党代表選では，鳩山，菅両政権で財務相を務めた野田佳彦が選出された。野田佳彦首相は組閣・党役員人事で，菅政権下で激しく表面化した党内対立回避のため，親小沢系議員に配慮して，輿石東参院議員会長を，党の要である幹事長に起用。「親小沢」「反小沢」の対立解消に努めた。菅政権下で高まった親小沢系議員の不満は当初解消されたものの，環太平洋経済連携協定（TPP）への交渉参加の是非や，消費増税を巡る党内議論では，いずれのテーマでも親小沢系議員に反対派が多く，政策を巡り，対立構図を再燃させることになる。2011年末には，消費増税に反発して，小沢系若手議員9人が離党した。2012年6月26日の衆院本会議での社会保障・税一体改革関連法案の採決では，小沢一郎，鳩山由紀夫の元代表者を含む57人が党の方針に反して反対票を投じ，17人が欠席した。7月2日には，小沢を中心に衆院議員38人，参院議員12名の計50人が離党届を提出し，党は事実上分裂状態となった。

(2)　政治的力学で決まる決定プロセス

　三つの民主党政権は，それぞれ異なった意思決定プロセスで政権運営をしてきた。民主党政権の最大の特徴の一つともいえるが，政権の意思決定プロセスは，その政権が誕生するたびに枠組みが構築されてきた。政権誕生時の党内の政治的パワーバランスによって，誰が最終決定プロセスに参加できるのか，枠組みが形作られている。自民党の総務会のように形式的に一貫した流れになっていないため，政府与党内のポストよりも，属人的な与党内の影響力が重要な要素となり，対外的な意思決定プロセスの不透明さにつながっている。

　鳩山政権では，民主・社民・国民新党の連立政権の関係も重視され，「政府・与党首脳会議」（鳩山由紀夫首相，亀井静香金融担当相，福島瑞穂消費者担当

相，菅直人副首相，平野博文官房長官，関係大臣，小沢一郎民主党幹事長）が設置された（「"政府・与党会議"を設置　小沢氏対策？　幹事長もメンバーに」『読売新聞』2009年9月29日）。

野党時代，小沢一郎が主導して社民党，国民新党などと野党共闘の関係を構築した経過もあり，国民新，社民両党が最終的意思決定の場に加わることで，それまで両党とのパイプ役となってきた小沢一郎の存在感を高めた。

一方，菅政権の下では，最終的な意思決定は，菅直人首相，枝野幸男官房長官，岡田克也幹事長，仙谷由人代表代行の，いわゆる「4人組」で行われた。鳩山政権で大きな影響力を持った鳩山由紀夫と小沢一郎が一転して，排除されたのが特徴だった。特に小沢一郎の排除が，親小沢系議員の不満を高め，政府与党内が不安定化する要因となった。

現在の野田政権の下では，「政府・民主三役会議」が設定された。野田佳彦首相，藤村修官房長官，輿石東幹事長，前原誠司政調会長，平野博文国会対策委員長，樽床伸二幹事長代行の6人で構成し，重要案件を決定する場所として位置づけられた。鳩山，菅両政権との比較でいえば，小沢一郎に近いとされる輿石東氏を党運営の中心に据えることで党内融和を最優先した結果だった。

それでは，なぜ三つの政権を通して，継続して存在する意思決定プロセスを確立できなかったのか。さまざまな分析はあるが，合意形成を必要としてこなかった野党時代の習性を引きずり続けていることが原因との見方が永田町では専らだ。

野党時代には，自民党政権が提示する政策に対する批判が主で，民主党内で合意を形成する必要性はほとんどなかった。政権批判を基本とした野党としては，政党内の意見集約や，個々の議員の発言内容の是非，その一貫性が問われることはほとんどなかった。所属議員が異なった意見を主張し続けることは，足並みの乱れというよりは，むしろ「自由闊達な議論」として，肯定的に捉えられた組織的な気質もあった。

そうした「野党気質」を象徴した出来事の一つは，野党時代の"政権公約（マニフェスト）"の作成だったといわれる。ある民主党関係者によると，政権

交代の原動力ともなった2009年の政権公約も，ごく一部の議員が，アピール力の高い政策を「秘中の秘」として検討・決定を重ねてきた。少数で検討するのには理由があった。政策議論に関与するメンバーを増やし，多数議員との党内議論を経た場合，検討中の政策の情報が漏れるリスクが高まるとされたためだ。

野党としての最優先事項は，どれだけ有権者にアピール力のある政策を打ち出せるかであり，どんなに魅力的な政策を温めても，事前に情報が漏れ，与党に丸のみされてしまえば意味がないと考えていたためだったという。政策実現性や整合性，また党内の合意形成よりも，話題性を追求した結果だった。

民主党は，与党となった2010年7月の参院選のマニフェスト発表の記者会見でも，野党時代の「習性」はぬぐい去れなかった。首相だった菅直人の「思いつき」とも後に批判される消費増税発言は，自民党の増税提案に便乗する言い回しではあったが，すでに与野党の立場は逆転していた。与党として消費増税に触れるインパクトは，野党時代と違い絶大だった。消費税問題は，永田町でも長年の政治課題と広く認識されていた上，社会保障制度や税財政運営の根幹にもかかわる重要な政策事項であるのに，民主党としての方針決定を前に，菅直人首相が相談したのは，数人の側近議員だけだったと報じられた。

野党気質を引きずる政府与党の意思決定プロセスに対し，自民，公明両党は不信感を持ち続けた。菅政権から野田政権に代わって迎えた2011年9月14日の衆院本会議。野田佳彦首相の所信表明に対する代表質問は，その不信感を象徴する内容だった。

自民党の谷垣禎一総裁が，菅政権下で衆参ねじれ発生後，事実上の事前審査の場として進めた三党幹事長の政策協議で，マニフェスト施策の修正が合意されたにもかかわらず，その後の民主党代表選で一部候補が三党合意を疑問視したことに触れ，「野田総理は，内閣発足に際して，我々に約束したことだから信頼してくださいと述べ，その遵守を確約した。公党間の合意は守られるのが当然であって，民主党代表選でこれを白紙に戻すかのような主張をする候補がいたこと自体が異常だ。しかも，その候補が相当数の得票を稼ぎ，かつ，党内融和のかけ声のもとでその多くの支持者が政権入りしたのを目の当たりにすれ

ば，幾ら野田総理御自身は誠実そうに見えても，果たして本当に三党合意が守られるかについては，大きな危惧を抱かざるを得ない」と指摘する一幕があった（『衆議院本会議録』第2号2011年9月14日）。

(3) 自民党のボトムアップ型プロセス

　民主党政権の意思決定プロセスと対照的に，自民党政権下には一貫した政府与党内の意思決定プロセスが存在した。政官業の利害調整のルールとして確立したが，野党に転落してからも同一の手続きを維持している。民主党のプロセスを考えるうえでも基本となるのは，この自民党政権下でのプロセスだ。なぜなら民主党政権の意思決定プロセスの模索の出発点は，そもそも自民党的なるプロセスの否定からはじまっているためだ。

　自民党は，最高意思決定機関である総務会を頂点に，各分野の政策は，政務調査会の部会，小委員会などきめ細かなボトムアップ型の議論を経る。最終的に総務会で了承された政策や方向性が，党の意思となる。与党時代には，党内プロセスを経て，政府が閣議決定した。

　第一のステップである部会は，参加も発言も原則的に自由だ。党所属の国会議員のほか，秘書，担当省庁や関係業界も党本部内の会場に集う。基本的なスタイルとしては，国会議員が担当省庁との質疑応答を重ねて，政策の問題を浮び上がらせ，業界団体の主張も代弁した。部会長が議論を踏まえ，原案通りに「一任」を取り付けるのが一般的だった。

　一方，担当省庁の官僚は，政策や法案の起案段階から，政策分野ごとの有力議員である，いわゆる「族議員」らの意向を確認しながら，政策調整を続ける。水面下の調整が一定程度整った後に，部会でオープンな議論を繰り広げながら合意形成を図っていく。

　族議員や業界団体，他省庁との調整でまとまった政策や法案は，その後，政調会，総務会を経て，成案となっていく。部会，政調，総務会という明確な意思決定プロセスの存在は，党関係者はもとより，霞が関の官僚機構，各種業界団体，マスコミ，国民にとって，案件の進捗状況を容易に理解させた。

このような多重的なプロセスは，政治的な納得感を与える役割も果たした。部会に出席する族議員は，業界団体や支持団体の意向を受ける形で発言をする。結果的に，その意向が反映されなくても，業界団体の姿勢を強くアピールできれば，「あそこまで頑張ってくれたから仕方がない」という「納得のプロセス」として部会が活用された。部会は政党の私的な会議であり，国会審議など公の場とは異なり，その発言が刑事的な責任を問われることもないメリットもあった。自民党の部会，政調，総務会と続くステップごとに，議論経過や決定内容は，マスコミ向けブリーフが行われ，政策決定のプロセスが順次説明される慣習があり，情報公開という意味でも最低限の透明性は確保されていた。

こうした自民党内の総務会を頂点とする多重的な事前審査制度が確立したのは，池田勇人内閣当時の1962年2月23日，当時の赤城宗徳総務会長が，大平正芳官房長官に「法案提出の場合は閣議決定に先だって総務会に連絡願いたい」とする文書を出したことが始まりとされる。

政府与党内の綿密な調整や議論が体系化された歴史的背景には，自民党が衆参両院を握っていた国会情勢もあった。与党内での事前審査が，事実上の決定の場としての機能を維持できたためだ。野党時代の民主党からは政府案通りの成立が当たり前だったため「国会審議の形骸化」と批判された。

ボトムアップ型の意思決定プロセスには問題点もあった。きめ細かな積み上げの議論は結果として，政治的結論を硬直化させ，大きな変革に対応できなくなるという構造上の問題を抱えた。またプロセスに大きく関与する族議員は，バックに背負った一部業界団体の意向を，過剰に代弁している側面もあり，一般的な有権者の利害や意識からの乖離も起きた。こうした意思決定プロセスに，多種多様な立場の参加者が絶えず加われば，議論が政権の標準的感覚から大きく逸脱する恐れは低くなるが，組織的な代謝が不十分でインナー政治に陥ってしまった。業界は族議員と癒着し，族議員は政策の企画立案や根回しまで官僚に依存し，官僚は族議員の庇護の下で省益確保に奔走する構図に陥った。

3．鳩山政権　「政治主導」の模索

(1)　鳩山政権の発足

　鳩山政権が掲げたテーマは，意思決定における政府と党の一元化だった。背景にあったのは，自民党の事前審査制度に対する強い批判だ。自民党は，その複雑な合意形成プロセスの中で，便宜的に政府と与党の二つの立場を使い分けてきた。立場の使い分けは，合意形成のプロセスで，妥協する側の主張を表明する「ガス抜き」的役割を果たしたが，民主党の立場からすれば，責任の所在を不明確にしているとの問題意識があった。

　2009年の民主党の政権公約には「政府と与党を使い分ける二元体制から，内閣の下の政策決定に一元化へ」と明記され，政府と党の一元化は主要公約の一つとされた。政府与党一元化のため，政権交代に合わせて，野党時代「次の内閣」を中心としてきた政策調査会を廃止し，その機能を全て内閣に移した。法案の取り扱いは，内閣の責任で政府提案として行うこととし，政策決定プロセスを独占した。自民党政権下では，政府と党の両方に置かれた税制調査会について，民主党では政府に一本化して，税制議論を行うこととした。

　一方で，党側の役割は，選挙・国会，議員活動などと定義付けられた。法案提出は役割に関係する法案についてのみ，党が議員提案で行うこととした。陳情処理については，小沢一郎幹事長の下で一括して受け付けるシステムを創設した。

　属人的な党内力学の観点から見れば，政府は鳩山由紀夫が，党は小沢一郎が実権を握る，という暗黙の了解の下に棲み分けが行われた。また形式的には政府側が決定権限を持つとした政策の領域についても，実際は党側の小沢一郎の意向を踏まえなければ決定ができなかったため，不透明感が一層増すことになった。

　鳩山政権での決定ルールを明文化したのが，2009年9月18日に小沢一郎幹事長名で，民主党所属の全国会議員に配布された「政府・与党一元化における政策の決定について」と題したペーパーだ（「政策決定「政府・三役会議」で　政

調会長権限強化やや後退」『読売新聞』2011年09月14日)。

　この文書では「民主党は『次の内閣』を中心とする政策調査会の機能を全て政府（＝内閣）に移行した」として，決定できる対象事項を政府は「一般行政」，党は「選挙，国会，議員の政治活動」と明記した。

　政府全体の重要な意思決定は，民主・社民・国民新党の連立政権として，「政府・与党首脳会議」（鳩山由紀夫首相，亀井静香金融担当相，福島瑞穂消費者担当相，菅直人副首相，平野博文官房長官，関係大臣，小沢一郎民主党幹事長）で行った。

　政府与党一元化といいながら，実際には党の意向を配慮せざるを得ない枠組みだったため，設置当初から，細川連立政権での政府・与党の協議が「与党の小沢氏が主導権を握る二重権力を生んだ」歴史もあり，「鳩山政権の政府・与党一元化に逆行する」との懸念が出た。鳩山由紀夫首相は9月28日夜，記者団に「政府の考え方を党側に全く伝えなくていいかというと，そうでもない」と説明した。

　そのほかにも「基本政策閣僚委員会」（鳩山由紀夫首相，亀井静香金融担当相，福島瑞穂消費者担当相，関係閣僚）や，「政府・民主党首脳会議」（政府側：鳩山由紀夫首相，菅直人副首相，平野博文官房長官，オブザーバー：官房副長官）（党側：小沢一郎幹事長，輿石東幹事長職務代行，山岡賢次国対委員長，オブザーバー：筆頭副幹事長，国対委員長代理）なども設定して，各会議の位置づけもあいまいとなった。だが，実態上は，鳩山由紀夫，小沢一郎，菅直人，輿石東各氏らが中心に物事を決する構図になっていた。

(2)　「官僚主導」からの脱却

　「政と官」の関係でいえば，「官僚主導の象徴」と批判してきた「事務次官会議」の廃止を一番の目玉とした。事務次官会議は明治時代から存在し，閣議決定の案件を「霞が関」が事前調査する場といわれてきた。民主党政権では，事務次官会議の代わりに，一部閣僚による「閣僚委員会」で，重要政策の調整を行うとの議論がされた。政府全体の基本方針を議論する首相直属の「国家戦略

局」でも機能が代替されるとしていた。

　当初，霞が関は事務次官会議の廃止を深刻視していない節があった。2009年9月14日，丹呉泰建・財務次官は記者会見で，「次官会議の役割は閣議にあげる案件について，各省間で事前に調整する。それで仮に次官会議がなくなった場合でも，調整の必要がなくなるわけではない」と述べ，事務次官会議がなくなったとしても，閣議前の各省間の調整は継続して行われるとの見方を示していた。ただ実際に，こうして各省の次官が定期的に集まる機会がなくなると，各省間の意思疎通の不十分さも指摘されるようになる。次官会議終了後，省庁トップの官僚である次官による記者会見が行われていたが，民主党が「省庁を代表するのは大臣であり，官僚トップが省を代表して発言をするのはおかしい」との問題意識の下で廃止された。

　民主党は政権交代前，日本と同じく議院内閣制をとる英国の政治システムをモデルに「政治主導」の新スタイルを模索してきた。政権交代を間近に控え，当時の菅直人代表代行は2009年6月に，「官僚と内閣の関係」をテーマに10日の日程で自ら英国を訪問した。この訪問は，鳩山代表の指示によるもので，民主党ホームページでは「官僚主導の政治打破に向け英国視察へ」として伝えた。

　視察前，菅直人は記者団に英国の政治システムについて，「内閣をサポートすることが官僚の役割であり，政治家に代わって与野党の政治家に説明をすることは禁止。政策立案，説明といった本来政治家がやるべき仕事を官僚が行うことはないことが，日本との大きな違い」と語った。「官僚内閣制を変えていく，官僚主導の政治を変えていくのが一番のポイント」とも述べた（民主党HP（http://www1.dpj.or.jp/news/）「官僚指導の政治打破に向け英国視察へ　菅代表代行が記者団に」2009年6月1日）。

　民主党が，国会主導を担保する制度改正を行うために成立を目指したのが「政治主導確立法案」だった。首相の指導力アップと，縦割り行政の弊害を排除，いわゆる「脱官僚」の実現を目的に掲げ，2010年2月5日に政府が国会提出した。幹部公務員人事の一元管理を柱とした「国家公務員法等改正案」，与党提出の副大臣，政務官を計12人増員する「国会改革関連法案」と合わせて，すべ

て同年4月1日施行を目指した。政治主導確立法案と国会改革関連法案が成立すれば、各省の政務三役、官房副長官、首相補佐官という政府内の国会議員ポストは74人から94人へ増員される。政治家の関与を増やすことで、「政治主導」が進むという前提での制度設計だった。

鳩山政権下で、小沢一郎幹事長の強い意向を持って提出された法案だった。だが、国会の審議日程が確保できず、菅政権となった2011年5月11日の与野党国対委員長会談で、枝野幸男官房長官と民主党の安住淳国会対策委員長によって法案取り下げの意向が示され、翌日の衆院本会議で処理された（「政治主導法案取り下げ 民主」『読売新聞』2011年5月12日）。

民主党本部が2011年1月1日付の「議会政策情報」では、「議会においても、政権交代後は大きな変化が起きている」として、各省庁の政務三役（大臣、副大臣、政務官）による答弁率を例に挙げて、「政治主導」への変革をアピールしている。なお、ここでいう答弁率は、政務三役と政府参考人の答弁回数を比較したもの。政権交代前には50％前後だった政務三役の答弁率が、政権交代後の2010年の第174回通常国会では94.1％、第175回臨時国会では94.1％、第176回臨時国会では87.3％に上昇しているとデータを示した上で、民主党では「政治主導による国の運営を象徴する傾向が顕著に現れている」と自ら評価した。鳩山政権がスタートした当初は、各省庁が質問取りや答弁書の作成を控えていた（『議会政策情報』2011年1月1日）。

(3) 省庁に送り込まれた党職員

民主党は政権交代直後、党政調職員25人を「内閣官房専門調査員」と称して、各省庁に送り込んだ。

2009年10月8日、平野博文官房長官は民主党本部で小沢一郎幹事長と会い、政策決定一元化のため廃止した党政策調査会の職員を非常勤の国家公務員として採用したいと提案した。各省政策会議の補助や、大臣、副大臣、政務官の「政務三役」を補佐するスタッフとして勤務させるとして、小沢氏も了承した。党職員の身分のまま政府で勤務すると守秘義務の問題が生じるため、内閣官房

の専門調査員として採用し，官邸や各省に派遣した。

　民主党サイドに残った政治家や党職員は，野党時代は日常的に接していた政務三役が執務場所を役所に移したことで，物理的な接触が減り，意思疎通の不足を感じていた。政務三役は，役所でのやり取りで忙殺されたうえ，連絡の頻度も落ちており，「役所側に囲い込まれている」という意識が強くあった。

　調査員は，政調職員を官邸や各府省で，政務三役を補佐させることを目的としたが，果たした役割は属人的要素に大きく左右された。省庁側と良好な関係が築けた調査員は，政務三役と省庁の間に立って，政策的な「通訳者」として，民主党が野党時代に掲げた政策と省庁が行おうとする政策が一致するかチェックするなどした。関係が上手くいかなかった調査員は，省庁よりも党での活動を続けるケースもあった。

　政党職員が中立性を求められる行政執行に直接携わることには，野党側から批判が出た。政権交代直後，民主党と官僚組織の精神的な対立感情が強かった時期には存在感を示したが，徐々に存在感が低下していった。

(4) 予算編成でも目指した変革

　民主党は予算編成のあり方でも，大きな変革を起こそうとした。政権交代直前の2009年7月17日，政権交代後に国家戦略室長となる古川元久は「税金の使い方を変える」と題したメールマガジンで構想の一端を明らかにした。

　「『予算が"余った"から』といった税金のムダ使い。『日本は破たんする』といわれるような膨大な財政赤字。民主党政権ができた暁には，こうした財政の構造的な問題を，財政の仕組みそのものを変えることにより，解決を図っていくつもりです」として，編成プロセスの変革を訴えた。

　官邸主導によるトップダウン編成を目指したのは，各省庁からの予算要求を財務省が査定していく現行スタイルでは「一度認められた項目は継続して予算がつきやすい一方，新規の項目にはなかなか予算がつかない。予算のほとんどが前年踏襲となり，大胆な予算配分の見直しは構造的に困難」と考えたためだ。そこで，財務省の役割と，現在の予算編成から事後の決算チェックにシフトさ

せ，政策項目ごとに配分された枠内の予算枠内で，使い方は執行する各省庁に任せ，「予算配分の官庁から，予算執行を監視する官庁」とするとした。

政権交代後の初代財務相となった藤井裕久も2009年9月29日午前に開かれた閣僚委員会での2010年度当初予算の基本方針を巡る議論で，「大臣は要求大臣になってはいけない。査定大臣のつもりでやれ」「増額要求をするのは大臣ではない。査定大臣になり，民主党の議員として入っているから，民主党のマニフェストは守れ」と発言した。自民党政権では，政治家である大臣が各省庁の利益を代弁して予算額を膨張させてきたとして，一線を画そうとした。

鳩山政権が予算案の概算決定をしたのは2009年12月25日夕方の臨時閣議だった。政権交代からほぼ100日だったが，財源の壁に阻まれて政権公約の一部を断念するなど早くも新政権の限界も露呈した。各省庁の要求額の上限を設けた概算要求基準（シーリング）を廃止，「査定大臣」として各大臣は十分に機能せず，概算要求は過去最大の95兆円余りに膨れ上がる結果となった。

(5) 「バックベンチャー」の不満

政府内の意思決定は，各省庁の大臣，副大臣，政務官による「三役会議」が意思決定を行う格好としたため，政務三役に入れなかった民主党所属議員は，英国議会などで平議員の席が後ろにあることにちなんで「バックベンチャー」と呼ばれた。本会議場に出席して採決にだけ参加する「採決要員」となり，不満を高めた。霞が関の官僚からは，政府に入った議員を「一等市民」，その他は「二等市民」と揶揄された。また，連日各省庁でブリーフを受ける政府入り議員と，野党時代とほとんど状況が変わらなかったそれ以外の議員の間の情報格差も問題となった。

筆者が当選後，定点観測してきた民主党の1回生議員がいる。当選後の1年間は，議員会館の書棚に書類が全くなかった。自民党の小泉政権下で大量当選した1回生議員「小泉チルドレン」とは対照的だった。自民党議員の場合，当選直後から，政策分野ごとの部会に出席して，政策決定プロセスに一応は関与し，役所のブリーフも受けていたため，日々書棚の書類が増えていた。

民主党の場合，大量当選した1回生議員は政権交代直後から，当時の山岡賢次国会対策委員長が主宰した国対ガイダンス「新人議員研修」に出席した。1回生議員を10班に分けて，班を担当する先輩議員をリーダーに，国会内で毎朝会合を開いた。この会議は2010年4月まで続いた。山岡氏らは「国会議員の最優先事項は国会対策。重要な順番から，本会議，委員会，党国対，政策会議，各種勉強会だ。党の政策会議など，党の正式な機関ではないから行かなくてもいい」と指導したため，当時，政策的な議論に関与する機会はほとんどなかった。

　政府入りできなかったベテラン議員の間にもフラストレーションはたまった。政策議論に参加できない不満を解消しようと，副大臣が主催する「各省庁政策会議」が開かれた。各委員会単位で開催する「各委員会研究会」が議論の場として自然発生的に生まれた。

　また，衆参の常任委員会を単位とし，筆頭理事が主催する「議員政策研究会」も設けられた。省庁政策会議で示された政策案，政府提出法案を検討して，「国会審議の材料とする」という名目だったが，いずれの会議も「ガス抜き」の場であることは明白で，抜本的な不満解消にはつながらなかった。

　さらに，政策決定に関与できないバックベンチャーの不満を背景に，政府提出法案が委員会で，与党側の委員長や理事の反発で審議されない「珍事」も起こった。

　鳩山政権は，2010年6月から高速道路の新料金制度の導入を目指していた。一方，前原誠司国土交通相は，「地方の高速道路を中心に全体の約2割を無料化」と「普通車上限2000円」などの新料金制度を「社会実験」として6月から実施する方針を示していた。しかし，政権公約には「高速道路を原則無料化する」と明記してあったため，政権公約の順守を求める立場の衆院国土交通委員長や理事から批判が出た。政府は「上限1000円」などの現行の料金割引に充てている財源を高速道路建設に回すための法案を提出した。だが，法案審議の舞台となる衆院国土交通委員会の川内博史委員長が難色を示し，委員会で審議入りできない状態が続いた。参院選も近づき前原誠司氏は与党内の反発を抑えき

れず,新料金制度の6月導入を断念することになった。

(6) 官僚組織との不協和音

　民主党が政官接触を問題視し,法案根回しも政務官など政治家が行う方針としたため,少なくとも鳩山政権時代は,官僚は国会,議員会館から姿を消してしまった。政治家への事前説明や基礎資料の配付も含めて役所は動きを控え,接触があってもごく限定的なものになった。

　政治主導の民主党政権では「政策や法案の根回しは政治家同士で行う」との理屈の下,自民党政権下では官僚が行ってきた根回しや国会対策などの役割を,各省庁で大きな権限を持った政務三役のうち,政務官が担うのが基本とされた。ただ,実際のところ根回しにはマンパワーが必要で,それまで官僚が果たしてきた役割を代替するのは不可能だったが,こうしたマンパワーの不足は問題化しなかった。その理由として,衆参両院で与党が多数派を占めていたこと,またマニフェストを掲げた選挙の直後で,政府与党内で大きな政策調整が必要なかったという事情が挙げられる。

　政権交代により,多種多様な政策の大転換が予測されるなか,選挙前後には,霞が関全体が情報飢餓状態に陥った。野党時代の民主党とのパイプは限定的であり,マニフェストの記述だけでは,民主党が何をどう政策転換していくのか,意向が把握できなかったためで,各省幹部は頭を悩ませた。官僚側は,マニフェストの実現がいかに困難かを民主党幹部に説明しようと,資料を作成し,接触を求めた。このため,政権交代直後,各省庁に乗り込んだ民主党議員と官僚の関係はギクシャクしたものになった。

　鳩山政権発足後,各省庁の政策分野を決定できるようになった政務三役の決定事項が,部下であるはずの官僚組織に的確に伝わらず,組織運営に支障を来すとの懸念が広がった。もちろん,省庁ごとに運用の詳細は若干異なったものの,政務三役会議への出席者は,当初,政治家と民主党関係者に限定された。役所側は記録役としての出席も認められず,政務三役は会議記録の作成もしていなかったため,会議内での検討プロセス,決定事項が役所側に完全には伝達

されなかった。政務三役会議終了後に，政務の大臣秘書官が，役所側の秘書官にごく簡単に口頭で決定内容のみを伝達することが常態化した官庁もあった。政務三役と役所側の意思疎通は極めて稀薄で，ある省庁には閣僚からの指示を，ミニブログ「ツイッター」で把握する事態も起こった。

このように，政権交代直後の政務三役と官僚との間が，主従関係というより，敵対関係になった主因は，民主党議員が，野党時代に培ってきた役人不信が原因だ。かつて自民党との蜜月時代，官僚は野党時代の民主党に対する事情説明や法案説明などは極めて表層的な内容に留まっていた部分があり，民主党からすれば「役人は疑うもの」という関係が続いた。官僚から正確な情報提供を受けられなかったとの被害者意識を持つ議員も多かった。

与党になっても不信感は拭いきれず，若手を中心に官僚が扱っている事務を直接自ら確認することを「政治主導」と捉える向きもあった。

(7) 「政治主導」制度化の失敗

「政治主導」の政治の実現や，「政と官」の関係の見直しという観点からいえば，鳩山政権のつまずきが，その後の民主党政権の停滞を決定づけたといわざるを得ない。そのつまずきとは，鳩山政権が，霞が関の組織的な問題点を指摘しつつも，その根拠となっている設置法など根拠法令について，法改正に正面から取り組まなかったことだ。

その点は，16年前に自民党が初の野党転落をした1993年の政権交代とは大きく異なる。当時の細川護熙内閣の任期はわずか263日と短命だったものの，小選挙区比例代表並立制の導入や政治資金規正法改正，政党助成法の創設など，その後の日本の政治の基礎ルールを作る改革を実現してきた。中選挙区時代から小選挙区への制度変更が，日本政治にとってエポック・メーキングな出来事であったことは広く認められている。

鳩山政権の最初にして最大のミスは，政権の目玉であったはずの首相直属の機関「国家戦略室」の設置だ。鳩山由紀夫自ら構想をぶち上げ，政治主導の政策決定の省庁として，縦割り行政を打破し，首相のリーダーシップの下に総合

的な国家ビジョンを打ち出すことを目的に創設するはずだった。予算編成も主導的な役割を担わせる議論もしていた。だが，その設置根拠は，政権発足直後の2009年9月18日付の「内閣総理大臣決定」に留まった。当然ながら，法律でその位置づけ，権限を与え，スタッフを配置しなければ構想は，制度として定着しない。当初から民主党の官僚出身議員から「根拠となる法律を整備しなければ，絵に描いたもち。何も変えることができない」との指摘も出ていたが，極論すれば「看板1枚，手弁当」での出発となった。

　機構改革を進める法制化が停滞した背景には，初代国家戦略担当相のポストに就いた菅直人と，鳩山首相，小沢一郎幹事長らとの軋轢があった。菅直人の権限拡大を嫌った小沢一郎の意向も働いたとされる。歴史的政権交代が実現したという政治的高揚感のなか，政権発足直後の鳩山政権は，さまざまな制度改革に取り組む政治的なエネルギーを十分に持っていた。にもかかわらず，肝心の制度改革には本格的に取り組まず，政権は倒れた。

　ある鳩山首相の側近は，政権交代前に検討した構想として，衆院選後の特別国会や通常国会など憲法上開催が規定された以外の国会は一切開かず，「政と官」の整理を1年間程度かけて取り組む，との構想を温めていた。省庁間の権限調整，省庁人事など新たな政権運営の基礎となる制度改正を丹念に準備し，関連一括法案として一気に機構改革に取り組もうとのアイデアだったが，何ら反映されなかった。

(8)　**与党としての公約検討**

　参院選公約の検討過程は，与党として，民主党内の政策決定プロセスが機能するか，最初の試金石だった。この検討プロセスは，鳩山政権から菅政権の2政権にまたがった。

　2010年7月の参院選マニフェスト作成のため，鳩山政権下だった3月19日，政府民主党内で検討が開始された。「マニフェスト企画委員会」と命名された検討組織の初会合が開かれ，党側の代表であった高嶋良充・筆頭副幹事長が「野党時代に作ったマニフェストを与党として検証し，実行していくため，ど

のような道筋をつけるのかが最大の使命だ」と挨拶した。すでにマニフェストの実現が困難であるとの問題意識が芽生えつつあった事を物語っている。

　この企画委員会の最初の議題は，委員会の目的や位置づけの確認と今後の検討日程などの確認だった。初会合後の調整を経て，企画委員会の下に，「国民生活」「成長・地域戦略」「地域主権・規制改革」の3研究会を設置して，所属国会議員が政策を提案。企画委員会が政策を整理・調整したうえで，上部組織である，政権公約会議にマニフェストの素案を提出して，5月末に最終決定する流れが確認された。参院選で示す政策策定についても，党内プロセスが明確でなかったため，検討の道筋を整理したことになる。

4．菅政権　「政治主導」の修正

(1)　菅政権の発足

　菅政権は，鳩山政権での意思決定プロセスを引き継ぐ格好で誕生した。鳩山由紀夫の突然の辞任表明後直ちに発足したこともあり，意思決定プロセスの骨格は継承したものの，鳩山政権で浮上した意思決定プロセスの問題点を踏まえ，修正が試みられた。ポイントの一つは，政調組織の復活だった。バックベンチャーの不満を解消するため，政策決定に関与の道を開いた。菅直人首相自身にとっては，9月に控えた民主党代表選への党内支持基盤を安定化させる政治的狙いも重なった。

　2010年7月30日に開かれた全議員説明会では，民主党政調会の機構について「政府与党一元化のもと，政策決定は政府が責任を持って行う」「政策調査会は，政策に関する『国民の声』，議員の英知を集約・収斂し，政府に提言する」と明記した資料が配付された。政府与党一元化のシステムはそのまま残し，役割は「政府への提言」に留まるという明確な権限がない政調は「ガス抜き」の場となるのは明らかだった。

　玄葉光一郎政策調査会会長は，「昨年の総選挙で私たちは，政策決定を政府一元化するということを約束した。政策調査会ができても一元化の原則は維持したい」「政策決定過程が政府に一元化していることと，政策調査会ができ，

個々の議員がのびのびと政策活動に取り組み，闊達な議論の場があり，中長期テーマについても知見の蓄積が行われるということは，両立をする」と説明した（民主党HP http://www1.dpj.or.jp/news/「政策調査会の機能と機構についての全議員説明会を開催」2010年7月30日）。

野党時代も政策議論の場となってきた政調を廃止したのが当時の小沢一郎幹事長だったこともあり，党内的には反小沢系議員へのアピールを狙った政権公約の微修正と受け止められた。

菅政権の最終的な意思決定プロセスの体制は，鳩山退陣直後の菅内閣と，民主党代表選で小沢一郎代表との一騎打ちを勝ち抜いた菅改造内閣で異なる。

鳩山氏からバトンタッチを受けた直後の6月は，内閣も骨格を引き継いだことと，その後の参院選に取り組むだけで大きな政治的意思決定の必要がなかったこともあり，大きな意思決定プロセスの変更は見られなかった。

だが菅氏が9月の代表選直後に行った大幅な改造からは，菅政権での最高意思決定は「4人組」が実権を握った。菅直人首相，枝野幸男官房長官，岡田克也幹事長，仙谷由人代表代行だ。4人組の顔ぶれは，2011年1月に，参院で問責決議を受けた仙谷官房長官と枝野幹事長代理を入れ替える内閣改造・党人事を行った後も変わらなかった。鳩山政権下では大きな影響力を持っていた鳩山，小沢両氏が完全に排除された格好となり，党内を不安定化させる要因となった。

「政と官」の関係でいえば，官僚による国会対策上の根回しを事実上解禁した。原則的に内閣総務官室との接触にとどめていた民主党国対だったが，2011年1月14日に，安住淳国会対策委員長になってから霞が関との協調路線を模索し始めた。各省の官房長や国会連絡室を含めた打ち合わせが，国会開会中は朝夕2回，毎日開催されるようになり，日程の調整指示や，各委員会の野党理事への根回しなど，民主党国対から直接役所に指示を出すようになった。それ以前には，国対副委員長を兼務する各委員会の筆頭理事に，根回しや法案審議の日程調整を担わせていた。「法案説明も政治家がやる」としてきた民主党の姿勢からすれば，国会対策の実務上は大きな転換となった。

(2) 震災下の機能不全

　民主党は官僚排除の論理だけでは，政権が機能不全になることを理解し始め，新たな関係の模索が始まった。一番の転機は，2010年7月の参院選の敗退だった。政権交代の政治的高揚感も完全になくなり，衆参両院の多数派が異なる「ねじれ」国会が現実として残った。「3.11震災」で，復旧復興対策の膨大な作業で霞が関に頼らざるを得ないことが分かると，姿勢の修正も加速した。

　東日本大震災の復旧・復興策を協議するため2011年3月22日，週1回の全次官出席の「各府省連絡会議」を設置し，次官会議を事実上復活させた。枝野幸男官房長官は記者会見で，事務次官会議の復活について問われ，「指示の目詰まりは許されない。事務方トップからしっかりと指示が下りているかの確認が一番大きい」と釈明した。

　それまで明らかに官僚機構を敵対視してきた菅首相も6月3日，首相官邸で開かれた東日本大震災各府省連絡会議に出席して，震災対応について「被災者の立場，あるいは国民の皆様の立場からすれば，まだまだいろいろなことが遅いとか，不十分だとか，指摘もたくさんいただいています。これも政務三役はもとよりでありますけれども，皆さん方にもそれぞれ被災者の立場に立ってもっと早くしてほしいという問題，もっと明確にしてほしいといった問題について，思い切ってスピーディーな対応がとれるように，一層の努力をお願いしたい」と述べた（首相官邸HP　http://www.kantei.go.jp/jp/kan/actios/201106/03fusyo-reraku.html）。

　だが，震災発生後の菅政権の対応は，多くの国民を満足させるには十分でなかった。読売新聞が震災発生から半年後に実施した世論調査の結果によると，政府の震災対応を特に評価するとしたのは6％にしか過ぎなかった。東日本大震災への菅政権の対応が果たして適切だったのか。1995年に自社さ政権下で発生した阪神・淡路大震災と比較されることが多かった。阪神・淡路大震災は，地震のみで被災地も限定的だったのと比べ，東日本大震災は被災地域が5倍近く，津波や原子力発電所の事故と複合的な対処が求められた。単純比較は出来ないものの，菅政権の対応の遅れへの指摘は多かった（『読売新聞』2011年9月

10日)。

　象徴的だったのは，震災専任大臣の設置。緊急的な対応に省庁横断的な指揮系統の確立は災害対応のポイントだ。阪神・淡路大震災の際には，発災3日目に小里貞利を任命した。菅政権は3ヶ月以上後に，松本純防災相を復興相に任命したが，就任からわずか9日目で辞任した。また，復興基本法の成立は，阪神・淡路大震災が発災から36日目。東日本大震災では3ヶ月以上後だった。こうした事象を捉え，自民党議員からは「自民党が政権を持っていたら，震災対応もスムーズに出来た」との批判も挙がった。立法の内容面でも政府与党の機能不全が明確に現れた。東日本大震災の復興基本法案と共に，津波対策推進法案が成立したが，その両法案のベースは，自民党が作成したものであり，与党が法案を丸のみすることになった。

(3) 霞が関と自民党の関係修復

　議院内閣制の下において，官僚はその時々の政権の側に立つのが当然の前提だ。だが，菅政権でその前提は崩れた。それは2010年7月以降，衆参両院で多数派が異なる「ねじれ」の発生で，野党・自民党との霞が関の関係も修復されたためだ。

　2010年11月頃には，霞が関と自民党など野党との接触が表面化しはじめた。2010年7月の参院選直後には，9月の民主党代表選を控えていたために，主な政策的な動きが止まっていた。9月に菅首相の続投が決まったことで，政策的な動きが出始めた時期と重なる。自民党の部会でも，役所側の説明者は，それまでの課長級から局長クラスに格上げされ，法案の事前説明がごく日常的に行われるようになった。霞が関の官僚と自民党幹部の接触がほぼ「解禁」状態となり，自民党本部に出入りする各省庁幹部の姿に違和感もなくなった。

　自公政権だった2007年7月以降にも，当時の野党・民主党が参院で主導権を握る「ねじれ」が発生している。当時も同じ「ねじれ」状態ではあったが，霞が関が野党・民主党に急接近することはなかった。長年の蜜月関係をベースとした，自民党との関係があったために，「ねじれ」という大義名分を与えた霞

が関が動きを表面化したとの見方もできる。政権側は，国会対策上の観点もあり，官僚と野党との密接な接触を容認した。鳩山政権では，野党時代に厚生官僚らと激しく対立した長妻昭厚生労働相が，省庁幹部の日程表を事前提出させるなど，自民党との接触に目を光らせていたのとは対照的となった。

　このように，「霞が関と野党」の関係は大きく変わった，といえる。野党第1党である自民党は，与党議員とほぼ同等，場合によってはそれ以上の情報を提供されるようになった。また第三極として，公明党もプレゼンスを高めた。予算編成，国会終了などの節目では，野党幹部が省庁幹部を慰労する夜会合がごく自然に開催されるようにもなった。

(4) 「委任と責任」の断絶　菅首相居座りの問題点

　菅政権の末期，政府与党内のガバナンスについて，多くの国民が疑問を持った。東日本大震災の発災で，一時は鳴りをひそめた与党内からの退陣要求が，2011年6月2日の野党の内閣不信任案提出と前後して高まり，与党内で菅首相を支持する勢力がごく一部になったにもかかわらず，菅氏が首相ポストに居座る構図が続いた。首相を支える立場であるはずの，岡田克也幹事長ら執行部がそろって辞任を求める異常事態になった。

　そもそも議院内閣制は，議会内の多数派である与党の支持によって政権が成り立つ。通常であれば，与党内の支持を失った段階で，存続できなくなる。ただ形式的には，首相自らが続投に固執した場合に，内閣不信任決議案の可決など強制力を持って退陣させる手段は限定される。菅首相が民主党内からの退陣要求にもかかわらず，居座った問題点を，京都大学の待鳥聡史教授は，これを「委任と責任の連鎖」という観点から説明した。

　民主主義体制は主権者である国民を起点に，議会多数派（与党），執政中枢部（内閣と与党執行部），官僚と次々に委任して制度が成り立っており，委任を受けた側は，責任を負うという連鎖によって制度が成り立っているという考え方だ。

　国民は選挙で議員を選び議会多数派が形成される。その議会多数派が党執行

部と内閣を作る。内閣が官僚組織に，与党の基本方針に従う範囲で一定の裁量権を与え，行政実務を担わせる。権力のスタートラインは国民からの負託であり，その負託を根源に委託が繰り返されていく（待鳥聡史「委任と責任の連鎖」『日本経済新聞』2011年6月14日）。

待鳥氏は政党内組織の問題を指摘した。民主党では，執行部が党内部を掌握できておらず，代表や幹事長など中枢ポストの党内権力が確立されていないとの問題点を指摘した。本来，内閣にいる菅直人は，委任を与えている議会多数派に対して責任を負っているはずなのに，その責任部分だけが欠落した格好になる。原因の一つは，民主党代表選のプロセスにあると考えられる。党内グループの位置づけがハッキリせず，個人を基調に代表を選出するあり方が，委任と責任という観点を希薄にさせている面もある。

(5) 代表選と派閥化

与党となり，民主党内では所属議員の派閥化が進んだ。最大の契機は，政権交代から2年間で3回あった代表選だった。与党となることで「代表イコール首相」となった代表選出は，野党時代にあったいくつかの「仲良しグループ」を，権力闘争の単位へと変質させた。

政権交代以降あった代表選は，1回目が2010年6月の鳩山政権から菅政権への移行，2回目が2010年9月の菅直人と小沢一郎の一騎打ち，3回目が2011年8月の菅直人から野田佳彦への移行だった。特に派閥化が顕著になったのは，2回目以降だった。党内で新たに発足したグループのうち，樽床伸二を中心としたグループは2回目以降，鹿野道彦を中心としたグループは「ポスト菅」を選出する3回目以降に形成されている。

派閥化を象徴するのは当選1回の議員の動向だった。2回生以上の議員は，野党時代に所属グループの色分けがされていたが，大量当選した当選1回議員が手つかずのまま残っていた。衆院約300人のうち，当選1回議員は約半数を占めており，代表選の「大票田」になったため，各グループの勢力拡大のターゲットとなった。

1回目の代表選では，党内は鳩山政権で幹事長だった小沢一郎の1回生議員に対するコントロールが強く残っていた。鳩山政権時代は，小沢一郎の「側近」とされた山岡賢次が委員長を務めた国会対策委員会で，「新人議員研修」の名目で，1回生議員を10班に分けて会議を続けて実施していたため，国対以外の党内グループの接触はほとんど行われず，「結社の自由は認められていない」と揶揄する1回生議員もいた。ある官僚出身の1回生議員は，当時ある党内グループから接触があったが，国対側から「非公式のグループ活動で声を掛けるな」とストップを掛けられたと証言する。鳩山由紀夫の辞任表明が6月2日，代表選の投開票が6月4日という短期決戦だったこともあり，派閥化の現象は明確に現れなかった。

　2回目の代表選では，代表選の1ヶ月以上前から段階的にグループ化が行われた。小沢幹事長時代の影響も薄くなり，1回生議員が比較的自由に立ち回れるようになっていた。小沢一郎の出馬表明を前に，小沢系ベテラン議員や小沢一郎の秘書出身の1回生議員らが先導して，少人数での会合や，大規模な集会が繰り返し行われた。菅直人を推す陣営も，1回生議員への接触を強めた。

　当時，菅陣営を推したあるグループは，代表選前，「DM方式」でほぼ全ての1回生議員に対し，グループ自体の会合や関連会合に誘い始めた。代表選関連の会合を重ねるうちに，参加者が固定化され，メンバーや準メンバーといった顔ぶれが固まっていった。代表選終了後には，従来，野田財務相グループが自民党の派閥同様に木曜日の昼に定例会合を開いていたが，2010年10月に入って前原外相，鳩山前首相の両グループが不定期で開いていた会合を木曜昼に定例化した。

　3回目の代表選では，ベテラン議員を中心に若干のグループ再編が起こった。鳩山由紀夫のグループのうち，「次の御輿」を模索して別行動をする動きや，それまでどのグループにも属していなかったが，閣僚ポストの配分を期待する中堅議員が集まって鹿野道彦を支援するグループが形成されるなどした。

⑹ 取り残された「情報公開」

　民主党の専売特許のはずだった「情報公開」も，政権交代後の現実が伴わなかった。実態において，政策決定プロセスの節目ごとブリーフィングが慣習化していた自民党政権よりむしろ退化したとの印象がマスコミ関係者の認識として広がった。政府与党の行う，いわゆる「情報公開」は，法律的担保のないブリーフィングなどの現場での「運用」と，情報公開制度など法律を根拠とした「制度」の二面によって支えられる。

　ブリーフィングや記者会見など「運用」部分は，説明者の能力や裁量に委ねられる部分が多く，その良し悪しは聞き手側の主観によっても左右され，一概に評価しにくい。だが「制度」面については，少なくとも民主党政権になって大きな進歩が見られなかった。例えば，政権交代後に，各省庁の最高意思決定機関とされた政務三役会議にも，当初，公文書や会議記録を作成させる担当者を出席させなかったため，公的な文書記録がほとんど残されないまま政権運営が行われた。

　筆者は鳩山政権下で，ある省庁内で行われた政務三役会議の一定期間の資料一切を情報公開請求した。役所側の記録担当者の出席後の会議も含めた請求だったが，結果として開示決定されたのは，会議ごとに次第が書かれたメモ書き程度であって，会議で何が話し合われたのか，また決定されたのか，公文書で確認することはできなかった。

　鳩山政権の中枢で政権運営に携わっていた議員と，情報公開や公開対象となる会議録を作成する態勢について議論した際には，「閣議でさえ，記録が残らないのを認識していなかった。閣議や各省庁にアーキビスト（文書管理の専門家）を配置することが必要だった」と語っている。

　唯一，制度的な改善が見られたのは外交記録の公開だ。岡田克也外相が主導して，2010年5月，原則として30年を経過した外交記録の公開を推進するため，外交記録公開推進委員会が設置された。外交記録は30年経過後に「原則自動的に公開する」との扱いとし，非公開は個人・法人情報と，安全保障や継続中の交渉に「悪影響を与える情報」に限定した規則を定めたのは，制度的な前進と

いえる。

　また民主党は一応，行政の透明性向上の制度的インフラである情報公開法改正を検討した。請求から開示までの期間を「原則30日以内」から「土日祝日を除き14日以内」に短縮すること。請求に必要な手数料（1件300円）を原則廃止。政府系公益法人も公開対象に追加することなどを盛り込み，「国民の『知る権利』」を明記する方針でいた。

　2011年1月24日の衆院本会議での菅直人首相の施政方針演説で，情報公開法について「情報公開法改正により『国民の知る権利』の強化を図る」と明言したにもかかわらず，法案審議を進めようとした努力は見られなかった。

5．野田政権　「自民党化」による安定の模索

(1)　野田政権の発足

　「政治主導」の行き詰まりを反省し，政策決定の一元化を事実上撤回したのが野田政権だった。自民党スタイルを下敷きにした事前承認制度を導入し，政調会長を閣僚兼務のない専任とした。政府提出法案には，政調会長の事前承認などが一つのポイントとされた。

　野田政権下で設定された最高意思決定機関は，「政府・民主三役会議」だ。発足時の構成メンバーは，野田佳彦首相，藤村修官房長官，輿石東幹事長，前原誠司政調会長，平野博文国会対策委員長，樽床伸二幹事長代行の6人で，重要案件を決定する位置づけとした。

　野田政権の構築プロセスの最大の特徴は，代表選最中は小沢一郎元代表らが推す海江田万里らと争った野田佳彦が，代表選直後の閣僚・党役員人事では一転して，小沢陣営の有力者と目される輿石東を，党務の要である幹事長に起用したことにある。反小沢，親小沢が真正面から対立した菅政権の反動もあって，野田氏は8月29日の民主党新代表就任あいさつで，「ノーサイドにしましょう，もう」と呼びかけ，党内融和を最優先した。

　党内安定化だけで政権運営が安定するなら話は完結するが，国会は衆参両院で多数派が異なる「ねじれ」国会となっているなかでは，党内融和を優先すれ

ば，自民，公明両党との三党協議が進まず，国会運営が安定しない，という構造的なジレンマを抱えることになる。つまり，政策的には，「マニフェスト原理主義」ともいわれ政権公約の実行にこだわる親小沢派と，現実的対応のためには修正も辞さない立場である反小沢派の主張は相いれない。党内融和を優先して，政策修正をためらえば，野党との政策協議が成立しないことになるためだ。

　野田政権発足直後から，それまでの政府一元化を否定した動きが起こり始めた。和歌山，奈良県などを襲った台風12号被害を受け，2011年9月14日には，民主党の災害対策本部を代表した樽床伸二幹事長代行が官邸に対応を要望した。また，鳩山政権で廃止された党税調の復活も決定された。野田政権から，政府税制調査会（会長・安住淳財務相）と，党税調（会長・藤井裕久元財務相）の二本立てで税制議論を行う体制変更を行った。かつて否定した自民党のスタイルを踏襲した。

　そもそも民主党は，自民党政権下の党税調について，非公式な組織（党税調）が，税制改正の決定権を持つことで，利権と業界癒着の温床となり，議論の透明性も損なわれており，税の公平性が歪められる，との批判を行い，党税調を廃していた経緯がある。

　これに対して，自民党政権下では，政府税調は有識者らで構成し，税制改正の基本的な方向付けを行い，党税調は税調インナーらが主導し，個別の具体的な税項目や税率の改正・決定を行うという役割分担をしてきた。税制改正の実態とすれば，党税調の決定が優先されてきた。

　民主党は野党時代に，こうした実態を否定してきたが，体制を改めたことから，メディアには「自民党化」と表現された。民主党は，こうした「党優位」とも言える体制修正について，「政府に政策決定が一元され，政調に権限がなければ与野党協議にも対応出来ない」として，ねじれ国会で方向修正がやむを得なくなるとの理屈で説明した。

(2) 霞が関との「和解」

　霞が関との関係も，野田政権で大きく修正した。発足後の2011年9月8日の新聞では，同月7日朝，東京・赤坂の議員宿舎を出発する首相車に乗り込んだ時の様子を象徴的に記している。「首相の右隣には，事務秘書官の姿があった。菅前首相はこの席に，政務秘書官を同乗させていた。『長年，続いていた事務秘書官の当番制』（政府関係者）が，組閣後の2日から復活したのだ。また，官僚の説明に対し，持論をまくし立てた前首相とは違い，『説明に耳を傾けてくれる』と，霞が関の評判もいい」（『読売新聞』2011年9月8日）。それまで正に，官僚を排除してきた民主党政権が，霞が関と握手することによって政権の立て直しを図った構図だった。

　代表選の演説で，自らを「どじょう」に例えたことから，「どじょう」内閣といわれた野田政権は，当初は安全運転を続け，「つかみ所のない内閣」といわれた。野田佳彦首相自身も政権として取り組む重要案件について，東日本大震災から復興，東京電力福島第一原子力発電所事故からの復旧，景気対策―の3点を挙げ，当初は踏み込んだ答弁も避けた。だが，11月頃から徐々に政権運営のギアを上げ始める。

　環太平洋経済連携協定（TPP）の交渉参加を目指した調整に取り組んだものの，農業団体など反対も根強く，簡単に取りまとめられる案件とはいい難かった。その後は，沖縄県の普天間飛行場移設問題，消費増税を柱とする税と社会保障の一体改革など，自民党政権下では「一内閣一仕事」といわれるような大型案件を次々に背負い込んでいった。

　その理由の一つは，政権運営の多くを官僚に依存するようになったためだ。TPPは経済産業省，普天間問題は外務省と防衛省，消費税は財務省。政権運営全体のスケジュールというよりも，各政策分野を推進するという各省庁官僚の部分均衡的な発想を色濃く反映し，行動した部分があった。

　このように野田首相は，矢継ぎ早に大型案件に取り組んだものの，だが丁寧に説明を果たしているとはいい難かった。野田政権に対する国民の不満の主なものは「説明不足」であり，TPP，消費税など各種世論調査で説明不足を指摘

する結果が続いた。

　野田政権発足直後の高支持率は，自民党支持層や無党派層が支持側に戻ったことが要因とされた。2011年9月の読売新聞の世論調査によれば，野田政権の支持率は，民主支持層に限定すれば内閣支持率は91％となり，菅内閣末期の調査（8月5〜7日実施）で54％に低迷していたのと様変わりした。さらに自民支持層では61％，無党派層では53％が支持した。この支持は，菅首相と比べれば保守色の強い野田氏に対する評価だったともいえる（『読売新聞』2011年9月4日）。ただ発足時をピークに野田政権の支持率が低下したことの原因も，この自民党支持層などが離れたためだった。

(3)　「政府与党一元化」「公約」の崩壊

　民主党政権として3度目の予算編成となった2011年12月下旬には，「政府与党一元化」の崩壊が顕著となった。プロセス面と政策面での方向修正が目に見える格好で現れた。

　政策面で具体的には，いずれも大型公共事業として，政権交代直後に建設方針を撤回した整備新幹線，八ッ場ダムについて，180度方針転換して，建設方針にカジを切った。この決定プロセスでは，党と政府の立場を使い分けることによって，結論を導き出すスタイルを取った。一方，整備新幹線の未着工問題では，北海道新幹線の新函館（仮称）―札幌（211キロ），北陸新幹線の金沢―敦賀（113キロ），九州新幹線・長崎（西九州）ルートの諫早―長崎（21キロ）の3区間のうち，地元選出の民主党議員が中心に党内調整を進め，政府に要望するスタイルを取った。

　整備新幹線の未着工3区間の建設費の総額は計3兆円超と見積もられている。自公政権だった2008年12月には，2009年中の札幌―長万部間の部分着工認可などの方針が決められた。だが，政権交代直後に国土交通相に就任した前原誠司が「公共事業削減」を掲げ，白紙撤回に踏み切った。政権交代直後は「コンクリートから人へ」という民主党の「党是」ともいえた基本理念だった。しかし2年の歳月と，鳩山，菅，野田と3政権を経て，大きく揺らいだ。当初民主党

議員の間では，大型公共事業の促進は口にすることもはばかられたが，かつて「無駄な公共事業」と批判してきた新幹線の早期着工を発言しても，違和感なく受け入れられるように党内の雰囲気は変化した。2011年秋頃から，未着工3区間の地元選出の民主党議員を中心に早期着工を求める党内調整が本格化した。2011年12月21日には，政務調査会内の手続きを経て，前原誠司政調会長らが，党からの「申し入れ」という形式で，官邸の藤村修官房長官に「未着工区間の早期認可・着工」への対応を要請した。

　マニフェストの目玉施策の一つでもあった，群馬県の八ッ場ダム建設中止方針も，無惨に転換された。12月22日には，前田国土交通相が建設続行を決定。凍結していた本体工事の費用を2012年度予算案に盛り込むことになった。周知のように，八ッ場ダムは，約60年前に構想が持ち上がった多目的ダムだ。利根川流域の洪水防止と関東圏の水源としての利用が目的で，総工費4600億円の国内最大級のダムだった。

　民主党は政権公約で，「時代に合わない国の大型直轄事業は全面的に見直す」として，八ッ場ダムの中止をヤリ玉に挙げた。2009年9月16日に発足した鳩山政権の下では，国土交通相となった前原誠司が認証式直後の就任記者会見で，事業中止を明言した。地元との協議もなく強引に建設をストップした格好となったため，2年余り建設中止か続行かを巡り迷走が続いた。

　方針転換に先立ち道路の付け替えなど関連事業に総事業費の8割がすでに投じられている点や中止の場合，半分以上を支出した流域の1都5県に対し，政府が費用を返還しなければならなくなる問題など，マニフェストの作成段階ですでに明らかだった事実が改めて論点化された。国交省は治水や利水効果，事業費などで「建設は最良」とする検証結果を出し，建設再開の流れが出来上がった。前原誠司は政調会長として，「無理やり予算に入れるなら，党としては認めない。閣議決定させない」と政府の事業継続方針を批判。12月23日に野田首相が前原ら民主党執行部と協議した結果，「民主党は本体工事に関わる本年度政府予算計上には反対するものの，最終判断は政府に委ねる」（樽床伸二幹事長代行）との整理で，予算計上は政府の責任で行うという立場の使い分けを使

って，建設再開の結論に達した。かつて民主党自身が批判してきた，政府と与党の立場の使い分けそのものであり，なし崩し的に政策転換がなされる格好になった，といえる。

その裏で霞が関と太いパイプを持つ自民党ベテラン議員は，与党の如く振る舞った。地元の予算陳情を直接旧知の財務省幹部に伝え，予算を獲得するケースが散見された。

(4) 「自民党化」に現れた官僚依存

2011年末の予算編成を巡って民主党がとった政府与党内の手続き，すなわち党の要望，政府の検討というスタイルは，形式的には自民党時代の手続きを概ね踏襲している。そもそも自民党型の決定プロセスの詳細を組織的に知り得ない民主党が，何故こうしたプロセスをとったのか。かつては「政治主導」を標榜して，愚直なほど政治家による調整にこだわってきた民主党が理念をかなぐりすてて，実質的な予算編成を巡る舞台回しも官僚に依存するようになったことを物語っている。

官僚機構内の論点整理や議論は，与党内の容認がなければ進められないのは当然であって，一見プロセスを踏んでいるようにも見えるが，実際には，与党側の政策的な方針転換がなければ，舞台回しも成り立たない。悲劇的なのは，かつて民主党が「官僚主導」と批判してきた自民党の方が，はるかに官僚組織をコントロールするすべを知っていたという点だ。官僚の振り付けによって行われた「要望」などには，与党内の調整の形跡が見えてこない。

政権の本質は予算，税制に顕著に現れる。いわゆる構造改革とは，予算配分の大きな変化であり，予算編成は政権の目指す政策の方向性を明確に示すものになるからだ。だが，民主党はそうした本質的な予算の編成に，十分に向き合ってこなかった面がある。自民党政権下では6月の骨太方針から始まり，年末まで半年間，多くの利害調整プロセスを経て国家予算が形作られてきたのと対照的だ。民主党の予算プロセスの山場は，概算要求と年度末調整でよくいえば短期決戦，悪くいえば政治の関与が極めて限定的だ。

過去3回の予算編成を見ても，1年目は，物事の調整に難航して，2年目は小沢一郎氏の陸山会事件を巡る党員資格停止の問題にエネルギーを裂き，3年目は消費増税の議論に集中して，予算編成は極めて淡泊なものになった。だから，ある省庁幹部は，民主党政権になってから予算編成の作業が極めて楽になったと話す。自民党時代には，いわゆる「族」議員を筆頭に予算編成の詳細まで与党との調整が必要だった。民主党政権になってからは，政治的関与がほとんどなくなり，作業の大半が，財務省との折衝で済むためだという。当然，省庁により濃淡があるだろうが，民主党による予算編成作業の一端を現しているのは間違いない。

6．おわりに―政権交代の歴史的位置づけ

　鳩山，菅，野田と続く民主党の三つの政権を通して見ると，政府与党内の意思決定プロセスの未熟さが，政権を停滞させている大きな原因といわざるを得ない。政権発足の度に，プロセスが変われば，当事者も含め，どう物事が決まっていくのか，議論の進捗状況がどんな位置づけにあるのか，広く認識を共有するのは難しくなる。

　それでは，政権交代を前に，なぜ民主党は党内合意のプロセスを確立できなかったのか。政権運営の経験不足から，党内の意見集約の必要性を十分に認識していなかった点は否めないだろう。ある政治評論家が，民主党の政権運営について，こう語っている。「行政と政治の関係は，バスダイヤと運転手の様なモノだ。政治がバスダイヤをルートや時間をしっかり描いて，運転手に運行を委ねる。バスの運転手は自分の趣味で，別のルートを通ろうと思っても通れない。それなのに民主党政権は，酔っぱらいがタクシーに乗っている。酔っぱらいだから，どこに行って欲しいかも運転手は理解出来ないのに，『お前は運転が下手だ』『あっちの道が近いだろ』とか後部座席で怒っている。民主党は3政権を経ても，やり方は全く進歩していない」

　政治史の中で，「決定的選挙」と呼ばれるものがある。その選挙結果がそれ以降の情勢の大きな潮目を替える歴史的な選挙という意味だ。政権交代を実現

した2009年8月30日の衆院選が決定的選挙であったことは疑いがないが，一方で民主党が与党となって初めて迎えた2010年7月11日の参院選も決定的選挙であったといえる。この選挙で生まれた「ねじれ」現象が民主党の勢いを失わせたからだ。自民党は政権に恋々とし過ぎ，国民支持を失った。民主党は，自民党の下野という政党としての目的を果たしたが，政権運営でぬかるみにはまり，その進むべき方向性を見失った。

　いずれにせよ，民主党政権への歴史的評価が，将来の二大政党制を前提とした政治の基礎を築いた日本の民主主義の成熟プロセスとされるのか，それとも単なる混乱期と位置づけられるのか。民主党の政権運営を注意深く見守る必要がある。

第6章 マニフェストと民主党

新谷　卓

1．はじめに

　今日，本章のタイトル「マニフェストと民主党」という言葉によって多くの人々が感じていることは，民主党が政権交代を実現した2009年の第45回衆議院総選挙の前に掲げたマニフェストは実現できず，完全に失敗だったのではないか，ということであろう。目玉だった「子ども手当」（マニフェストの約束2）は，東日本大震災後の特例公債法案を通すためとはいうものの，支給額を減らしたばかりか，所得制限を設けることによって，「子ども手当」の本質を損なうものとなってしまった。法案の名称も次年度からは自民・公明時代の「児童手当」に復活する可能性があるという。政権交代を果たした鳩山由紀夫前首相が就任後「地域主権の確立は鳩山政権の一丁目一番地」と語り，最重要課題と位置づけられた地方主権（約束4）は，今まったく停滞している。野田政権は，2012年度の地方への一括交付金総額を昨年閣議決定した額より大幅に減額し，配分対象も都道府県・政令指定都市のみで，一般の市町村への補助金を見送り，大幅に下方修正してしまった。高速道路の無料化（約束4）は，その前段階にあった土曜・休日の1000円利用さえ止めてしまった。ガソリン暫定税率の廃止（約束3）を断念し，さらには実現した高校授業料の無償化（約束2）と農家への戸別所得補償制度（約束4）についても自民・公明と次年度（2012年）に見直しを協議することを約束した。「コンクリートから人へ」というスローガンの象徴のような存在となった八ッ場ダムは，国交省と知事達の巻き返しで建設中止が覆された（2011年12月22日国土交通省政務三役決定）。それどころか，2012年度の政府予算案では，整備新幹線など官に押されて大型公共事業が続々復活し

た。野田内閣は，政治主導という名の下に断行してきたやり方を逆行させ，いまや財務省主導で消費税率を引き上げようとしている。2003年マニフェストのキャッチフレーズだった「脱官僚」宣言は，著しく後退しているといわざるを得ない。民主党が政権を取ってから短期間に3人の首相が交代したが，交代するごとにマニフェストの理念は後退し，現野田総理に至って，「マニフェスト総崩れ」(『朝日新聞』2011年12月23日) 状態にある (以下民主党の各マニフェストについては，民主党のホームページの中にあるアーカイブを参照のこと〔http://www3.dpj.or.jp/policy/manifesto/〕)。

すでに菅内閣の時の2011年7月21日，岡田克也幹事長は，マニフェストの実行期間である衆議院議員任期4年間が終わる前に早くも，「実現できないものがある。見通しの甘さについて素直におわびしたい」と述べ，その理由については「作成段階で検討不十分のところがあった」とまで記者会見で述べた。そして，菅直人首相 (当時) も翌日の参議院予算委員会で2009年のマニフェストについて，「本質的な方向は間違っていないが財源問題で見通しが甘い部分があった。不十分な点は国民に申し訳ないとおわびしたい」と陳謝した (『朝日新聞』2011年7月22日)。衆参のねじれ国会において，自民・公明との協力を念頭においた発言ではあったが，マニフェストのこの時点での不履行は否定できない事実であった。子ども手当の見直し合意に石原伸晃自民党幹事長は「マニフェストと決別できた」，谷垣禎一自民党総裁は「看板政策を取り下げた。政権の正統性は大きく損なわれた」(『朝日新聞』2011年8月5日)，と勝利をアピールした。

かつて，二大政党制になれば，政権交代が起こり，そして改革が進み，日本は再生するといわれた。民主党が総選挙で圧勝し，鳩山政権が誕生した時には，国民は大いに期待をよせた。鳩山内閣発足時の歴代2位の71％ (『朝日新聞』2009年9月16日・17日実施の世論調査) の支持率は，それを端的に表した数字であろう。しかし，今その期待は，もろくも崩れさり，失望が広がっている。民主党が震災に対する対応が終わった後に，再びマニフェストに戻る意志があるのかどうかさえ今の段階では不明である。景気後退のなか，何も変わらない現

状に対するいら立ちから，政党政治に対する不信どころか，議会政治にも否定的な言辞すら聞こえてくる。

さて本論では，民主党にマニフェストが導入された2003年にまで遡り，マニフェスト導入の経緯，そしてその後の経過を踏まえながら，その意味や意義，そしてそれがもたらした結果について改めて考えてみることにしたい。民主党のマニフェストの中の個々の政策やその現段階での検証については，多くの所で論じられているので，原発政策など幾つかのポイントに絞ることにし，本論では今日の民主党が抱えている問題について考え，それを踏まえた上で，マニフェストそのものについて改めて問い直していきたい。

2．21世紀臨調の緊急提言

そもそも日本において，マニフェストという言葉はいつ頃から言われるようになったのだろうか。小選挙区比例代表並立制による総選挙が初めて実施された1996年，民間政治臨調がマニフェストの必要性を提唱し，問題提起を行っている。これが，実際に選挙において重要な意味を持つようになったのは，それから7年後の2003年のことである。この年の1月，当時三重県知事だった北川正恭氏（現早稲田大学大学院教授）が改革派知事の集まった集会で，「マニフェスト」を提唱し，4月の統一地方選でマニフェストを掲げた候補が各地で当選する。そして，7月「新しい日本をつくる国民会議」（21世紀臨調）が「政権公約（マニフェスト）に関する緊急提言」（http://activity.jpc-net.jp/detail/21th_productivity/activity000703.html）（以下「緊急提言」と略す）を発表し，これを受ける形で，この年総選挙のために各党がマニフェストを作成し，また『朝日新聞』や『読売新聞』など主要なマスメディアもこれを大々的に取り上げることで，マニフェストを前面に掲げた選挙が展開された。これ以降，毎回選挙のたびにマニフェストで示される政策が選挙の争点となったのである。

なぜマニフェストが必要なのか，という問いに「緊急提言」の冒頭で次のように語られている。「日本の危機が深く確実に進んでいる。政治・経済・社会の国際的な変化に対し日本型といわれたシステムは明らかに機能不全をきたし

ている。経済は活力を失い，財政は破綻し，地域は疲弊しきっている。国民生活を支えてきた諸々の基盤も崩壊の危機に瀕している。この危機的状況を乗り切るためには，明治維新，戦後改革に匹敵する『第三の改革』が必要」(「緊急提言」2頁) なのだと。

「緊急提言」では，今までに進められてきた改革，すなわち，連立政権時代以降の小選挙区制導入 (1996年)，党首討論の導入 (1999年)，国会における政府委員制度の廃止 (1999年)，内閣法改正による首相の閣議への発議権 (1999年)，さらに内閣官房の強化 (2001年)，各省庁における副大臣制の採用 (1999年) など，今までにない政治改革が一歩一歩進んできたことに一定の評価を与えている。だが，このように制度を変えたにもかかわらず，「国民の求めるような諸々の構造改革がいまだに政治主導の下に縦横に進める」ことができていない。「緊急提言」での言い方を使えば，「国民→国会→内閣→各省大臣→各省庁という一本の太い縦糸によって支えられた『首相を中心とする内閣主導』」という「責任ある政治主導体制の確立」ができておらず，したがって改革も進まないというのである (「緊急提言」3頁)。こうした状況を変えるためにもっとも効果的な方法は，政治主導を作動させるための起点を変えること，つまり，この図式の中で最初の部分「国民→国会」，この部分を確固たるものにすることが必要だとされる。

そこで登場するのがマニフェストなのである。マニフェストとは何か。従来の政党の公約と「緊急提言」でいうところのマニフェストとはどこが違うというのだろうか。「緊急提言」では，次のように比較説明される。従来の選挙公約が「検証が不可能であるような抽象的な目標や願望を総花的にあれもこれも羅列したもの」であったのに対し，マニフェストとは，「①検証や評価が可能であるような具体的な目標 (数値目標，達成時期，財源的な裏づけ等)，②実行体制や仕組み，③政策実現の工程表 (ロードマップ)」をできうるかぎり明確なかたちで示した，『国民と政権担当者との契約』」(「緊急提言」4頁) なのである。当時21世紀臨調の共同代表であった佐々木毅東京大学総長は，『中央公論』の中で，次のように説明している。従来，日本の政治は「国民的意志の結

集ができ」ず，「何が終わり何が始まったかの評価ができず，積み重ねのない政治的漂流」が続き，「国民は選挙を通してさながら行き先不明の船の切符を買い，乗船するようなもの」であり，こうした日本の無責任な政治状況を打破するために，「政治に目標と計画性」を付与するマニフェストを導入する必要があると主張する（佐々木毅「政党に責任を，有権者に試練を」『中央公論』2003年8月号）。こうした確固たるマニフェストが選挙前に提示されて行われる総選挙によって初めて，「総選挙→組閣→政策決定・政策実施→業績・実績評価→総選挙」（「緊急提言」4頁）というサイクルを実現するように迫ることができる。具体的にいえば，総選挙において，国民はマニフェストで示された政策を判断材料にして投票し，選挙で勝利し政権を獲得した政党は，選挙前に提示したマニフェストを忠実に実行する。もし，マニフェストの約束が目に見えるような形や数値で出てこないと評価されれば，次回の選挙には勝てないということになる。いってみれば市場で競争する企業のように，短期間のうちにその結果を目に見えるもの，ないしは数字によって評価することによって，政治改革を進めることができるというわけである。

さらに「緊急提言」では，こうした形でのマニフェスト導入によって，次のような点にも波及効果があるとされる。すなわち，マニフェストを作成する作業を通じて政党に所属する政治家集団の一体性がうまれ，政権獲得後はマニフェスト実現という共通の目標の実現のため，内閣と与党の対立はなくなるという。すなわち，マニフェストは党内での手続きを踏み，そこで了解されたものであり，利益集団の意を受けた「族議員」が選挙後内閣に対して抵抗することができなくなる，と考えられた（「緊急提言」6頁）。

そして，これに加えて重要な点は，マニフェストによって今までの「官僚内閣制」を打破することができるという点である。マニフェストとは，国民主権の日本国憲法下において，政党がマニフェストを通じて国民と直接契約することである。それゆえ，これを錦の御旗として，官僚の抵抗を封じ込めることが可能になる（「緊急提言」5-6頁）。例えば，マニフェストで具体的な内容に踏み込み，数値目標，達成時期，財源を明示することによって，法案準備段階での

官僚の指導を排除することができる。すなわち，これが，官僚が積み上げてきた政策立案過程を根本から変えさせていく武器となりうるのである。

マニフェストが持つ隠れた意義は，このように従来の内閣と与党の間にある不一致，内閣と官僚の間にある軋轢を一元化しうる力を持つという点にあるといえる。力のベクトルがばらばらに向いている現状を一つに集め，反対勢力をこれによってねじふせ，改革を進める力とすることができるというわけである。日本というシステムは，誰が決めているのかわからない曖昧なシステムである。国民なのか，内閣なのか，官僚なのか，圧力団体なのか，それとも影のキングメーカーなのか，日本固有の同調圧力もあって，はっきりしない。決定へと向かう過程も「あうん」の呼吸によってコンセンサスができていく。それゆえ，そのようにできあがったものが，失敗したとしても，責任の所在がはっきりしないため，誰も責任をとろうとしないのである。もし，マニフェストによって，さまざまな圧力を排除し，選挙による国民の声を根拠とする一元化された権力が実現すれば，おのずとこうした無責任体制も解消されるはずである。つまり，これによって政治的統合ができていなかった日本のシステムを変えられると期待されたのである。

3．民主党のマニフェストの構造

さて，民主党は，今日まで選挙のたびに都合6回マニフェストを出してきた。それぞれマニフェストにはキャッチフレーズがあり，2003年に第43回衆議院選挙のために出された菅直人代表の下でのマニフェストでは，「『脱官僚』宣言」，2004年第20回参議院選挙のために作られた岡田克也代表の下でのマニフェストは，「まっすぐに，ひたむきに」，2005年第44回衆議院選挙のためのマニフェストでは「岡田政権500日プラン」，2007年第21回参議院選挙のための小沢一郎代表の下でのマニフェストは，「国民の生活が第一」，2009年第45回衆議院選挙のための鳩山由紀夫代表の下でのマニフェストは，「政権交代」，そして2010年，第22回参議院選挙のための菅代表の下でのマニフェストには，「元気な日本を復活させる」をそれぞれ掲げて，選挙戦を戦った。

最初のマニフェストである菅代表の下での2003年マニフェストは，1997年のイギリス労働党のマニフェストを参考にしているといわれる。ここでは，最初の5頁で，トニー・ブレア党首が労働党の政策ビジョンと主要な公約を提示し，その後で，項目ごとに政権獲得後に実行する政策を詳しく説明している。全体でA4・40枚程度の分量がある（1997年イギリス労働党のマニフェストの内容は以下参照。http://www.labour-party.org.uk/manifestos/1997/1997-labour-manifesto.shtml）。民主党のマニフェストも，ほぼ同じような並びで，分量も同じである。代表のリーダーシップを強調する力強い表情の写真がクローズアップされ，また多くの人が読めるように箇条書きで書かれ，風景写真を効果的に使うなどビジュアルな面でも工夫がこらされている。マニフェストの内容も，グラフや図などを用いたり，分かりやすいように見出しが付けられたりしている。こうした形は，多少の違いはあるにせよ，ほぼその後も継承される。

　このようにマニフェストは，普段政治に関心が薄い人でも読みやすいようにできている。しかし，その読みやすい言葉を正確に具体的に読みこもうとすると，逆にその内容や政策全体的な連関などわかりづらいところも多い。例えば，政権を獲得した時の2009年を例にとると，鳩山政権の政権構想として「五原則」「五策」というものがあり，それとは別に「民主党の5つの約束」というものがある。その後，この「約束」に対応する重要な基本政策やその説明が，グラフや鳩山代表の写真（その五つすべてに鳩山首相の大きなカラー写真がある）とともに説明される。そして最後にマニフェスト政策各論となる。ここでは「約束」の五つの項目に，また別の二つの項目が新たに付け加えられ，合計七つの項目が立てられている（以下，順番に「約束」「重点政策」「政策各論」と略する。これは，バリエーションはあるが，ほぼ各マニフェストに共通するものである。堤英敬・上神貴佳（『民主党の組織と政策』東洋経済新報社，2011年，246頁）の区分も参照）。

　ところでこの「民主党　政権政策　Manifesto」という冊子はこれで終わっている。だが，このマニフェストとは別に，民主党には「政策集INDEX2009」（http://www3.dpj.or.jp/policy/manifesto/seisaku2009/index.html）という詳細な政策集が存在している。民主党のホームページを見ると，「マニフェスト／政策

集資料」というサイトがあり、そこにはマニフェストの項目の中に「政策集INDEX2009」が入っており、これもまたマニフェストという位置づけになっている。ところが、同じマニフェストでありながら、「政策集INDEX2009」には、「民主党 政権政策Manifesto」の中の「約束」「重点政策」「政策各論」にはない政策が掲載されている。例えば、議論が分かれる夫婦別姓や外国人の地方参政権などは、「民主党 政権政策Manifesto」にはないが、ここには含まれている。しばしば、民主党に批判的な立場の人たちが、「マニフェストに騙されるな、民主党の本音は、別にある」とし、この「政策集INDEX2009」が裏マニフェストであるかのように語られているのは、こうした点からである。

　この二重マニフェストともいうべき問題は、範囲を広げてみるともっと複雑であることがわかってくる。この「政策集INDEX」がマニフェストであるという位置づけは、実は2009年だけであり、他の年は民主党のホームページの中で「関連リンク」として示されており、マニフェストという位置づけではないのである。すなわち、「政策集INDEX」とはどういう位置づけなのか、民主党の中では実に曖昧なのである。

　さらにこうしたことに加えて、2007年の統一地方選の際には地方の民主党支部のマニフェストもそれぞれ支部別に作られている。当然のことながら、各地方支部のマニフェストと党中央のマニフェストの間には整合性がなくてはならない。しかし、問題になりそうなものも多々ある。ほんの一例として、野田首相のお膝元千葉県を見てみよう。2007年地方統一選挙のための民主党千葉県総支部連合会の『あなたとつくる「千葉マニフェスト」』(http://www.minshu-c.com/ch_manifesto.pdf) には、「民間人校長で『学校経営力』を高めます」とされている。しかし、学校長の公募や民間人の登用をマニフェストに載せたのは岡田代表の下での2004年マニフェストであり、小沢代表の下での2007年マニフェストには、「約束」「重点政策」のみならず、「各論」および「政策集INDEX」を含めてまったく触れていない。2004年マニフェストを基に作成したのであろうか。あるいは、意図的に小沢代表に抵抗の意志を示したのであろうか。いずれにしても党全体としてはいかがなものであろうか。ちなみに千葉県

のローカルマニフェストの表紙は小沢一郎の写真がおおきく掲げてある。

さて見てきたように民主党のマニフェストは，おおよそどのマニフェストも，トップに大きなフォントで示された「約束」「提言」などの上位の概念があって，その後にそれらに対応する「重点政策」，さらにその下に詳細な政策が示された「政策各論」など下位の概念がある。そして，それとは別に「政策集INDEX」や地方の民主党支部の「マニフェスト」があり，全体に見ればツリー上の構造を示しているものと考えられる。しかし，それを全体的に理解しようとすると，言及してきたように努力を有する。はたして下位の政策が上位の目的を達成するという形になっているのか，「約束」「提言」「重点政策」をより具体化したものが「政策各論」で，さらに詳細に書かれているものが「政策集INDEX」なのか，「政策集INDEX」は，マニフェストとは異なる性格のものなのか，また年によって上位にあるものが下位のレベルに下がるのは何を意味しているのか。こうしたことがはっきりしていないのである。

4．マニフェストの変容

(1) 日米関係・国連中心主義・東アジア共同体

一つのマニフェストがこうした複雑な構造の上，さらにマニフェストは2003年から2010年に至る間，その重点事項，優先事項のみならず，その内容もかなり変化してきている。「約束」「重点政策」だけを見ると，2003年から2010年まで継続してマニフェストで示されている政策は少ない。行財政改革では，「公務員人件費の削減」「国会議員の削減」，地方分権では「補助金を地方が自主的に使える一括交付金化」，年金制度では「年金の一元化」などが継承されているものの（2003年は各論），全体からするとごく一部である。

大きな変化を起こしにくい（起こすべきではない）外交においてすら代表が変わるごとに変化している。日米関係については，ほとんどの「約束」および「重点政策」の中で日米地位協定の改定について触れられているが（2007年のマニフェスト〔小沢代表〕では，「政策集INDEX」に移っている），しかし日本の安全保障という観点から，日米関係を見ていくと，表現上だけの問題もあるが明らか

に変化も見られる。

　2003年（菅代表）では、「重点政策」の中でイラクへの自衛隊派兵反対、「国連中心主義で世界の平和を守る」ことを強調し、アメリカとの関係については、日米地位協定改定だけに触れ、後は言及されていない。その下のレベルの「政策各論」で、「協力すべきは行う、言うべきは言う」ことを対米関係の基本とするとして、アメリカ一辺倒の外交関係から距離を置こうとしている。

　2004年（岡田代表）は、日米関係は「約束」「重点政策」の中で明記され、当時のブッシュ政権の単独行動主義を念頭において、「最後は米国に従うしかないといった依存の関係ではなく、自立・対等の成熟した同盟関係を構築します。国際協調と日米同盟が両立するよう、米国政府に対して粘り強く働きかけます」とした。そして東アジアについては、「『アジアの中の日本』を実現します」として、「北東アジア・フォーラム」という言葉が「重点政策」の中で出てきている。同じく岡田代表の下2005年マニフェストでは、日米関係は「信頼と対等のパートナーシップに基づき、日米関係を進化させます」と穏健な表現に修正する一方、「東アジア共同体」構想が「重点政策」の中に出てくる。「東アジア共同体」構想は、鳩山前首相が思いつきでいったように思われている。だが、実はこの時にすでにマニフェストとして示されていたものだった。

　しかし、この「東アジア共同体」構想は、2007年（小沢代表）には、マニフェスト扱いではない「政策集INDEX」に移行した。日米関係については「わが国外交の基盤として」「強固で対等な」日米関係という言葉が使われたが、しかし「政策各論」では「イラクからの自衛隊の即時撤退」にかなりの紙幅を割いており、アメリカ追従でないことをアピールしている。また、「重点政策」として「国連を中心に世界の平和を構築」するとして、岡田代表時代の国連改革や安全保障委員会の常任理事国になることを重視した国連政策から、再び国連中心主義がマニフェストで強調されている。

　2009年のマニフェスト（鳩山代表）では、再び「重点政策」に「東アジア共同体」が返り咲く。アメリカとの関係については、「緊密で対等な日米同盟関係」としたものの、周知の通り、鳩山由紀夫が首相在任中に、『ニューヨーク・

タイムズ（電子版）』に寄稿した論文で，アメリカ的グローバリズムを批判し，一方で，「東アジア共同体」構想を強調したため，アメリカ国内では現実的ではないとして批判された。そして，沖縄県にある普天間基地移設問題で「できれば海外，最低でも県外」と明言した鳩山首相に対して，アメリカは応じることはなかった。脱対米従属外交を，この普天間移設問題が挫折してからというものの党内でこれを口にする者は少なくなった。

2010年マニフェスト（菅代表）では，「重点政策」の冒頭に，「世界平和という理想を求めつつ，現実主義を基調とした外交を推進します」として，同代表の時の2003年マニフェストで示された「国連中心主義」という言葉は消えている。ただし，「東アジア共同体」は継承された（民主党政権下での日米関係，および菅直人前首相，鳩山由紀夫元首相の日米関係についての考え方は以下の文献に詳しいので参照されたい。浅野一弘『民主党政権下の日本政治——日米関係・地域主権・北方領土』同文舘出版，2011年）。

こうした外交における重点政策の変容は，全体的に見れば安全保障問題における日米安全保障条約と国連中心主義，あるいは昔から問われてきた西欧社会の一員なのか，アジアの一員なのか揺れ動くアンビバレントな日本人の心情を現しているようにも思われるが，しかしそれにしても，党首が交代するたびに，このように変わるのでは，外交においては問題であろう。

(2) **市場重視から給付重視へ**

2003年から2010年に至るまでのマニフェストで明らかに変容していると思われる重要な原則は，市場に対するスタンスである。市場と規制の関係，資本主義と国家の関係はもっとも問われるべき本質的な問題である。だが，いまなお曖昧なままである。堤英敬・上神貴佳は，『民主党の組織と政策』（東洋経済新報社，2011年）の中で，2004年マニフェストの市場重視路線が，2010年マニフェストに至って大きく後退し，直接的・間接的給付色の強い政策にシフトしていることを指摘している（同上，244頁以降）。本論においても，この問題について触れておくことにしたい。

2003年版では,「つよい日本をつくる」(冒頭),「失業のない,つよい経済」(各論のタイトル)を打ち出している。だが,それを市場・競争原理によって実現しようというのではない。各論の中の小項目で「事業規制原則撤廃をすすめ,企業努力と起業意欲を増進させます」としているものの,一方で「最小不幸社会」というキータームを打ち出し,福祉とのバランスを取っている。

　これが,2004年参議院選挙のマニフェスト(岡田代表)では,市場重視の方向へとシフトする。8つの約束の一つとして「市場のことは市場に」というフレーズの下に,「事業規制を原則『撤廃』し,公正なルールの下での競争を刺激する」と謳い,「重点政策」では「『市場のことは市場に』委ねて,民間の力がのびのびと発揮できる市場社会へ大胆に転換していきます」「公正な市場ルールを設定し,競争が活力を生み出すようにします」と市場重視を基本理念とする方向へはっきりとシフトしたのである。

　ところが,同じ岡田代表の下での2005年マニフェストでは微妙に変わってくる。「公正・透明な市場経済へ」(「約束」)という言葉のもとで,内容的には規制緩和による競争の刺激よりも,重点は市場の公正さ,そのための規制へと移ってきている。行政制裁金の導入,公正取引委員会の強化,および日本版SECである証券取引委員会の3年以内の設立などはそれを表している。

　教育についても2004年と2005年の間に断絶が見られる。2004年マニフェストでは,「国の役割を縮小し,地域に『教育力』取り戻す」という「重点政策」のタイトルの下に,「学校長の公募や民間人の登用」「学校選択の自由」「学校法人以外の組織であっても学校経営に携わることができる仕組みを導入」「大学教育に一定の競争原理が働くよう,補助金に頼らず,相互に切磋琢磨する仕組みへと転換」するとされ,民間や市場の論理を教育に導入し,競争原理を働かせて活性化するといった方向がはっきりと示されている。ところが2005年では,まず子育て支援として,月額1万6000円の「子ども手当」が初めて「約束」として示される。奨学金に関しては,経済状況悪化などの理由による途中退学の問題が取り上げられ,「希望者全員奨学金制度」の実施「上限額の引き上げ」が加わる。学校関係では「学校長の公募制導入」は継続した。だが,「民

間人の登用」という言葉は「重点政策」から消え,「各論」でかなり意味の異なる「社会人の登用」という言葉に代わった。「約束」「重点政策」「各論」,そして「政策INDEX」とすべてのレベルにおいても,学校選択の自由,学校法人以外の学校経営参加もなくなった。また「大学教育における競争原理」云々という文章も,その代わりになるものはない。

　2007年小沢一郎代表の下でのマニフェストでは,さらに市場重視路線は後退し,給付色の強い政策が前面に打ち出されてくる。すなわち,「子ども手当」一人月額2万6000円を中学校卒業まで支給,農業の「戸別所得補償制度」の創設がそれである。しかもこれらは,マニフェストの最初に示されている「3つの約束」のうちの二つである。高校の授業料の無償化が初めて打ち出されたのもこの年のマニフェストである。2004年に「見出し」の項目であった「市場のことは市場に」に該当する項目は,もはや見られない。経済に関しては,見出しに当たる3つの約束と7つの提言の中では,かろうじて提言5で「中小企業を元気にして,日本経済を生き返らせる」とだけ記され,「各論」においても驚くことに日本全体の経済政策についての記述はほとんどなく,中小企業,ベンチャービジネス,商店街の活性化,観光事業などの経済的に弱い立場に考慮した政策が並んでいる。そこには規制撤廃,公正・透明な市場経済,および競争による活力といった言葉はもはや見られない。

　政権交替を実現した鳩山由紀夫代表の下での2009年マニフェストの「約束」「重点政策」「各論」においては,「市場」という言葉は合計四つであり,それも公正な市場という意味かあとはまったく別の文脈である。基本的に2007年マニフェストを継承し,一人当たり年31万2000円の「子ども手当」,高校の授業料無償化,農業の「戸別所得補償制度」の創設,そして月額7万円の最低保障年金,高速道路の無料化,さらに月額10万円の手当付き職業訓練制度など給付色の強い政策を「約束」したのである。

　2010年参議院選挙の際のマニフェストにも,「市場」という言葉はない。菅直人代表は「強い経済」を打ち出す。だが,市場を重視しようというのではない。ここではっきりと「公共事業中心の経済」でもない,「偏った市場原理主

義に基づく」のでもない，「経済・財政・社会保障を一体として捉える」第三の道をかかげる。これは，民主党が，結党時市場万能主義と福祉至上主義という対立概念を否定したところに始まっており，それにもどったように見える。野田代表の下では，まだマニフェストは作られていないものの，TPP参加問題で日本の産業を国際市場にさらそうとしているのは周知の通りである。

　さて基本的には，2005年以降民主党は，小泉政権の構造改革路線へのスタンスの変化，サブプライム危機に端を発する不況によって，大きく市場介入容認へと転換してきた。しかしながら，財源の問題により，給付的な政策は困難になっているのが現状だといえる。

(3) 原発政策

　原発問題についても見ておく必要がある。というのも原子力発電所の問題は，単なるエネルギー問題にとどまらず，日本の社会のあり方と深く関わっているからである。今回の事故でしだいに明らかになってきたように，原子力を推進する国家は，国家権力の絶対性を必要とし，その結果，秘密国家，警察国家的な側面が強く現れる。国家の電力会社との密接な関係の下に，電気事業連合会を中心とした世論操作，マスメディアへの圧力，電力会社による原子力関係の研究機関・大学への寄付や国や電力会社によるさまざまな政府・研究機関への原発推進派の研究者へのポストの用意などによる学問の独立性・中立性の喪失，ときに力による地域住民による反対行動の押さえ込みといった事態が起きる。唯一の被爆国である日本は，とりわけこうした国家と電力会社によるさまざまな（時には非民主的な）PA戦略（パブリック・アクセプタンス）なくして，原子力発電を受け入れることは不可能であった。批判を許さない体制が，安全神話となり，危機管理を怠る結果となったといえよう。

　そしてまた，農業作物の自由化政策によって第一次産業が疲弊した地方に原発が誘致されることによって，地方と都市の関係が構築された。すなわち，福島県，新潟県などは首都圏に電気を送る供給源となり，青森県は核廃棄物の処理場となった。戦前，特に東北など貧しい農村が兵士の供給源となったり，そ

こから満州開拓のため海を渡ったりしたように，そしてまた高度経済成長時代には，都会の工場で働く若年低賃金労働者の供給源であったように，再び地方は国策のために奉仕する手段，あるいは都市に対する従属，中心に対する周辺という図式が再構築された。まさに原発のある地方は，沖縄県の普天間基地と同じ構造を持っているのである。国家のリスクを疲弊した地方に押し付け，その代償として交付金を与えるという構図は，自由民主党政権時代の遺産である。だが，それに目を伏せて継承しようというのであれば，民主党が政権を取ったときの2009年マニフェストの5原則の一つで，先に述べたように，鳩山首相が「一丁目一番地」とした「中央集権から，地域主権へ」という理念との整合性が問われなければならない。

　また，原子力発電の問題は，単なるエネルギー問題にとどまるものではない。発電所で燃やした後のウランから原爆の材料となるプルトニウムが生じるという問題がある。周知の通り，日本はプルサーマル計画や高速増殖炉で再度プルトニウムをウランと混ぜて燃料（MOX燃料）として使うという燃料サイクルシステムを目指してきた。これは，資源のない日本には，夢の技術だといわれた。しかし，その裏面では，プルトニウムの保持によって日本が潜在的な核大国であることを示し，それによって抑止の役割を果たさせるという暗黙の了解があった。とくに高速増殖炉で産出されるプルトニウムは，軽水炉型の原発で生成されるプルトニウムより，純度が高く原爆に向いているといわれている。原発はエネルギーの問題だけではなく，同時に安全保障の問題でもあったことが，福島第一原子力発電所の事故を契機に，マスメディアを通じて広く報道されるようになった。もし，民主党がこの隠れた原発の役割を否定するのであれば，はっきりと，プルトニウムの処理と再利用の問題についてマニフェストに明記すべきであろう（プルトニウムの利用について2003年，2005年，2007年において「政策INDEX」のレベルでのみ触れているが，しかし2009年にはそれも引き継がれていない）。そうでなければ，「核兵器廃絶の先頭に立ち，テロの脅威を除去します」（2009年マニフェスト「重点政策」）などと宣言すべきではない。極めて重要なプルトニウムの問題にまったく触れないというのは国家として真摯な姿

勢とは思えない。

　原発が社会の有り方に及ぼす影響は、このように実に大きなものであった。明らかに民主党が目指す理念とは相容れないものが多くあったはずである。電力供給の確保という大義の下に目を伏せているのか、見て見ぬふりをしているのか、振りかえると民主党のマニフェストにおける原子力に対する考え方は二転三転してきた。

　2003年マニフェスト（菅代表）においては「重点政策」の「環境」の項目の中で「過渡的エネルギーとしての原子力については、安全を最優先し原子力行政の厳格な監視をすすめます」。また、詳細な政策論集である同年の「民主党政策集『私たちのめざす社会』」においても、「原子力政策は、安全性を最優先させ、万一に備えた防災体制を確立したうえで、過渡的エネルギーとして慎重に推進します」「原子力発電所の経年劣化対策などのあり方について、議論を深めます。プルトニウム再利用はMOX（ウラン・プルトニウム混合）燃料、高速増殖炉などの研究開発用として使用計画のある分量のみを抽出し、その他の使用済み燃料は中間貯蔵します」として、プルトニウムの利用についても一定の歯止めをかけている。この文章は2005年の「政策INDEX2005『日本をあきらめない』」でも、ほぼ同じ文言が繰り返されている。

　さらに、2003年のマニフェスト「各論」においては、「原子力に関する行政機関を推進と規制に明確に分離し、安全を最優先させます。原子力の安全規制機関を経済産業省から切り離して、内閣府に独立した行政機関を新たに設置し、強力かつ一元的なチェック体制を築きます」。この文言は、ほとんどそのまま岡田代表の下での2004年マニフェスト「政策各論」、2005年マニフェスト「政策各論」へと引き継がれた。だが、その後2007年以降のマニフェストには引き継がれなかった（2009年には「政策INDEX2009」だけに独立性の高い安全規制委員会の創設が記されている）。今から考えれば、この時点で原子力安全・保安院が原子力発電を推進する経産省の一機関であったことを問題にしていたにもかかわらず、これが実現されなかったことは非常に悔やまれる。

　さて「過渡期のエネルギー」という位置づけは、マニフェストの中では2003

年だけで，次の2004年も2005年もマニフェストから消えているが，2005年「政策INDEX」には，「過渡期」という言葉はまだ残っている。「過渡期のエネルギー」という位置づけは，1998年結党以来の民主党の考え方であり，さらに遡行すれば，旧社会党から引き継がれたものである。すなわち，1994年の自社さきがけの村山連立政権の時に，社会党が自衛隊，日米安保容認と並んで現実路線の一環として持ち出してきたことに始まるものである。

こうしたルーツを持つ「過渡期のエネルギー」という言葉が，マニフェストのみならず，「政策INDEX」からも消えるのは，やはり2007年（小沢代表）の時である。ここでは，2005年において「環境・エネルギー」の見出しの下にあった原子力の問題は，「環境」と見出しが変わり，その中で言及される。そこで，「エネルギー供給源の多様化」，「ベストミックス」という言葉とともに，原子力は，石油や天然ガスなどとともに重要なエネルギーの一つとして位置づけられた。そして自給率を上げることが必要であるとされる。だが，その中心になるものは，自然エネルギーではなく，原子力によるものとされた。「2007政策リスト300」では，「原子力利用については，将来展望を持ち，安全を第一として，国民の理解と信頼を得ながら，国際社会と連携協力して着実に取り組みます」と「過渡的」ではなく将来のエネルギーであることをはっきり示すことになった。

小沢代表の時代に入り，明らかに原発政策は転換したのである。正確には，2006年7月，民主党内での経済産業部門会議のエネルギー委員会が開かれ，ここで原子力推進の方針が決定され，次の内閣で正式決定した。このときの委員会の座長は連合出身の大畠章宏である。大畠は日立製作所に勤務し，原子力発電所プラントの設計業務に携わり，茨城県の県会議員を経て日本社会党から立候補し国会議員となった人物である。連合出身であることもあって，原子力を推進する立場にあり，エネルギー政策の転換に党内で大きな役割を果たした。大畠は"フクシマ後"もなお原発推進の立場を変えていない。

政権を獲得した鳩山由紀夫代表の下での2009年マニフェストでは，「環境と経済との両立を図るエネルギー政策」，すなわち「地球温暖化対策」と「経済

の持続的な成長」を両立させる必要があるともされている。だが，これもまたCO_2削減策という形で，原発増設へと結びつくことになる。実際，首相となった鳩山は，2009年9月，国連気候変動サミットで温室効果ガス90年比25％削減を表明すると，翌年にはさっそく温室効果ガス削減のため，地球温暖化対策基本法案を閣議決定した。鳩山イニシアチブのCO_2削減25％は原発推進を大前提とした話であった。

　こうした背景には，鳩山首相が経済産業大臣に任命した，自動車総連出身の直嶋正行や，電機連合出身の官房長官平野博文らの旧同盟系の連合出身の大臣らの果たした役割も大きい。連合は旧同盟系の原子力発電推進派と旧総評系の慎重派と2つに分かれていた。しかし，2010年の8月にまとめた「エネルギー政策に対する連合の考え方」で，新増設を「着実に進める」として，新規の原発を推進する立場を明確に打ち出した。そして，連合出身の大臣が担当ポストに就いたことによって，原発推進の環境を整えることになった。

　菅直人代表の下で作られた2010年マニフェストで，この方向はさらに加速する。「強い経済」の掛け声の下，実質経済成長率2％を目指して，はっきりと原発輸出を政府のリーダーシップの下で展開するとされ，実際に菅首相のトップセールスによってベトナムへの原発輸出が決まったのである。

　以上見てきたように，民主党の原発政策は揺れ動いている。マニフェストを見ただけでも，「過渡期のエネルギー」という位置づけは，2007年小沢代表の時に出されたマニフェストにおいて完全に路線転換した。鳩山代表時代に，地球温暖化防止のために，二酸化炭素を出さないクリーンなエネルギーとして原発増設が加速，菅代表時代には，これに乗って新成長戦略として，原発の海外輸出を積極的に推し進めることになった。そして，3.11である。菅首相は再び180度政策を転換し，「脱原発依存」を国会の場で主張することになった。今現在（2011年12月現在）野田首相の立場は曖昧である。首相は内閣発足時には，原発の新増設は「現実的に困難」としていた。だが，一部容認する姿勢に転じ，海外への原発輸出，調整中の原発の再稼働も継続することを明確にした。

5．理念の不在

　以上で検討してきたように，民主党のマニフェストはかなり揺れ動いてきたことは確かである。それはそもそも民主党が特定の理念に基づいてできあがった政党ではないところに由来するようにも思える。しばしば指摘されるように民主党は，いわゆる「綱領」を持たない政党である。結党以来だいぶたつが今後も綱領を作ろうという動きはない。たしかに，冷戦当時ならまだしも，今日，単純に「綱領」のないことをやたらに問題視する必要もないのかもしれない。国際情勢，そしてそれに連動している国内の事態は日々動いている。むしろ，こうした一方の理念を強調するよりも，二つの極のバランス，あるいは調整こそが重要であり，その意味では必ずしもはっきりとした理念を持った政党が今日必要とされているわけではない。

　だが実際には，現実的には両極のバランスをとって，党を運営するのは非常に難しい。議論の上では，一見論理的に筋の通っていると見える極論に押しきられることもしばしばである。理念なき民主党には，残念ながらそうしたバランスをうまく取ることができる政治家は見当たらない。政策の決定は，その問題の担当ポストについた政治家個人の考え，選挙に連動するマスコミによる内閣支持率や政党支持率などの世論調査，それと深く関係する日本の社会の空気，そして何よりも政治家個人の利害計算，つまりどのように振る舞えば，選挙に勝てるのか，党内や政府で重要なポストに就けるのか，といったことによって，政策は右へ左へそのつど大きく揺れ動く。季節によって，日によって，朝夕によって東西南北から吹く風に流されているにもかかわらず，それが「新しい」時代に対応した政策であるとしてマニフェストにそのつど掲載される。

　民主党は，階級政党ではなく，国民政党である。だが，その中心的な方向はどの階層に向けられているのか，かつて中間層の活力を生かすと主張していたものの，今現在はどの階層に向いているのか，全く不明である。「強い経済，強い財政，強い社会保障」（2010マニフェスト）としてパイを大きくするために，強者に資源を集中し，それをあとで国民に分配するというような考えであると

いうならば，それは自民党時代の論理とさほど変わらない。また3（2）で言及したように，福祉国家を目指しているのか，それとも市場重視の小さな政府を目指しているのか，これもまた揺らいでいる。財政再建なのか，景気浮揚のための公共事業なのか，環境政党なのか，強い経済を作ることが優先なのか，また雇用や子育てなど若い世代や，税金を担う働く世代に重点を置くのか，それとも年金・医療など高齢者向けの政策を優先させるのか，選挙用のマニフェストの中で優先順位を示すことは難しいとしても，国民すべてにバラ色の未来を描くことができていないのが残念ながら今の日本の社会・経済が置かれた現状である。酷なことであるが「あれか，これか」を明確に決断しなくてはならないぎりぎりの局面に来ているといってよい。

　振りかえってみれば，民主党は，さまざまな立場の政党が合流してできあがった政党である。日本社会党はその内の主要な政党の一つであり，かつては過剰なまでに理念をもった——あるいはイデオロギーといってもよい——政党であった。だが，80年代以降現実路線に転換し，冷戦終了後ついにはイデオロギーや理念を脱ぎ捨て社会民主党となった。そして社会民主党は，新党さきがけ，新進党，自由党などの中道，保守政党と次々に合流し，今日民主党においては，わずかにその残滓が，マニフェストの外にある「政策集INDEX」に見られる程度にまでになってしまった。もはや，社会党の昔の影を探すのも不可能なほどイデオロギーのみならず，絶対に譲れない理念さえもなくなってしまった。

　そもそも民主党は，保守二大政党制を目指して，アンチ自由民主党の立場にあった政党や個人が結集してできあがったもので，何らかの主張や地盤があって，そこから広がった党ではない。政権交代可能なもう一つの党という抽象的な概念があって，そこへと向かってさまざまな主張の党や政治家が結集していったという経緯があった。それゆえ，理念やイデオロギーに固執していたのでは，民主党は成立し得なかった。そうしたことから，民主党は，一定の方向を持つ理念から政策を導くこともできないし，決裂を恐れて政策を一本化するための激しい議論もできず，結局，異なった出自を持つ各グループの最大公約数

が政策として決定されることになる。だから，無責任立場でいられた野党時代に作り上げた民主党の政策は，政権を取るためにポピュリズムへと流れ，財源の根拠を欠いた，しかも相互に矛盾した政策が並ぶことになった。その結果，政権を奪取した鳩山内閣時代には，しばしば野党に追及された地球温暖化対策と高速道路無料化，その後も菅首相が積極的だった，そして今野田総理が進めている TPP 加盟と従来述べてきた「食料自給率向上」といった政策の整合性が問われることになった。

　民主党の理念のなさの原因について，もう一つ上げなくてはならないのは，現在民主党の中心にいる野田首相を始め，玄葉光一郎外務大臣，前原誠司民主党政調会長らは松下政経塾出身であるということである。野田も前原も玄葉も卒塾後ほとんどすぐに政界入りを果たしており，実社会で長く働き，そこに社会的な矛盾を肌で感じ，そこから出発して社会変革を目指してきたわけではない。大学時代に，選挙運動は手伝っても，学生運動や市民運動に関わったという体験はない。政治家になりたい，大臣になりたいという熱意や，ナショナリストであることは伝わってくる。だが，一体どのような社会を目指しているのかは，見えてこない。第一世代は出身母体がばらばらで，松下政経塾出身が多数いる第二世代は，以上の通り，経験・生活・地域に根ざすところのないまま，天下国家を論じている。こうした点がますます民主党が何を目指す政党かわかりづらくしているのである。

6．民主党はなぜマニフェストを実現できなかったのか

　民主党が政権をとったあとは，野党時代に国民的な立場に立って出した政策が，もろくも現実の前に崩れ去ってしまっているように見える。民主党はなぜマニフェストを実現できなかったのだろうか。

　小沢代表の下で作られた2007年マニフェストは，先に述べたように，給付色を強めたマニフェストとなった。しかし，それを実現できる財源的な根拠を，マニフェストでは具体的に数字を挙げて提示していた。それによれば「ムダを省くことで得られる財源」は，補助金の一括交付金化，談合・天下り根絶，特

殊法人・独立行政法人・特別会計等の廃止などで，15.3兆円とされた。2009年マニフェストでは，「埋蔵金」を含めて16.8兆円の財源が生まれ，それを民主党の新しい政策に投入できると計算していた。しかしながら，リーマン・ショックによる景気の大幅な落ち込みによって，税収が当初予算から7.4兆円下振れ，38.7兆円に減少してしまった。その結果，政権をとったにもかかわらず，2010年度においては，子ども手当の減額など約束を履行したといえるまでには至らなかった。

2010年マニフェストで民主党は，「民主党政権がこれまで取り組んできたことを報告します」として，2010年6月現在の達成状況を政策数179，実施35，一部実施59，着手済み70，未着手15という数字で表した。「まだ実現できていないこと」としてあげた主なものとしては，借金が収入を上回った予算，隠れた天下り，暫定税率廃止，高速道路無料化，後期高齢者医療制度の廃止などをあげた。2010年7月，菅内閣のもとでの参議院選挙に民主党は大敗する。その結果，連立与党国民新党を合わせても参議院では過半数を獲得できず，「衆参ねじれ国会」状態になってしまった。これでマニフェスト実現は，野党の意向しだいになった。こうした状況にさらに追い打ちをかけたのが，東日本大震災と福島第一原子力発電所の事故である。復興のための予算確保にマニフェスト実現どころではない，といった状況になってしまった。

大震災後の2011年8月26日，民主党マニフェスト検証委員会は「マニフェストの中間検証」（民主党のホームページ参照）を出した。ここで衆院選マニフェスト（2009年）及び「参院選マニフェスト（2010年）」の実施状況について，180項目の内，実施及び一部実施を56％，着手済みの段階にあるものを加えると79％，まったく未着手のもの6％，この段階で評価できないものが15％とした。民主党のこの数字に実感はない。なんといっても民主党が強調してきた「約束」「重点政策」の実施こそが問われなければならないだろう。その原因については，ねじれ国会，リーマン・ショック，東日本大震災だけでなく，さらに財源の捻出も含め，「マニフェスト作成時に検討・検証が不十分な部分があった」ことをここで素直に認めた。結局のところ，マニフェストは選挙用のもの

で，客観的なデータを基に十分党内での議論を尽くし，そして理解・了承を得たものではなかったということをあっさり認めてしまったのである。

7．おわりに

　以上，民主党自身が分析した通り，マニフェストが実現できなかったのは，直接的にはリーマンショック，ねじれ国会，および3.11に原因があったことは確かであろう。しかし，マニフェストが実現できないのは，これだけの理由ではない。問題はもっと大きなところにあるように思える。

　ねじれ国会，累積債務問題，そして日本を取りまく国際的な政治状況など，こうしたことは民主党に特殊な事情ではない。例えば，二院制からくるねじれは，かつてのように日本国民の大半が同じ価値観を共有し，同じ利益を追求した時代は終わり，今日それらは多様化している所に起因するものである。衆参両議院とも一つの政党が過半数を取れるような時代ではなくなった今，むしろ衆参のねじれが常態化しているといってもよい。2010年の参議院選挙で初めてねじれになったわけではなく，すでに1998年，2007年の参議院選挙後ねじれ国会となっていた。むしろねじれは，例外的なケースでなくなっているともいえる。そのことは，各党のマニフェストがそのまま実現できる時代ではなくなったことを意味している。総選挙で過半数をとれなければ，比較第一党は，まず連立を組む必要があり，連立を組む相手との政策調整を行わなければならない。そして，その上で衆参国会がねじれ状態にあるならば，野党に対する大幅な譲歩が強いられることになる。こうしたことによって，マニフェストは現実の政治の中で消えてしまう。もし，マニフェスト実現のためにこうした状況を解消すべきだと言い続けるならば，改革を阻む根本的な原因である二院制，すなわち，参議院改革が再び話題に上がることであろう。先に言及した「緊急提言」のマニフェスト導入の論理をさらに追求すれば，マニフェスト改革が失敗した後にくるのは，参議院無用論かもしれない。

　また，今日のようなあらゆる分野が相互依存しているグローバルな社会においては，一国の決定・決断は国際的な問題と連関し，たとえ政権与党内で一致

し統一したマニフェストが出せたとしても，その実現はまったく別の次元の話となる。鳩山政権は外交面でマニフェスト通りに実行しようとして失敗し（決して鳩山個人の考えではなかった），結局，同政権は崩壊した。

　刻々と変わる情勢も，マニフェスト実現を拒む要因のひとつである。リーマン・ショック，3.11だけがあったのではない。その後，タイの大洪水による日系企業の被害，そしてギリシアに始まる金融危機など，想定外な出来事が途切れなく続いてきた。焦眉の問題を優先させるのか，マニフェスト原理主義でいくのかと問われれば，とうぜん焦眉の問題への対応を優先させることになるだろう。グローバル経済にしっかりと「プラグ」をつないだ日本は，世界のどこで起きる出来事であろうとも，国内の政治・経済が影響され，絶え間なく変化する世界情勢に対応するだけで精一杯な状況なのである。今日主体的な改革など，ある意味で抽象的な理念に過ぎない。

　そもそも二大政党制を作り，マニフェスト選挙をやり，新しい時代に対応するように社会を変革していこうという試みは，はたして日本の政治にプラスに働いたのだろうか。二大政党制は，投票率が低ければ，国民の2〜3割にしか支持されていない政党でも，物事を決定できるものである。いわば数字のマジックを使って反対派を押え込む民主主義制度ともいえる。そして，マニフェストはパッケージである。ある政策を支持する人も同じ政党が出しているからといって他の政策に賛成しているわけではない。しかし，選挙で勝てば，そのマニフェスト全体が支持されたものと見なされることになる。そうした意味で，小選挙区制もマニフェストも一部の人たちが民主主義的なルールを変えずに，社会全体を出来る限り早く変えようとする方法だった，ともいえる。

　ひるがえってマニフェスト導入の過程をみれば，「新しい日本をつくる国民会議」（21世紀臨調）が「政権公約（マニフェスト）に関する緊急提言」を発表したことに始まった。この21世紀臨調の構成メンバーをみれば，どのような人たちの集まりであったのかがよくわかる（「特集『言いっぱなしの政治』に別れを告げよ」資料編『中央公論』2003年8月号，150頁）。国民会議といっても，代表と顧問会議のメンバーの半数が財界人であり，そこには消費者や農民を代表

する者，そして一般の国民はほとんど含まれていない。確かにマニフェストは今までの日本の政治の問題点を改善してくれるように見えたため，経済界以外でも，マスメディアや知識人も多数巻き込み，多くの支持を得た。「検証や評価が可能であるような具体的な目標（数値目標，達成時期，財源的な裏付け等）」を求めた提言は，なるほど，決断と責任の所在が曖昧な日本の政治において，有効であるように見えた。しかし，これはまさに民間企業の評価様式であり，それをそのまま国家に当てはめることが適切かどうかはおおいに検討する必要がある。公共的な領域を数値目標と工程表によって評価する仕方が，果たして福祉，教育，司法，警察，外交といった領域にも妥当するのかどうか，問われるべきであろう。そもそも数字では表しようがないものを無理やり数量化し，評価する無駄な努力，そして批判を受けないためのアリバイ作りのための仕事，こうした官僚や公務員の国民・住民不在の仕事ぶりは，今日では本末転倒な状況になっている。

　そして，マニフェスト選挙の勝利によって錦の御旗を獲得した政党が，あらゆる抵抗勢力を排除して改革を進めようとするのがマニフェスト導入の意義である。だが，政治家に実力がなければ，福島第一原子力発電所の事故対応の混乱と同じようなことになるであろう。ポピュリズムが問題になる日本の社会状況では，代議制選挙による民意を絶対視することで本当に国民のプラスになる改革を行えるかは疑問である。

　極論という批判を受けることを承知で私見を述べれば，「緊急提言」でいうところのマニフェスト導入は，大きな流れで見れば，市場のスピードについていけない政治に対してイラつくグローバル化した資本主義経済の政治に対する現れだったともいえる。しかし，政治は，自らのスピードを持ち，経済とは別の価値あるいは基準を持つべきである。常に改革を迫る資本主義（改革や破壊によってのみ資本主義は再生する）に対して，ときに「人」の立場に立ってブレーキをかけたり，バランスを保つべきなのである。つまり，伝統を守ったり，歴史や文化を重視したり，また人権を尊重したり，そうした役割を果たすことが政治の重要な役割なのである。

果たしてマニフェストは，党がどのような方向を目指しているのか，何をしようとしているのかを知るために，ある程度必要であろうが，しかし「緊急提言」で示されたような評価方式で計るべきでないし，またリーダー交代によって短期間で目まぐるしく変わるようなものであってはならない。マニフェスト導入は，マニフェスト選挙による政権交代，そしてマニフェストの実現の必然的な失敗，これを繰り返し，政党政治の不信を助長し，しいては，政治そのものの不信につながり，議会政治の外に変革の可能性を求めるような危険性を生む可能性がある。結局のところ政権公約をマニフェストと横文字にしてみても，得るものよりも，マイナスの側面が大きいのではなかろうか。

第7章　子ども手当

濱賀　祐子

1. はじめに

　2009年8月末に，第45回総選挙が行われた。自民党が解散前の300から119へと議席を激減させた一方で，民主党は115から308へと，一気に約3倍の議席を獲得して圧勝した。そして，9月の特別国会において，民主党の鳩山由紀夫代表が第93代首相に指名され，ここに民主・社民および国民新党からなる鳩山連立内閣が発足したのである。

　民主党は，総選挙で「コンクリートから人へ」というスローガンを掲げた。これについて鳩山代表は，マニフェストの冒頭で次のように述べている。
「ひとつひとつの生命を大切にする。他人の幸せを自分の幸せと感じられる社会。それが，私の目指す友愛社会です。税金のムダづかいを徹底的になくし，国民生活の立て直しに使う。それが，民主党の政権交代です。命を大事にすることも，ムダづかいをなくすことも，当たり前のことかもしれません。しかし，その『当たり前』が，壊れてしまっているのです。母子家庭で，修学旅行にも高校にも行けない子どもたちがいる。病気になっても，病院に行けないお年寄りがいる。全国で毎日，自らの命を絶つ方が100人以上もいる。この現実を放置して，コンクリートの建物には巨額の税金を注ぎ込む。一体，この国のどこに政治があるのでしょうか。政治とは，政策や予算の優先順位を決めることです。私は，コンクリートではなく，人間を大事にする政治にしたい。官僚任せではなく，国民の皆さんの目線で考えていきたい。縦に結びつく利権社会ではなく，横につながり合う『きずな』の社会をつくりたい。すべての人が，互いに役に立ち，居場所を見出すことのできる社会をつくりたいのです。民主党は，

『国民の生活が第一。』と考えます。その新しい優先順位に基づいて、すべての予算を組み替え、子育て・教育、年金・医療、地域主権、雇用・経済に、税金を集中的に使います。生活の安定が希望を生み、意欲的になった心が、この国全体を押し上げていきます。国民を苦しめている古い仕組みを終わらせ、すべての人が生きがいと働きがいを持てる国を、あなたと民主党でつくり上げようではありませんか」。

　これを踏まえて、マニフェストには8項目の工程表が掲げられた。すなわち、①子ども手当・出産支援、②公立高校の実質無償化、③年金制度の改革、④医療・介護の再生、⑤農業の戸別所得補償、⑥暫定税率の廃止、⑦高速道路の無料化、⑧雇用対策、である。このうち①は、「安心して子育てできる社会」のため、月額2万6000円（初年度は1万3000円）の子ども手当と出産一時金を支給するという目玉政策であった。

　1971年に成立した児童手当法により、養育者に現金を支給する仕組みができた。しかしそれは、第3子以降、義務教育修了前まで一人当たり3000円と低額で、所得制限も設けられていた。その後、支給額は条件により月額5000円か1万円となったものの、支給期間が短縮されたこともあり、子育ての負担軽減効果は乏しかった。したがって、2万6000円の子ども手当は、従来の児童手当と比べて大きなインパクトがあったのである。

　わが国は、国際的に見て子どもに使われる予算が非常に少ない。近年の社会保障給付費の約70％が高齢者向けであるのに対し、子ども向けはわずか4％弱にすぎない。国内総生産（GDP）に占める子ども向け公的支出の割合は、先進国で最低水準の0.8％程度である。民主党は、このようにいつも後回しにされてきた子どものことを第一に考える、という趣旨から、子ども手当を「チルドレン・ファースト」社会の実現を目指すものと位置づけた。これは、「コンクリートから人へ」という理念を象徴する政策でもあった。

　マニフェストでは、子ども手当の経費は2010年度に2.7兆円、翌年度からは毎年5.5兆円とされ、上記8項目の所要額は、13年度に16.8兆円に上ると見積もられた。その財源には、公共事業費、補助金および人件費の削減、「埋蔵金」

の活用ならびに所得税の控除の廃止などが挙げられ，消費税増税の議論は封印された。

　鳩山内閣発足後初の予算編成では，景気低迷により税収が前年度より8兆円以上も落ち込む中，鳩山首相は，財政健全化のために国債発行額を44兆円に抑えると断言した。政府は，95兆円の概算要求を92兆円に圧縮するために歳出の見直しを図ったものの，財源は確保できず，早々にマニフェストの見直しを余儀なくされた。子ども手当については，当初予定の2.7兆円を1.5兆円に縮減し，その差額を地方自治体と企業に肩代わりさせることにした。そして，とりあえず1年間の時限立法として子ども手当法を成立させ，2010年6月から月額1万3000円の支給を開始したのである。

　しかし，鳩山内閣は短命であった。同月，鳩山首相は「政治とカネ」の問題により辞任し，新たに菅直人内閣が発足した。菅首相は前年のマニフェストに反して，7月の参院選で消費税増税を打ち上げて敗北した。そのため，党内では反執行部との対立，国会ではいわゆる「ねじれ国会」の下で法案審議の停滞に直面することになった。翌年3月には東日本大震災が発生し，巨額の復興財源が必要となった。こうしたことから，子ども手当の施行は行き詰まり，結局，一度も満額支給されることなく2012年4月の廃止が決まった。その後は，従来の児童手当制度に戻ることになっている。

　わが国の財政は，2009年度末の国債・借入金の残高が900兆円を超えるなど，深刻な借金体質にある。そのような中で，民主党は，年間5兆円超の子ども手当を恒久的な政策として打ち出したのである。予算の無駄を省くなどの措置は一時的な財源にすぎず，マニフェストは事実上実行不可能なものであったといえる（石弘光「民主党の財政政策には短期の対策も中長期の青写真もない」『エコノミスト』2010年1月26日号，43頁）。だが，子ども手当に関していえば，民主党の政策は2007年を境に変わっていたことを指摘しなければならない。

　民主党は野党時代の2006年に，「子ども手当法案」を国会に提出した。それは，子どもを持つ，持たないにかかわらず，多様な生き方に寛容な社会の実現を基本としながらも，子どもを持ちたくても持てない人には社会全体で経済的支援

を行うべきであるとして，所得制限なく中学校修了まで一律月額１万6000円の手当を支給するという内容であった。

　この背景にあったのが，少子化の進行である。わが国の合計特殊出生率は，1989年に過去最低の1.57を記録し，その後も低下を続けた。少子化の要因は，非婚化や晩婚化，女性の社会進出に伴う仕事と育児の両立の難しさ，経済的困難などとされ，特に，出産費用や保育料，教育費などの経済的負担が大きいと指摘されてきた。

　民主党案は，高額所得者に有利な「控除」を廃止して，低所得者に手厚い「手当」に変えることで，出産・子育ての経済的困難の解消を図ろうというものであり，もともとは，複雑すぎる税控除を廃止して，社会保障給付に変えていくという税制改革の一環であった。１万6000円という金額は，配偶者控除や扶養控除の廃止により生じる財源を子どもの数で割って算出されたものであった。問題であったのは，その後，党代表に小沢一郎が就任すると，財源があいまいなまま，翌年の参院選マニフェストで手当が月額２万6000円に増額されたことである。この増額により，財源との整合性がとれなくなってしまったのである（「小宮山洋子氏に聞く―子ども・子育て新システムの予算確保に全力を尽くす」『週刊社会保障』2010年10月25日号，31頁）。

　児童（子ども）手当の拡充は，各党にとって，「子どもに優しい政党」を有権者にアピールできる政策である。しかし，近年では，子どもの貧困や，経済的困難を抱える養育者の状況が大きな問題となっているほか，出生率の回復も見られず，手当の拡充が子どもを生み育てる環境の改善に役立っているのか疑問である。

　今後，わが国では，高齢化と少子化が一層進むと想定され，社会保障のあり方は喫緊の政治課題である。そのような中で，児童（子ども）手当は，どのような理念，目的，効果をもった政策と位置づけることができるのだろうか。以下，本章では，児童手当制度創設から現在の民主党政権に至るまでの子ども手当給付政策を中心に，少子高齢化社会をめぐる諸問題と民主党政権の課題について検討する。

2.「児童手当」の創設と発展

(1) 児童手当制度の創設

わが国では，第二次世界大戦後の1947年から49年に第一次ベビーブームが起き，1年間で約270万人の子どもが生まれ，合計特殊出生率は4.32を記録した。この頃，社会保険制度調査会と社会保障制度審議会は児童手当の創設を提言したが，人口過剰などを理由に制度化は実現しなかった。その後，出生率は急激に低下し，1950年代半ばからは，ほぼ2.1で横ばいとなった。1960年代に入り，年少人口の減少と将来の労働力不足が懸念されるようになると，児童手当の議論が本格化した。

子育てを社会全体の責任と位置づけ，子ども一人ひとりの権利としての社会手当と理解すると，所得制限を設けずに全ての子どもを対象とした制度設計になる。他方で，子どもの貧困対策や低・中間層の子育て費用の軽減を図る低所得者対策とすると，高所得層に給付する合理的理由が乏しいことから，よりニーズの高い子どもへの公的給付を行うべきとされる。一般に，低所得者への限定的な支給は，裕福な納税者から慈善とみなされ，縮小圧力を受け易い。諸外国では，児童手当に所得制限を設けず，対象の全世帯に支給することで，中流層の支持を得てきた（阿部彩「『子ども手当』は社会手当か，公的扶助か」『生活経済政策』2010年1月号，20-22頁，リチャード・カッツ「『子ども手当』論争から日本の病巣が見える」『週刊東洋経済』2010年1月9日号，108-109頁）。

わが国では，児童手当の導入に意欲的であった厚生省が，社会保障制度の中で欠けていた児童手当を早期に実施しなければ，福祉の面で諸外国に遅れをとると主張した。同省の中央児童福祉審議会も，「国民皆保険，国民皆年金が整備された今日，諸外国におけると同様，すみやかに児童手当制度を実現するための検討を急ぐべきものである」と指摘した。

一方，経済企画庁の経済審議会は，「年功序列型賃金制度の是正を促進し，これによって労働生産性を高めるには，全ての世帯に一律に児童手当を支給する制度の確立を検討する要があろう」との見解を示した。これは，児童手当を

賃金政策との関係から捉えたものといえる。

当時の給与体系は年功制が色濃く、子どもを持たない若年勤労者よりも、子どもを持つ中高年勤労者の方がより多く給与を得ていた。その一方で、高度成長に伴って求人難が深刻化し、労働力の流動化が課題となっていた。企業側は、賃金を職務給化して賃金体系を合理化し、若年労働力を確保することを求めており、その限りにおいて児童手当を容認するという立場であった。労働者側は、子どもの扶養費分だけ賃金水準が下がるとの危機感をもち、賃金の家族手当の確保を優先して、社会保障としての児童手当要求には消極的だった（根本俊雄「児童手当の政策過程」中邨章・竹下譲編著『日本の政策過程』梓出版社、1984年、160-162頁、北明美「日本の児童手当制度の展開と変質〔下〕」『大原社会問題研究所雑誌』2004年6月号、39頁）。

財界、大蔵省および自民党議員の大半が児童手当創設に反対であったため、制度化はたびたび見送られた。これに対し、全国の自治体は児童手当法を求める要請を行い、なかには独自に児童手当の支給を始めるところもあった。当時は福祉国家建設の気運が高まり、福祉の充実は選挙で効果的なスローガンであった。自民党は、1971年の統一地方選と参院選を控え、さらなる先送りが野党に攻撃材料を与えると考えて法案をとりまとめ、国会に提出した（前掲論文「児童手当の政策過程」181-182頁）。

法案は、家庭における生活の安定と、次代の社会を担う児童の健全な育成および資質の向上を目的とし、満18歳未満の3人以上の児童を持つ者に対して、義務教育修了前の第3子以降の児童1人につき、3000円を支給することとし、年200万円の所得制限を設けた。また、財源は、被用者の児童については事業主の拠出金10分の7、国庫負担10分の2、都道府県および市町村負担10分の1をもって充て、公務員や公共企業体の職員には国、自治体、公共企業体が直接全額を支給することとした。児童手当審議会の答申では、第1子からの支給や、所得制限の排除が提言されていたものの、これらは見送られた。法案は、衆参両院において、全会一致で可決成立した。

わが国の児童手当は子だくさん家庭への経済的支援策であり、その支給対象

者および支給額は，スタートからかなり抑制されたものであった。そして，負担をめぐる対立から，財源が民間被用者，公務員および非被用者の3グループに分かれるという複雑な制度となり，福祉の理念より関係諸団体の政治の論理が先行したことも特徴であった（同上，195頁）。

(2) 児童手当制度の推移

　制度施行後の児童手当の推移を見ると，支給総額は1999年度までおおむね1400億円から1800億円，支給対象児童数は220万人から280万人で，ほぼ横ばいだった。数次の法改正により，支給対象児童が，第2子，第1子まで順次拡充された一方で，支給対象年齢上限も改正ごとに6歳まで，3歳までと短縮されたからである（鈴木克洋「現金給付型の子育て支援の現状と課題─児童手当制度を中心に─」『経済のプリズム』2009年12月号，5頁）。現実には，子育て費用は，0歳から3歳までよりも，それ以降の方が年々増加する。しかし，以下に見るように，児童手当では支給総額の抑制が最優先され，家計のニーズに対応した制度とはなっていなかった。

　大蔵省や財政制度審議会は，早くも1975年に，児童手当の廃止も含めた見直しと所得制限の強化を求めた。1981年7月には，臨時行政調査会が，公費負担を伴う児童手当支給を低所得世帯に限定するよう答申した。このため，政府は翌年，前年の扶養親族等5人で年収約450万円となっていた所得制限限度額を，約391万円へと大幅に引き下げた。

　一般に，サラリーマンなどの被用者の年収水準は，農業や自営業者などの非被用者よりも高い。所得制限限度額を引き下げた結果，非被用者への手当支給率は約80％に低下した。この限度額に基づくと，被用者への手当支給率は45％程度にまで落ち込むと想定された。こうした事態を避けるため，政府は被用者を対象に年収560万円未満という限度額を設け，「特例給付」という形で支給を行うことにした。所得制限引き下げと特例給付を同時に行ったことから，支給総額は前年度とほとんど変わらなかった。そればかりか，"支給率の均衡"を図ったことにより，例えば大企業の正社員の父が子を扶養する家庭より，非正

規就労の一人親の母が子を扶養する家庭の方が，より厳しい所得制限を受けるという矛盾が生じることになってしまった（北明美「日本の児童手当制度の展開と変質〔上〕」『大原社会問題研究所雑誌』2002年7月号, 24-25, 31頁）。

　法律上，手当受給者は主たる家計維持者一人のみとされ，その多くは父親であった。よって，主に父親の所得水準や職業によって，手当が支給されたりされなかったりすることになる。これは，他国の児童手当制度には見られない特徴である。主要国の児童手当には所得制限がない上，父親の所得の高低にかかわらない独立の収入を母親と子にもたらす方向を目指して，制度が発展してきたのである（同上, 18頁, 119頁）。

(3) 「1.57ショック」と政府の対応

　児童手当は，法の目的にもあるように，本来は少子化対策のための政策ではない。しかし，1990年の人口動態統計で，合計特殊出生率が戦後最低の1.57を記録すると，児童手当の拡充はその対策としても位置づけられるようになった。

　厚生省と厚生族議員は，女性が子どもを産みやすい環境を制度面から整備して出生率低下に歯止めをかけようと，まずは児童手当の数千円増額を目指した。当時の児童手当は，第2子月額2500円，第3子以降5000円で，支給期間は義務教育就学前までだった。厚生省の有識者調査によれば，手当支給額が低すぎるとする意見が60.1％，手当だけでなく健全育成サービスの充実も望むとする意見が74.9％に達した。これに対し，大蔵省は，児童手当の増額によって出生率の回復を図れるのか懐疑的であった。結局，91年度予算編成において，児童手当は第1子にまで支給対象を拡大した一方で，支給期間を3歳未満に短縮することで支給額を抑制して決着した。政府が出産奨励のような政策をとることには躊躇があった上に，財源の7割を事業主が負担する中で，手当拡充への経済界の反発が強かったことも背景にあった（『毎日新聞』1990年1月15日, 12月25日）。

　しかし，1999年に，自民・自由両党の連立政権に公明党が加わってから，支給額の急伸が始まった。前年の参院選で惨敗した自民党は，小渕恵三内閣の下で政権安定のために連立を模索し，自由党および公明党と相次いで連立を果た

した。自由党が2000年に連立から離脱すると，自公連立となった。「福祉の党」を掲げる公明党は，支持層への恩恵が厚い児童手当の拡充を繰り返し自民党に迫った。当初，公明党は，年少扶養控除を廃止して財源を確保した上で，支給対象年齢を16歳未満に拡大し，所得制限を撤廃するよう求めていた。その前年に，政府は子育て減税と銘打って，年少扶養控除を10万円引き上げたばかりだった。

　扶養控除は，扶養する子どもの数に応じて税負担が軽減されるため，児童手当と同様に子育て世帯に対する経済的支援の機能を持っている。ただし，非課税世帯にとっては効果がなく，累進課税の下で高い税率が適用される高所得層ほど減税の恩恵を受ける。所得制限のある児童手当は，高所得層には支給されず，定額であり，支給対象児童の年齢も限られる（野辺英俊「子育て世帯に対する手当と税制上の措置―諸外国との比較―」『調査と情報』2011年３月８日号，２頁）。

　大蔵省は児童手当拡充に強く反対したものの，連立維持を最優先した政府与党が公明党の主張に譲歩する形で，2000年に「就学前特例給付」が創設され，支給対象年齢が小学校入学前に拡大された。財源は，年少扶養控除を10万円引き下げて元に戻し，約2200億円を確保した。手当が支給されて収入増となる家庭もあったものの，扶養控除の廃止により，小学校以上の子どもしかいない家庭では子ども一人につき１万6000円の税負担となるなど，多くの中堅サラリーマン家庭にはマイナス面が大きかった（『毎日新聞』2000年４月24日）。04年には，配偶者特別控除を廃止した財源で「小学校３年修了前特例給付」を創設し，06年には，「小学校修了前特例給付」によって小学６年生まで支給対象を引き上げ，所得制限も大幅に緩和した。こうして，同年に支給対象児童数は1200万人を超え，支給総額は8000億円を突破した。ただし，合計特殊出生率に大きな変化はなかった。

　このような児童手当の拡充は，2000年６月の衆院選，01年７月の参院選，03年４月の統一地方選と続く，選挙に向けたばらまきとの批判が，自民党内にもあった。しかし，政策の有効性に疑問があっても，「公明党と連立を組むコスト」と割り切る声も少なくなかったのである（『毎日新聞』2005年12月18日）。

政府は，児童手当の拡充以外にも，育児休業法の制定，「エンゼルプラン」および「新エンゼルプラン」における，延長保育や放課後児童クラブの大幅拡充，「少子化社会対策基本法」および「次世代育成支援対策推進法」の制定などを通じて，子育て支援策を推進した。その一方で，2002年には，財政再建策の一つとして，低所得の母子家庭に対する「児童扶養手当」の所得制限を強化する施行令を改正した。これにより，母子2人家庭で扶養手当月額4万2000円受給の条件が年収130万円未満に縮小され，年収が1万円増えるごとに手当額が年間2000円減る仕組みになった。このように見てくると，政府の子育て支援策はバラバラで一貫性がなく，小手先の対応に終始してきたといわざるを得ない。

　なお，出生率の低さで世界の上位3位を占めるイタリア，ドイツ，日本の共通点は，女性の高学歴化と就業が進んだ一方で，他方では家父長制や性別役割分担意識が根強く，女性だけが「家庭か仕事か」の選択を迫られる傾向が強いところとされる。これに対し，スウェーデンは，家族・労働市場・男女平等の政策を同時に進め，1990年に2.14という高い出生率を記録した（『毎日新聞』1994年4月29日）。

3．民主党の子ども政策

(1) 「子育て支援手当」と2005年衆院選マニフェスト

　民主党は，1998年に，「児童手当法及び所得税法の一部を改正する法律案」を国会に提出した。同法案は，所得税の扶養控除等の人的控除が複雑で不公平な仕組みであること，また，子どもの扶養に要する経済的負担は本来社会保障制度によって考慮されるべきものである，との考えに基づいて作成された。主な内容は，①児童手当法の名称を「子育て支援手当法」に改める，②障害者および70歳以上の老親等を除き，所得税の扶養控除を廃止する，③児童手当に変えてヨーロッパ並みの「子育て支援手当」を創設し，18歳未満，学生等は23歳未満まで，第1子・2子には月額1万円，第3子以降には2万円を支給する，④所得制限を子2人のサラリーマン世帯の場合で給与年収1200万円程度に引き

上げる，⑤一般事業主負担を廃止する，である。同法案は，審議未了に終わった。

　2005年8月には，小泉純一郎首相が，郵政民営化法案の参院での否決を機に衆議院を解散し，総選挙となった。民主党は，岡田克也代表の下，衆院選マニフェストを作成した。そのうち，子ども関連の政策では，所得水準にかかわらず義務教育修了年齢までの子どもに月額1万6000円の「子ども手当」を支給することを掲げた。所要額は3兆円で，配偶者控除，配偶者特別控除および老親控除以外の扶養控除を廃止するなどの税制見直しで1.9兆円，歳出見直しで1.1兆円の財源を捻出すると明記した。この他に，出生児1人当たり20万円の「出産時助成金」を給付することや，子どもや家庭について一元的に政策立案・遂行する「子ども家庭省（仮称）」を設置することなども盛り込んだ。

　ちなみに，共産党を除く主な政党が，子育て支援策の目玉として児童手当の大幅増を挙げたものの，財源を明記したのは民主党だけだった。公明党は手当の倍増および対象の拡大と出産育児一時金の拡充を掲げ，社民党は月額1万円の子ども手当の創設を提示した。自民党は，「児童手当制度や子育て支援税制について検討し，子育て期の経済的負担を軽減する」と述べるにとどまった（『毎日新聞』2005年9月8日）。

　総選挙では，郵政民営化が最大の争点とされる中，自民党が296議席を得て圧勝し，公明党の31議席と合わせて与党が3分の2以上の議席を押さえた。民主党では，岡田代表が総選挙敗北の責任を取って辞任し，前原誠司が新代表となった。

(2)　「子ども手当法案」の提出

　翌年，民主党は，政府の児童手当法等改正案の対案として「子ども手当法案」を国会に提出した。これは，2005年衆院選マニフェストを踏襲したものである。

　議論となったのは，親の所得や子どもの出生順位を問わず，一律に手当を支給するという点であった。自民党議員は，資力のある人に手当を払う必要があ

るのか，ばらまきではないか，と質し，財政構造改革に反すると批判した。これに対し，民主党議員は，法案は一人ひとりの子どもに着目して，子の養育にかかる経済的負担を社会全体で負担すべきとの考えに立つものであり，高額所得者は既に累進課税制度の下で応分の税負担を求められていることや，欧州の手当も所得制限を設けていないことなどを理由に反論した。

　また，現行の手当が第3子以降の子どもに手厚くなっていることに関連して，少子化対策として肯定する与党に対し，民主党は，合計特殊出生率が1.28，夫婦で持つ子どもの数は平均2.23人であってなかなか3人目は持てないので，財源を使って3人目に手厚くしてもあまり意味がないとの考えを示した（『第164回国会衆議院厚生労働委員会会議録』第9号，2006年3月15日）。

　内閣提出の児童手当法改正案と民主党案を比較した自民党議員は，年収500万円，税率10％のサラリーマンをモデルケースとして，子ども1人の出生から大学卒業までの国の支援額を試算した結果，両案の違いは1年間で9600円，月額800円にすぎないと述べ，民主党案が月額1万6000円と一見充実しているようでも，実際にあまり変わりがなく，自民党案がたった5000円と批判されるにはあたらないと主張した（『第164回国会衆議院厚生労働委員会会議録』第10号，2006年3月17日）。

　いずれにせよ，問題であったのは，民主党議員が指摘したように，子ども手当の創設時から度重なる改正を振り返ると，同一世帯内で支給対象児童の数，支給額，支給年齢などが，時々の財政事情や政治事情によって目まぐるしく変化し，そこに明確な政治理念や将来ビジョンがなかったということであろう（『第164回国会衆議院厚生労働委員会会議録』第9号，2006年3月15日）。

　この国会では結局，民主党案は否決され，内閣提出の児童手当法改正案が成立した。

　2006年4月，前原代表がいわゆる「偽メール事件」の責任を取って辞任し，小沢一郎が新代表に就任した。翌月，民主党は「育ち・育む応援プラン」という党の子育て支援策のリーフレットを公表し，その中の4コマ漫画に小沢代表を登場させて，「チルドレン・ファースト」の姿勢をアピールした。

(3) 2007年参院選マニフェスト

　2006年9月に民主党代表選が行われ，小沢代表は無投票で再選された。そして，小沢代表の下で，翌年の参院選マニフェストが作成された。マニフェストには，最重点項目として「3つの約束」が掲げられた。すなわち，①年金は国が責任をもって全額支給する，②中学卒業まで1人月額2万6000円の子ども手当を支給する，③農業の「戸別所得補償制度」を創設する，というものである。政治学者の平野浩によれば，③は自民党支持層，②は公明党支持層をそれぞれ明確なターゲットとした政策であった（『読売新聞』2007年7月31日）。小沢代表は，①と②について，子ども手当の創設により少子化に歯止めをかけて，将来の年金財源の確保を図るとの考えを明らかにするとともに，子ども手当の実現に強い意欲を示した（『朝日新聞』2007年7月26日）。

　日本の人口は，2005年から減少を始めた。出生率の低下が進み，少子化こそが年金制度を脅かす震源であると広く認識されるようになると，「子育て支援」は各党公約の定番メニューとなった。各党は，人口減対策として児童手当の拡充を競って打ち出した。それまで「育児支援などは親を甘やかすだけ」と否定的な傾向があった自民党も，07年参院選直前の通常国会で児童手当法を改正し，3歳未満の第1子・2子を対象に支給額を5000円から1万円に引き上げたことをアピールした（『読売新聞』2007年7月19日）。

　民主党の子ども手当は，2005年衆院選マニフェストに比べて月額で1万円増額され，必要経費は4.8兆円に膨らんだ。以前，小宮山洋子議員らがまとめた制度では，控除を廃止して税の増収分を手当に充てることにより，月1万6000円が支給できる計算だった。しかし，07年1月に，小沢代表が国会の代表質問で「6兆円規模の手当を創設する」と宣言したことから，党内で支給額の見直し作業が始まった。その際，「中学卒業までの子育て費用は月額約3万7000円」とする，06年2月の財団法人子ども未来財団の統計資料が参照された。それを基準に諸費用を調整し，所得制限せずに月額2万円前後を支給しているフランスやドイツも参考にして，最終的に2万6000円という数字が打ち出された。小沢代表は，人口が減少するという前提では国家の将来は考えられないとして，

支給額3万円も視野に「財源に糸目をつけるな」と関係議員に指示したという（『朝日新聞』2009年11月1日）。

のちに鳩山内閣において副財務相を務めた峰崎直樹前参院議員は，2007年参院選マニフェスト作成時に，小沢代表が「政権がとれれば財源など何とでもなる」と発言してから，党内の雰囲気ががらりと変わったと述懐している（峰崎直樹「民主党政権は，なぜ財源問題に苦しむようになったのか」『エコノミスト』2010年10月11日号，102頁）。小沢代表は，自民党を倒して政権交代を実現するために，有権者に「甘いささやき」を重ね，政策の整合性や財源は二の次のマニフェスト作成を主導したといえる（『朝日新聞』2009年5月14日）。

参院選は，安倍晋三首相率いる自民党が，年金不信や閣僚の不祥事などで惨敗した。民主党は109議席を獲得して連立与党の103議席を上回り，単独過半数には及ばなかったものの参院第1党となった。

前原誠司元党代表は，その後，与謝野馨元経済財政・金融相との対談の中で，「行政改革だけでは財源を捻出するのは絶対無理」であり，「民主党が最もしていけないのは，国民に耳当たりのいいことばかりを言い，仮に政権をとったときに『やっぱりできません』となること。すぐに自民党に政権が返る。最悪だ」と述べた（与謝野馨・前原誠司・田原総一朗「自民と民主は本当に違うのか—座談会」『中央公論』2008年7月号，41頁）。実際には，こうした懸念をよそに，参院選勝利によって財源面での必要額はさらに拡大していくことになった（前掲論文「民主党政権は，なぜ財源問題に苦しむようになったのか」103頁）。

4．政権交代

(1) 2009年衆院選

前回の衆院選から4年目を迎え，総選挙の日程が注目される中，民主党は小沢代表の元公設秘書が西松建設裏金問題で逮捕，起訴され，小沢代表は辞任に追い込まれた。民主党は新代表に鳩山由紀夫を選出し，小沢前代表は選挙担当の代表代行に就任した。この新体制で，来る総選挙での政権交代を目指すことになった。

民主党は，「コンクリートから人へ」という理念を掲げ，公共事業や補助金の見直しを中心に国の総予算を全面的に組み替え，家計への直接支援に力を入れると強調した。また，4年間は消費税の引き上げを行わないと明言した。そして，目玉政策として子ども手当2万6000円の支給を改めて訴えたのである。2010年度は半額支給とし，翌年度から全額支給として年5.3兆円の経費が恒久的にかかることになると試算されたが，所得税控除および配偶者控除の廃止で1.4兆円，その他に公共事業や補助金の見直しなどで財源を捻出するとした。子ども手当の理念は，「控除から手当へ」と「社会全体で子育て支援」である。子育て支援の範囲を親の所得で線引きしないことが，児童手当との違いであるとアピールした（『朝日新聞』2011年5月13日）。

　自民党は，マニフェストにおいて，子ども関連政策では幼児教育の家計負担を段階的に軽減し，12年から無償化することを掲げた。必要経費は8000億円とされ，財源は通常の予算編成の枠内で確保するものの，将来的には消費税を財源にすることも示唆した。

　これまでの国政選挙では，高齢者問題は取り上げられても，子どもの問題が争点となることはなかった。このように，子どもへの社会的支援のあり方が選挙の争点となったのは画期的なことであった（江口隆裕『子ども手当と少子化対策』法律文化社，2011年，105-106頁）。

　雇用不安，年金不信，教育費の負担の重さなどから，出産や育児に明るい展望を描けない子育て世帯にとって，子ども1人当たり月額2万6000円の子ども手当支給は強いインパクトがあった。沖縄県の選挙戦を分析した照屋寛之によると，特に沖縄県のような低所得地域では，景気対策よりも子ども手当のように直接暮らしが良くなる政策の方が，有権者の心を捉えたという。「民主党政権になれば，子ども3人で7万8000円もらえる」という風に考える有権者が多く，人気の政策であった。照屋は，2005年を郵政選挙とするなら，09年は子ども手当選挙であったと述べている（照屋寛之「『子ども手当』という突風―沖縄3区・4区」白鳥浩編著『政権交代選挙の政治学―地方から変わる日本政治』ミネルヴァ書房，2010年，237頁）。

自民党は，郵政選挙以後，3年間で首相が1年ごとに交代するなど政権が安定せず，有権者の不信感が高まっていた。公明党も，子ども手当や環境などの重点分野で，民主党がことごとく公明党の数字を上回る公約を出したこともあり苦戦した（『朝日新聞』2009年11月16日）。そのような中で，民主党は，子ども手当，公立高校の無償化，農業の戸別所得補償，高速道路の無料化などの政策を掲げて有利に選挙戦を進め，総選挙では308議席を獲得して政権交代を実現したのである。

(2) 鳩山内閣の予算編成

　鳩山内閣は，民主・国民新・社民の三党連立で発足した。内閣発足時の支持率は約70％と高く，新政権にかける国民の期待の大きさをうかがわせた。

　民主党のマニフェストに従えば，子ども手当は初年度に2.7兆円，翌年から5.5兆円が必要であり，全額国庫負担を想定していた。しかし，各省庁の概算要求は，シーリングをかけなかったことから，麻生太郎前内閣の88.5兆円を上回る95兆円規模にまで膨れ上がり，子ども手当や高速道路無料化を賄うには財源不足となってしまった。景気低迷により2010年度の税収見通しは前年度の46.1兆円から37.4兆円へと大幅に落ち込み，行政刷新会議による政府の無駄遣いの洗い出しによっても目標の3兆円に程遠い6800億円しか捻出できなかった。一方で，2009年度末の国債・借入金の残高は900兆円超に達した。鳩山首相は，予算編成に際し，新規国債発行額を44兆円に抑えると明言した。このため，民主党内では，財源問題で足踏みして年内の予算編成ができなくなることが政権に打撃となるとの危機感が生まれ，マニフェストの軌道修正を模索することになったのである（『朝日新聞』2009年12月19日）。

　子ども手当に関して焦点となったのは，全額国庫負担とするか，所得制限を設けるか，の2点であった。まず，2009年度の児童手当の支給総額約1兆円の負担割合を見ると，国費が2700億円，地方自治体が5700億円，企業が1800億円であった。財務省は，国庫負担軽減のため，引き続き地方自治体や企業にも負担を求める案を検討した。藤井裕久財務相や長妻昭厚生労働相ら関係4大臣に

よる協議の結果，児童手当の仕組みを維持して，子ども手当の財源の一部に充てることが決まった。廃止予定だった児童手当を温存する手法は，関係者の驚きと反発を招いたものの，こうして初年度に必要な経費約2.3兆円のうち，国庫負担は約1.7兆円に抑えられた。

　所得制限については，鳩山首相がこれを設けないことが基本理念であると明言していた。しかし，財源難に加え，鳩山首相の資金管理団体が首相の母親から毎月1500万円の提供を受けていたことが判明して首相に対する批判が強まると，「世論も所得制限があってしかるべきだとの思いが強いと思う」と発言するなど，方針がぐらつき始めた（『朝日新聞』2009年12月17日）。実際に，国民の多くは普遍的給付をばらまきと感じ，高所得層への給付を快く思っていなかった（前掲論文「『子ども手当』は社会手当か，公的扶助か」20頁）。

　政権交代後初となる予算編成において，鳩山首相はリーダーシップを発揮できなかった。そこで小沢幹事長は，党の要望を政府に伝えるという形で助け舟を出し，マニフェストの修正に乗り出した。所得制限の導入は，ガソリン税などの暫定税率分の維持とともに，党の要望として政府に要請されたのである。

　連立を組む国民新党は，860万円から1000万円程度の所得制限を容認する考えを示し，社民党は所得制限に反対した。鳩山首相は，小沢幹事長との二重権力批判を受けることを考慮し，所得制限を設けないことを決断したものの，支給額が倍増する翌年度以降の財源確保は課題として残った。

(3)　**子ども手当法の成立**

　2010年に入ると，藤井財務相が健康上の理由で辞任し，菅副総理が財務相を兼務することになった。

　通常国会が開幕し，本会議で答弁に立った鳩山首相は，子ども手当が内需拡大と消費刺激を生み，それが景気回復を導くと述べ，ここでもマニフェストとは異なる見解を示した（『第174回国会参議院本会議会議録』第6号，2010年2月3日）。

　子ども手当法案は，2月に衆議院で審議入りした。政府与党は，7月の参院

選の前月から手当を支給するために，法案の年度内成立を目指した。

　法案の内容は，次代の社会を担う子どもの健やかな育ちを支援することを目的とし，2010年度分として中学生までの子ども1人当たり月額1万3000円を，4ヶ月分まとめて養育者に支給するというものである。法案は，11年度からの法律執行に必要な5兆円超の財源のメドがたたず，法案に金額を書き込むことができなかったため，とりあえず1年の時限立法の形で国会に提出された。法案の付則には，「2011年度以降の制度のあり方について検討を加え，その結果に基づいて必要な措置を講ずる」と明記した。

　野田佳彦・峰崎直樹の2人の財務副大臣が，翌年度からの満額支給が難しいと発言していたこともあり，野党からは政府の見通しの甘さを突く質問が相次いだ。公明党は，自公政権での4回の児童手当拡充に民主党がすべて反対したことを指摘した上で，児童手当を存続させるなら拡充に反対したことが誤りだったと説明すべきと迫った。長妻厚労相は，給付内容が十分でなかったから反対したと釈明した（『朝日新聞』2010年2月24日）。

　制度設計の完成度の低さも問題となった。法案は，手当を受給できる親の要件として，日本国内に居住しているか，子どもを監護し生計をともにすることを求めた。しかし，そうすると，親がいないなどの理由で施設に入所している子どもは支給対象外となる。また，親が海外に赴任し，子どもが国内にいる場合も，支給対象外となる。逆に，親が国内にいる海外留学中の子どもや，母国に子どもを残してきた在日外国人は支給対象に含まれたのである。「海外で50人の子どもを養子縁組している場合も人数分支給するのか」との質問に対し，長妻厚労相は「自治体に厳正な審査を求める通知を出す」と述べ，煩雑な作業を自治体の窓口に押しつけた。結局，児童養護施設の子どもには子育て支援基金から月額1万3000円を支給することとし，それ以外の点は先送りされた（『毎日新聞』2010年3月17日，『朝日新聞』2010年3月18日）。

　法案は，与党および公明，共産党の賛成多数で可決され，年度末に成立した。公明党は，児童養護施設の子どもなど支給対象外の子どもへの支援を付則に盛り込むことを条件に賛成に回った。当面の衆院解散・総選挙への警戒から，民

主党に協力したとみられる。大和総研の試算によると，これまで所得制限により児童手当を受け取れなかった年収1000万円の家庭の手取りが最も増えることになり，当初の民主党の方針からは後退した（『朝日新聞』2010年3月27日）。

5．菅内閣と子ども手当

(1) 2010年参院選

　鳩山首相は，米軍普天間基地移設問題で，公約に反して県外移転を事実上断念することになり，これに反発した社民党が連立政権の離脱を決めた。民主党では，相次ぐマニフェスト見直しに加え，鳩山首相の母親からの巨額献金や，小沢幹事長の政治資金団体による土地取引など「政治とカネ」をめぐる問題を抱え，内閣支持率が10％台にまで落ち込んだ。政権運営に行き詰まった鳩山首相は，小沢幹事長とともに参院選直前の6月に党役職を辞任し，内閣は総辞職した。民主党代表選で勝利した菅直人財務相は，小沢元代表と距離を置く「脱小沢」路線の人事を固め，新内閣を発足させた。

　初回分の子ども手当は，6月に1600万人分が支給された。支給窓口となった自治体では，児童手当と異なる事務作業に忙殺された。そのような中で，7月の参院選を前に，長妻厚労相は，財源不足により翌年度からの子ども手当の満額支給を事実上断念する考えを明らかにした。参院選マニフェストでは，現行の月額1万3000円から上積みすると述べるにとどめ，上積み分も地域の実情に応じて「現物サービス」にも代えられるようにするとした。現物サービスの例には，保育所定員増や保育料軽減，給食の無料化などが挙げられた。また，翌年度以降，手当受給に国内居住要件を課し，海外に住む子どもには支給しないとした。

　各党は，参院選マニフェストにおいて，子どもの医療費無料や教育費負担の軽減を掲げた。自民党は，子ども手当支給の早急な停止を訴えた。

　選挙戦では，菅首相が消費税10％を打ち出し，批判を受けると「増税するとは言っていない」と発言したことから，民主党が苦戦し，改選議席を10議席減らす敗北を喫した。非改選と合わせた新勢力は106で，単独過半数に達しなか

った。このため，民主党は「ねじれ国会」の下で，多数派工作に追われることになった。

　世論調査によれば，「民主党に失望している」人が70％に達し，民主党支持層でも51％となった。子ども手当の満額支給断念については，「評価する」人が51％と半数を超えたものの，子育て世代では「評価しない」人が59％と際立って多かった（『読売新聞』2010年7月27日）。

(2)　「つなぎ法」の成立

　民主党は，参院選後間もない9月に，任期満了による代表選を実施した。党所属の国会議員，地方議員および党員・サポーターによる投票の結果，菅首相が小沢元代表を破って再選された。菅首相は，代表選後の人事も「脱小沢」路線を鮮明にした。党内の小沢グループとの確執は，後の政権運営に深刻な影響を及ぼした。

　3月に成立した子ども手当法は，1年間の時限立法であった。新たな子ども手当法が年度内に成立しない場合，自動的に自公政権時代の児童手当に戻り，全世帯で子ども手当より受取額が減ることになる。このため，政府与党は，ねじれ国会の下，野党に低姿勢を見せて法案の成立を目指すことになった。

　財源不足により月額2万6000円の満額支給が再度見送られる中，予算編成の過程では，年少扶養控除の段階的廃止に伴って子ども手当の受給があっても結果的に取り分が減る世帯に対し，支給額を引き上げる案が検討された。具体的には，3歳未満の子どもの分だけ上積みする構想であった。そして，現行の支給額の1万3000円に7000円上乗せして2万円にし，厚労省の予算の一部を削って配分する案がまとまった。民主党は，「小さな子どもを持つ家庭が一般的に若い親が多く，所得が低い」と説明したが，年齢による線引きは，子ども手当の理念に反するものであった。その他に，地方自治体および企業が，支給総額約2兆7000億円のうち約9000億を負担することにして，全額国庫負担という公約も先送りした。

　2011年度予算は，国債費を除いた歳出額を前年度並みの71兆円以下とし，新

規国債の発行額も同様に44兆円以下とすることが閣議決定された。菅首相は、予算関連法案を成立させるために、野党が多数の参院で、公明党の賛成を得て可決することを目論んだ。しかし、公明党は、先の通常国会で子ども手当法に賛成したことで支持者から猛反発を受けたことや、11年4月の統一地方選を控え、民主党と距離を置いた。一方、民主党内では、マニフェストの見直しに反対する小沢グループのうち衆院議員16人が新年度予算案の採決を前に造反の動きを見せ、政権を揺さぶった。社民党の協力が得られず、党内から16人もの造反が起きると、与党は予算関連法案の衆院再可決に必要な3分の2以上の議席を確保できない。菅内閣は、予算案については、2月末に衆議院で通過させ、憲法60条の規定を用いて年度内に成立させた。

　子ども手当法案については、国会成立のメドが立たなかった。国会審議では、社民党が「現実の財政状況で満額支給は当面不可能」と追及すると、菅首相は、マニフェストで手当の金額が2万6000円に引き上げられたことを小沢代表時代に聞いた時、「一瞬ちょっとびっくりした」と答弁して、小沢代表の責任を強調した。

　子ども手当法案は、民主党の目玉政策であったにもかかわらず、財源が固まらず再度1年間の時限立法として提出された。この点について、共産党は、「多くの国民が望んでいるのは、持続可能な、安定して給付が受けられる制度ではないか」と質し、「明確な姿が示されないまま、つなぎ的な法案が何度も出てくるというのでは、国民の理解が得られない」と断じた(『第177回国会衆議院本会議会議録』第5号、2011年2月24日)。

　政府与党は、野党との協議が難航したことから、中学卒業まで一律1万3000円を支給する現行法を半年間延長する「つなぎ法案」を3月下旬に提出することにした。

　その後、3月11日に東日本大震災が発生し、震災対応および復興に巨額の財源が必要となった。

　小宮山洋子厚労副大臣は、つなぎ法案提出について、「4月以降、国民生活や被災地、被災地を支えるために市町村がご苦労頂いている時に混乱を呼ばな

いということで緊急的に提出された」と述べて理解を求めた。社民党は、「子ども手当が誕生したときには初めてこの政治の世界の中で子ども自身が対象となる仕組みができ、大変嬉しく思った」が、今回の法案が「単年度法で出されて、子どもが1年で育つわけではないのにと不安な思いを抱いていたら、今度は6ヶ月というつなぎ」となったことに苦言を呈した（『第177回国会衆議院厚生労働委員会会議録』第6号，2011年3月29日）。「つなぎ法案」は、与党および共産、社民各党などの賛成により、3月末日に成立した。政府は、子ども手当法案で、新年度から3歳未満に限り7000円の増額を盛り込んでいた部分を撤回し、増額分の2100億円を復興財源に回す方針を明らかにした。

(3) 子ども手当法の廃止決定

　菅内閣は、復興財源確保のためマニフェストの見直しを迫られた。子ども手当については、支給月額を1万3000円から1万円程度に減額する案が浮上した。そのような中、通常国会会期末を目前にして野党が衆院に菅内閣不信任案を提出すると、与党の反執行部グループが造反の動きを見せた。不信任案は否決されたものの、菅首相は震災対策に一定のメドがついた段階で退陣すると表明した。しかし、その後も菅首相が国会会期を延長するなどして延命を続けたことに反発が強まり、国会審議は混迷を深めた。

　8月に入り、事態打開を図るべく、民主、自民、公明3党の幹事長が会談し、「三党合意」を取りまとめた。これにより、子ども手当、高速道路無料化、高校無償化、農家の戸別所得補償制度の歳出を見直すことなどが決まった。子ども手当については、これを廃止し、2012年度から自公政権時代の児童手当を拡充して復活させることで合意した。与野党協議の結果、10月以降の支給額は、3歳未満と3歳〜12歳の第3子は1万5000円、3歳〜中学生は1万円となった。また、翌年度以降は、年収960万円程度の所得制限が設けられることになった。

　民主党の岡田幹事長は、2009年衆院選マニフェストの達成状況の検証結果を公表し、約180項目の達成率は一部実施を含めて約56％にとどまったとして、マニフェスト作成時に実現可能性の検討・検証が不十分な部分があったと認め

た（『毎日新聞』2011年8月27日）。子ども手当に関していえば，民主党は，「チルドレン・ファースト」という政策方針を掲げながらも，震災を口実にして，結果的に子育て家庭にしわ寄せを押しつけたといえる（及川綾子「記者有論：子ども手当―理念も誠実さも見えない」『朝日新聞』2011年9月28日）。

6．おわりに

　菅首相退陣後に民主党代表選が行われ，野田佳彦財務相が新代表に就任した。野田代表は民主党政権3人目の首相となり，新内閣を発足させた。そして，菅首相と異なって挙党態勢をとり，民主党の主要政策の見直しに関する「三党合意」についても尊重すると明言した。

　三党の協議の結果，子ども手当に代わる新制度の名称を児童手当に戻し，所得制限世帯には中学生以下の子ども1人当たり月額5000円を支給する児童手当法改正案がまとめられ，12年3月末に可決，成立した。こうして，子ども手当という"壮大な社会実験"（勝間和代「政権選択①少子化対策―まず労働環境」『読売新聞』2009年8月19日）は，混乱と一層の政治不信を招いてひとまず終わった。

　諸外国の児童手当を比較した江口隆裕によると，子ども手当の2万6000円という金額は最高水準である。そして，イギリス，スウェーデン，ドイツ，フランスの4ヶ国の中で，最も手当額が高いドイツ（第1子～3子に約2万1000円）の合計特殊出生率が最も低く，児童手当の有無および水準と出生率に正の相関がみられないという。また，子ども手当のあり方を考えるためには，わが国特有の年功型賃金および企業独自の家族手当との関係にも留意すべきと述べている（前掲書『子ども手当と少子化対策』151頁）。いずれも，子ども手当を考える際に示唆に富む指摘である。

　わが国の社会保障制度は，国民全体を対象とするよりは，職業や会社の規模，婚姻などによって分割されてきた。多くの給付が政府ではなく企業によって与えられ，勤務する企業の規模と勤続年数により年金や医療保険が決まった。同様に，児童手当も，親の所得水準や職業により線引きがなされてきた。

　ジャーナリストのリチャード・カッツは，子ども手当が大きな支持を得られ

なかったことについて,以下のように分析している。すなわち,自民党と癒着した利益集団を中心に社会的給付が行われてきたため,国民は自分の所属する集団には忠誠心を感じるものの,他の集団や世代に対する信頼と連帯感は低下した。そうした社会的連帯感の喪失が,子ども手当の不支持と関係しているというのである(前掲論文『子ども手当論争から日本の病巣が見える』108頁)。

鳩山首相は,第二次世界大戦後のわが国が,経済成長のみを惰性的に国家目標とし,結果として政官財の癒着を招いたことから,自民党政治を変革する必要性が生じたと分析した。その上で,新たな政治的指針として示したのが,友愛の精神であり,「個の自立」と「他との共生」の原理であった。本章の冒頭でみたように,09年の民主党のマニフェストには,官僚任せの政治や利権社会を脱し,国民が横につながりあう社会の形成が掲げられていた。これこそが,民主党の目指す新たな社会像であった(宇野重規「友愛は新しい政治理念となるか」山口二郎編著『民主党政権は何をなすべきか』岩波書店,2010年,129,130頁)。

子ども手当をめぐる議論をみると,社会全体で子どもを育てるという思想は,あまり浸透していないことが分かる。だが,人口減少時代を迎える中,子どもを私的財ではなく公共財と位置づけることは急務なのではなかろうか(『朝日新聞』2009年12月22日)。

第8章 地域主権
―保育所設置「義務付けの見直し」―

根本　俊雄

1. はじめに　「地域主権改革」関連三法案の論点

　2009（平成21）年の秋，自民党から民主党への政権交代が大きな高揚感をもって実現した。民主党はすでにマニフェストの中で地域主権の重要性を説いていた。そこで，鳩山由紀夫内閣は「地域主権改革」の関連三法案を2010（平成22）年3月5日に閣議決定し，同月29日の第174回国会に提出したのである。

　「地域主権改革」関連三法案とは，「地域の自主性及び自立性を高めるための改革の推進を図るための関係法律の整備に関する法律」（この法律は「第一次一括法」と呼ばれているので，以下，「第一次一括法」という），「国と地方の協議の場に関する法律」（「国地方協議の場法」），「地方自治法の一部を改正する法律」（「地方自治法一部改正法」）である。

　その主な論点を列挙すると，次のようになる。

「第一次一括法」
・地域主権改革という用語に係る修正の趣旨
・義務付け，枠付けの見直しの趣旨
・保育所・障害者福祉施設等の基準の条例委任による基準の過度の引き下げのおそれ
・保育所・障害者福祉施設等の基準の見直し後の施行状況，実態把握の必要性について

「国地方協議の場法」
・国と地方の協議の場を法定化する必要性があるか

・国と地方の協議の場で協議の対象となる具体的事項は何か
・国と地方の協議の場において協議が調った事項について，その実効性を担保するものは何か
・「国と地方の協議の場」と「地域主権戦略会議」の役割分担

「地方自治法一部改正法」
・地方議会のあり方
・議員の位置づけやその職責・職務の法制化について
・議員定数の上限撤廃と住民自治
・地方制度調査会の活用について
・大阪都構想について

　関連三法案のうち，「第一次一括法」と「国地方協議の場法」は，鳩山内閣が第174回国会に提出してから1年後の2011（平成23）年4月28日の参議院本会議（第177回国会）において可決・成立した。菅直人内閣のときである。
　鳩山・菅両内閣において取りまとめられたこの関連三法案は，すでに2007（平成19）年4月から2010（平成22）年3月までの，安倍晋三・福田康夫・麻生太郎，そして，鳩山由紀夫各内閣の下で，地方制度調査会と地方分権改革推進委員会が審議を行い，首相宛ての勧告に盛り込んだ改革にほかならなかった（田中聖也「義務付け・枠付けの見直しの到達点（上）―地方分権改革推進委員会第二次・第三次勧告」『地方自治』第765号，35頁）。したがって，民主党政権が唱えた「地域主権改革」は，自民党政権の下で進められてきた「地方分権改革」を引き継ぐものであった。
　ただ，関連三法案を政権交代から1年後に国会で成立させたことによって，民主党が進めてきた地域主権改革は，ここに一つの区切りを迎えたということはいえるであろう。
　そこで本章では，民主党政権の目指した地域主権改革の「成果と課題」について，「第一次一括法」にある「保育所設置基準」に関わる「義務付けの見直

し」を中心に検討することとしたい。

2.「第一次一括法」案の審議内容

「保育所設置基準」の「義務付けの見直し」に関する検討に入るに先立ち，「第一次一括法」案の審議内容について，以下，三点を見ておこう。

その理由は，「第一次一括法」が対象とする法律数は限定的であるにせよ，その成立は地方自治体（以下，自治体）の事務の処理のあり方を質的に変革させる契機となるものであり，日本のこれまでの地方自治制度の歴史において，新しい一歩を踏み出すものと考えられるからである（田中聖也，前掲論文「義務付け・枠付けの見直しの到達点（上）―地方分権改革推進委員会第二次・第三次勧告」『地方自治』第765号，34頁）。まず審議の第一点は，「地域主権改革」関連三法案が，2010（平成22）年3月の第174回国会（常会）に提出された際に，参議院先議及び一括審議の扱いとなった点である。この一括審議となったことについては，参議院総務委員会において野党から質疑があった。

これに対して与党・民主党は，法案の中身には，義務付け・枠付けの見直し，条例制定権の拡大，地域主権戦略会議の法制化，国と地方の協議の場の法制化，議員定数の法定上限撤廃等の地方自治制度の改正，があるが，これらを一括して審議することが，地域主権改革のための法律改正の全体像を理解するうえで望ましい，とした。

審議の第二点は，「第一次一括法」案の最初にあった「地域主権改革という用語に係る修正の趣旨」という案件である。この案件は野党である自民党，公明党，共産党から提出されたものである。その内容は，「地域主権改革」という表現を修正すべきであるというものである。

民主党政権の「地域主権」論は，自民党政権下の地方分権改革推進委員会が示してきた「基礎自治体優先」「地方が主役の国づくり」といった理念と，内容的には連続性をもっていた。そこで「地域主権」の用語は当初，日本国憲法が定める「地方自治の本旨」とともに，「国民主権」の内容を豊かにする方向性を示すものと捉えられた。

ところが，ほどなく道州制論議との関連から，地域主権は，「国民」ではなく，「地域」が「主権」をもつという意味に捉えられかねないため，日本国憲法の基本理念に反するのではないか，との疑念を呼び起こした。内閣法制局は，法案審査に際して，「地域主権」を法律上の用語として認めなかったといわれる（伊藤正次「「地域主権改革」の構造と課題」『地方自治』第765号，5頁）。

　そのため，第174回国会に提出された「地域主権改革の推進を図るための関係法律の整備に関する法律案」では，「地域主権改革」という用語は，法律上の用語としてではなく，民主党政権のいう「地域主権戦略大綱」の定義を踏まえて使用されるにとどまることとなったのである。

　ただ，第174回国会における採決では，野党の提出した修正案は成立しなかった。しかし，2010（平成22）年7月の参議院選挙で与党・民主党が敗北し，衆参両院のねじれが生じた。これを背景に，同年8月の第177回国会では，衆議院総務委員会において「地域主権改革」の表現について，自民党，公明党から再び修正案件として提出された。

　これを受けて立った民主党は，「地域主権」という用語が妥当であるとする理由を二つあげている。

　一つは，従来からの地方分権という言葉のイメージに関わる点である。地方分権という用語は，国から地方へ権限や財源を分け与えるという意味にとられる。そこで今後は，そういうことではなく，地域のことは地域に住む住民が責任をもって決定できるようにするという考え方から地域主権とした，という説明である。

　もう一つは，これから目指すべき地方自治の姿という観点から地域主権という用語が適切であるとした点である。この点については，自治体に対する権限や財源を移譲する団体自治の強化のみならず，地方自治の本旨（憲法第92条）のもう一つの住民自治の強化が必要であるとの認識に立った，ということである。

　民主党政権はこの二つの理由から，「地域主権」という用語が望ましい，と答弁した。

これに対して、野党・自民党は、先述した内閣法制局が「地域主権」を法律上の用語として認めなかったことを前提に、衆議院総務委員会において坂本哲志議員（熊本県第3区選出）から、「地域主権」が「法律上の用語として用いるには、まだ人口に膾炙した用語ではない」「地域主権という未成熟な言葉を法律用語として盛り込むのは妥当ではない」「地方分権とすべきである」とする修正の趣旨発言があった。坂本議員の質疑に対して、片山善博総務相は「住民自治の理念と精神が法律のなかに生かされれば、結構だと考える」と答弁し、「地域主権」という用語でなくてもかまわないとした。

　ただ、片山総務相はこれにつけ加えて、「今回は法律上の用語として地域主権を削除するということ」であるが、「事実上いろんなところで法律にない用語を使うということは一般的にも許容されていると思う」と答弁し、マニフェストのなかで「地域主権」を用いることはなんら問題はないとした。

　この結果、衆議院総務委員会で「地域主権改革」という表現を盛り込んだ第一次一括法案から「地域主権」の用語を削除すること、そして、「地域主権」という表現を「地域の自主性及び自立性を高めるための」と修正することとして、共産党、みんなの党を除く賛成多数で可決された。次いで、衆議院本会議においても、この修正案が共産党を除く賛成多数で可決されたのである（田中聖也、前掲論文、34頁）。

　以上の経緯からわかるように、鳩山内閣の「地域主権改革」は、政権スタートから早くもその基本理念の見直しを余儀なくされることになった。「地方分権」を超えて、よりラディカルに中央集権体制を打破することを目指して提唱された「地域主権」は、日本国憲法が掲げる国民主権との整合性が疑われたことによって、改革を支える基本理念としての正当性が問われることになったのである。

　審議の第三点は、第一次一括法で挙げられた義務付け、枠付けの見直しと保育所、障害者福祉施設の設置基準の見直し、について、「条例委任に伴う基準の過度の引き下げ」に関する疑義である。「義務付け」とは、国が法律、政令、省令といった法令によって自治体の事務執行を縛ることをいう。また、「枠付

け」とは，国が事務執行の執行方法に介入することをいう。国の「義務付け」「枠付け」が残ると，自治体はみずからの地域に必要な条例を制定することがむずかしくなる。

そこですでに，首相の諮問委員会である地方分権改革推進委員会は，第3次勧告（2009（平成21）年10月7日）で「義務付け」「枠付け」を見直し，地域の自主性，自立性を高めるべきだとする答申を，鳩山首相に手交していた。鳩山内閣はこの答申を踏まえて，第一次一括法の中に，「義務付け」「枠付け」の廃止・縮減を盛り込んだのである。その際，「義務付け」「枠付け」の廃止・縮減に伴い，「保育所，障害者福祉施設の基準」が条例委任された場合，基準が過度に引き下げられたり，また，そのために子どもや障害者の福祉が低下することがないようにすべきではないか，との質疑が野党から行われた。

これに対して，民主党政権はこの野党提案に同意したうえで，条例制定の内容を制約する基準・標準もあわせて提案し，これを法定化したのである。この基準・標準とは，本章の第7節で述べる「従うべき基準」，「標準」，「参酌すべき基準」である。

3．社会保障政策と保育

地域主権を公約に掲げてきた民主党政権にとっては，国の出先機関の原則廃止や，国のひも付き補助金を廃止し，地方が自由に使えると銘打った一括交付金化を実現しなければならない，という課題がある。そして，こうした課題とともに重要なのが「保育所」に対する義務付け・枠付けの見直しである。

それでは，第一次一括法が「保育所の設置基準」を取り上げ，この義務付け，枠付けの見直しを進めて，保育所の基準の条例委任による基準の過度の引き下げが行われないように法定化するに至ったのは，どのような理由によるものだったのであろうか。

また，保育所の基準の見直し後の施行状況，実態把握の必要性についても，同様に，法定化するに至ったのはどのような理由によるものだったのであろうか。

これには大きく二つの理由があると考えられる。一つは，社会保障政策のなかの保育＝子育てが，少子化問題に対応する重要な国民的課題になっているという社会的背景である。もう一つは，大都市を中心に続いている待機児童の問題である。このふたつの問題は，密接なつながりを持つ。

　日本では，子育てか，就業か，という二者択一の構造を解消し，家庭と仕事の両立を望む女性が増えているといわれる。男女雇用機会均等法の浸透，育児休業取得による結婚・出産時の離職の減少に見られるように，結婚・出産後も働く女性が増加していることがある。男女共働き世帯が増えたのは，不況に伴う不安定雇用の増大，教育費の高騰，住宅ローンなどが影響しているともいわれる。さらに，少子化による労働力人口がこれからも長期的に減少するため，育児世代の女性の労働力が，経済発展にとって欠かせなくなっているという企業側の事情もある。

　このような社会・経済的事情を背景に，子育てを男女が分かち合うべきことは，国民のおおかたの共通認識になっているといえよう。そして，そのための環境整備の一つとして期待されるのが保育所である。

　ところが，子どもをあずけて働きたい保護者が増えている中で，特に大都市部を中心に待機児童の増加が問題となっている。待機児童とは，国の基準を満たす認可保育所に申し込みながら入れず，順番待ちをしている乳幼児をいう。待機児童の8割を占めているのは0〜2歳まで（3歳未満）の乳幼児である。

　厚生労働省によると，2011（平成23）年4月1日時点の待機児童は全国で2万5,556人となっている。これは，2001（平成13）年に現在の集計方法になって以降では3番目に多く，高い水準になっているという。もっとも，この数は認可保育所に申し込んだものの，入れなかった児童数で，申し込んでも入れないとあきらめてはじめから申し込みをしないままに待機児童になっている数を入れると，全国で約85万人の待機児童がいるといわれる。

　子どもを持つ保護者，とりわけ，働く意思を持つ女性にとって，子どもをあずける保育所がみつからないということは，なにかと不都合なことであろう。そして，このことは「働き主婦」に限ることではない。専業主婦を含む，乳幼

児をもつ保護者にとっても，その多くは夫婦と子どもから成る核家族が多いこんにちでは，いくら児童手当（子ども手当）を受け取っても，いつでも子どもをあずけられる保育所がないということは，なにかと困ったことに相違ない。

　育児にかかわる社会的サポート体制が整っていない状態では，全ての負担は保護者にかかってしまう。子どもを産むことを控えざるをえなくなり，それが少子化につながるという理屈がでてくるのも当然ということになろう。

　ただ，少子化についていえば，その原因を認可保育所の不足にのみ帰することはできない。そこには子どもを産まない，あるいは，産めない事情がある。たとえば，「幼児の保育」の問題を，国と自治体の政策課題として推し進めていくために必要な財政上の措置が必ずしも十分ではないという現実がある。

　この点に関連するのが，ライフワーク・バランスという考え方である。それぞれの世代に必要な財政上の措置をするときには，特定の世代に特に手厚かったり，逆に，手薄になったりすることのないようにバランスをとることが必要になる，という考え方である。しかし，現実の財政措置を見ると，子育て政策への財政措置は，高齢者福祉へのそれと比較すると，19分の1という低い割合にとどまっている。

　社会保障政策といえば，こんにちでは「医療，介護，年金，子育て」が挙げられる。だが，この中では，精神形成のうえで重要な，0〜5歳児までの幼児を対象とした「子育て」が軽視されているということになろう。

　したがって，幼児を安心してあずけることのできる保育所の設置に関わる案件は，自治体だけでなく，国全体の問題として捉えられなければならない課題になっているわけである。

　そこで以上のことを念頭においた上で，本章を読んで下さっている皆様といっしょに次のことを考えてみたいと思う。それは，第一次一括法の論点である「保育所の設置基準」（労働省令）に関して，待機児童を減らすという観点から，保育所を増やすために，保育所設置の認可権を持つ自治体を縛る，国の基準である「義務付け」を廃止・縮減することは，地方分権の趣旨に適うものとして，積極的に進めてもかまわないものか？　という課題である。言いかえれば，待

機児童をなくすために、「第一次一括法」の論点になった保育所の設置基準について、これを廃止・縮減することに伴う問題が生じることはないだろうか？という課題である。

4．保育所における保育

　児童福祉法第24条は市町村に対して、保育に欠ける乳児、幼児又は児童について、保護者から申し込みがあったときに、「保育所において保育」する事務の処理を義務付けている。この事務は自治事務に区分される。この事務の処理の方法・体制に関しては、児童福祉法第45条第1項に基づいて厚生労働大臣が定める「児童福祉施設最低基準」（労働省令）によって保育所の設備の基準が定められている。

　その省令第32条第1号によると、「乳児又は満2歳に満たない幼児を入所させる保育所には、乳児室又はほふく室、医務室、調理室及び便所を設けること」となっている。また、同条第6号には「保育室又は遊戯室の面積は、前号の幼児（乳児又は満2歳に満たない幼児）一人につき、1.98平方メートル以上、屋外遊技場の面積は、前号の幼児一人につき3.3平方メートル以上であること」等と詳細に規定が設けられている。

　以上の一連の規定が「義務付け」である。

　このような「義務付け」に対しては次のような問題点が指摘されている。まず、調理室を設けることとなっていることから、例えば外部の学校給食センターを利用した効率的な食事の提供ができない、といったことがいわれている。また、全国一律の面積基準になっているため、地価の高い大都市部の交通の便のよい場所に保育所を確保することが困難になっているという指摘がある。さらに、保育士の配置基準によって、若者の少ない過疎地では保育士の確保がむずかしく、保育所の設置が困難になっているという意見がある。

　こうした問題指摘を受けて、国において基準の内容を手直しするというのが規制改革や構造改革特区である。ただ、「義務付けの見直し」というからには、これらの基準を国ではなく、自治体がみずからの判断により設定できるように

するという改革が地方分権（地域主権）改革である。

　そこで国が定めた「基準」（労働省令）に縛られた義務付けを廃止・縮減して自治体の判断に委ねれば，例えば，駅前の空き家を保育所に転用することが可能になるであろう。そうなれば，通勤に合わせて子どもをあずけることができるようになる共働きの保護者にとっては，ありがたいということであろう。

　そもそも，子ども1人あたり3.3平方メートル以上の屋外遊技場は必ず要るのか。庭は狭くとも，駅前に保育所があった方が便利ではないのか。駅前の地価の高い大都市と，土地に困らない地方とではおのずと判断はちがうはずである。そうであるならば，国が「3.3平方メートル以上」と義務づけるのではなく，自治体それぞれの判断で基準を決められるようにする，というのが地方分権に適うことになるのではないか。したがって，地域の特性に合わせて，必要な保育所を設置するために，義務付けの廃止・縮減は当然行われるべきではないか。

　このような趣旨に沿った議論として，地方分権改革推進委員会委員長（当時）の丹羽宇一郎（現・在駐中国日本国大使，伊藤忠商事相談役）と前総務相の片山善博氏（慶應大学教授）が対談しているので，その一部を紹介しよう。

片山　「……（地方分権改革推進委員会の）一次勧告（2008（平成20）年12月）のなかで，社会福祉施設の全国一律基準を見直せという提言がありました。あれは非常にわかりやすい提言だと思うんです。というのは，たとえば保育所は，いま子ども一人当たり何平米という基準がありますよね。それを東京も北海道も沖縄も，全部一律の基準で律しているわけです。地価があまりに高い東京でも地方と同じだけの広さを取れ，と。実際その基準を守ろうとしたら，保育所はなかなかつくれない。そのために待機児童がいっぱい出ている。それだったら，多少面積がいままでの基準より小さくても，保育所ができたほうがいいではないかというのが保護者の願いなんです。」

丹羽　「なぜ3.3平米になったかというと，科学的な根拠はなく，赤ちゃんがはいずり回れるのは大体それぐらいの大きさだということで，3.3平

　　　　米にしたらしいのです。」
片山　「それは広いにこしたことはないと思うんですけれども，地域の置かれた環境との兼ね合いで決まるはずです。多少せまくても待機児童を解消してもらったほうがいいというのが，おそらく関係者の願いであり，地域の需要なんです。」
丹羽　「それはそうでしょうね。」
片山　「それを実現できるようにするのが地方分権です，ということだと思うんです。だから私は，これは非常にいいところに目をつけられたなという印象を持っています。……」（「対談・地方分権を国のかたちを変える起爆剤に」『世界』2008年11月号，102頁。）

　以上は，保育所に係る国の最低基準を廃止・縮減して，保育室の面積基準や保育士の配置基準などを自治体の条例に委ねるべきとする考え方である。こうした考え方の背景にあるのが，認可保育所の不足に起因するとみられる待機児童の問題にあることはすでに述べた。
　ところが，保育所設置の認可権は自治体にあるものの，実際には様々な理由をつけて，新たな保育所を認可しない自治体も多い。
　この点については，既存の社会福祉協議会などが運営する保育所に勤務していた関係者が，定年後に社会福祉法人に天下りし，既存の保育所団体の代弁者となって，新たな経営形態の保育所を認可しないよう，政治家に働きかけているという見方が少なくない。
　社会福祉法人が天下りによって利権化しているという見方である。こうしたことを監視するはずの議員や首長も票が欲しいために，利権化に切り込むことができず，そのため，新たな形態の保育所が設けられず，いつまで経っても待機児童がなくならない，という論である。
　要するに，待機児童をなくすためには保育所を増やす必要がある。そのためには保育所に対する義務付けの廃止・縮減が不可欠である，というのが，片山，丹羽氏に代表される「分権論者」の言い分である。

しかし，物事には必ず楯の両面のように長所と短所とがある。

「第一次一括法」において義務付け，枠付けの見直しとともに，主な論点になった項目として，すでに本章の第1節で挙げたのが，「保育所・障害者福祉施設等の基準の条例委任による基準の過度の引き下げのおそれ」や「保育所・障害者福祉施設等の基準の見直し後の施行状況，実態把握の必要性」である。ここで「……引き下げのおそれ」「……実態把握の必要性」という文言に注意しなければならないであろう。そして，この二つの文言が重要なのは，「保育の質」に着目していることである。

面積基準や保育士の配置基準など，保育所の設置基準がこれまで国（労働省令）によって定められ，適用されてきたことには，それだけの理由があるのではないか，という考え方である。

そのような立場に立つ方たちの中から，「保育園を考える親の会」の代表である普光院亜紀の見解を採り上げてみよう。

5．「保育の質」を問う

普光院氏が強調するのは，「保育の質」である。そして，この保育の質との関わりから，保育所設置の基準を考えるという視点である。

「保育の質」は人格形成期の子ども一人ひとりの心身の育ち，世界観の形成，ときには生命をも左右するものとして捉えられる。例えば，アメリカの国立小児保健・人間発達研究所（NICHD）の長期追跡調査に基づく研究報告によると，保育者の配置人数や保育者の専門教育の有無，また，保育ガイドラインを満たした施設と満たしていない施設などの違いが，子どもの言語理解能力や問題行動の少なさなどに影響を及ぼしているという。

また，子どもは遊びや生活の中で主体的に活動することで，身体・感性・想像力・知性などを発達させていくが，そのためには保育環境の安全性，活動に適した広さ，年齢に応じた適正な規模の子ども集団が必要になるという（普光院亜紀「なぜ，保育所についての国基準が必要か」『都市問題』第101巻第6号（2010年6月号），東京市政調査会，92頁）。

保育基準（「児童福祉施設最低基準（労働省令）＝国の基準」）は，こうした「保育の質」の重要な部分を保障するために設けられてきたという側面がある。そこで問題は，義務付けの見直しであるところの，国の基準を廃止・縮減しても「保育の質」が保たれるのか，という点である。

　保育される子どもは，自分のおかれている環境が不快であっても，また発達を阻害されるような状況であっても，みずからそれを改善する術を持ち合わせていない。大人がホテルを利用するときのように「いやだから利用しない」という選択はできないし，窮状を言葉で訴えることも十分にはできない。

　たしかに，分権の時代にあっては保育施策も自治体によって変わるところがあるであろう。地域によって求められる施策は当該の自治体がそれぞれ決定する。それが地方自治であることはそのとおりである。だが，子どもの人権，発達保障という観点から，地域の事情とは関係なく子どもに保障しなくてはならない最低限の基準というものは，専門研究の成果にあらわれているように，存在するであろう（普光院亜紀，前掲論文，93頁）。

　実際，保育の現場にたずさわっている方々からは，「長時間，狭いスペースで大勢と過ごすのは，子どもには大変なストレス」という意見もある。保育所には延長保育を含めて午前7時から午後8時半まで開園し，保育所で10時間以上過ごす子どもも多いといわれる。

　そこで，保育所では，園庭や施設全体を使って遊ばせる工夫をしているが，雨の日などはスペースが小さいため子ども同士のトラブルが多くなるともいう。そして，「1歳児は自我が芽生える一方で，言葉で意思を十分伝えられず，トラブルになりやすい。どこの保育所でも気を使う年齢」「面積基準の引き下げについていえば，子どもの育ちを考えない詰め込みは，保育ではなく，単なる託児」「保育所は命をあずかる施設。ぎゅうぎゅう詰めで目が届かないのは不安」等々の意見も数多く見られる。

　そもそも，子どもに保障しなくてはならない最低基準，すなわち，現行の国の基準（労働省令）は他国と比較してもかなり低く設定されており，それをさらに下げて保育になるのか，との疑問を持つ人も少なくない。

この点については，専修大学大学院で行われた講座での，わたくしの講演内容と関わるところがあるので，その一部を紹介させていただこう。
　専修大学では毎年秋に，社会人向けの大学院公開講座が開催されている。2011（平成23）年度の総合テーマは『民主党政権の課題と展望』であった。わたくしは，「民主党と地域主権の達成」という題をいただいており，これについて話しをさせていただいた（2011（平成23）年10月21日（金）18時30分〜20時（30分の質疑応答を含む）於　専修大学大学院棟3階731室）。
　わたくしの話が一通り終わったところで，聴講下さった方の中で，これまで保育所で勤務し，つい先ごろ退職されたという女性から次のような感想をいただいた（講演はテープに録音されてあり，ここではそれを再生して載せた。一部，略したところがある）。

　「わたくしは今年3月まで都内の保育施設で働いていて，退職した者です。このことについては多少なりとも，自分の考えなり，見てきたこともあります。保育所の問題は非常にむずかしいです。簡単に答えは出ないです。職員の人数は子どもが増えたら増やさないといけないけれど，実際にはそれがなされていないとか，これの小学生版になると，何平米のところに子ども何人とか，なっていないですね。狭いところに子どもをどんどん詰め込んでしまって，待機児童をいかに出さないようにするかという行政のやり方がありまして，われわれ職員は非常に怒っているところで，職員のなかでもそのあたりはいろいろ議論になっていたところです。
　それで，わたくしの記憶に間違いがなければ，幼保一体型を菅首相は推進していくようなことを言っていたように思いますが，この保育所の問題は文部科学省と厚生労働省の分野が分かれているので，それを一体にしなければそこらへんは進まない，と。待機児童の問題も幼保一体型になると，もっといろいろと改善できるのではないか，と思うこともあるのですが，民主党が実際にこれをどこまで推し進めていけるのかな，と思います」。

このご感想に対し、わたくしは次のように述べた。

「幼保一体型（自民党政権では幼保一体型，民主党政権では幼保一体化という）については以前から厚生労働省と文部科学省がいっしょに取り組んできて，モデル事業として認定こども園を各地で開園し，民主党に政権交代してからは，総合子ども園構想をもって，鳩山首相も幼保一体化には積極的な姿勢を示していました。しかし，幼稚園と保育所とは，その設立思想や根拠法，それに職員の資格や給食などについて違いがあり，現在までのところ，幼保一体型は試行錯誤の段階だという見方が多いようです。

なお，保育と保育所のことについて，わたくしには実務上の経験はなく，素人です。ただ，地方分権を考えるうえでの重要な例として，多少ですが，フォローしてきております。わたくしがここで保育所の例を出させていただいたのは，政治家や知事，市長らは地方分権の重要性を言いますが，分権にともなって生じる可能性のある，国の基準の過度の引き下げという危惧について，かれらがどこまで確かな考えを持って分権と言っているのか，という事例として出させていただきました。

問題は，地方分権改革推進委員会の答申に沿って待機児童を減らすということから，保育所設置に係る義務付けを見直す方向にいくとき，子どもの安全や心身の発達という保育の質をどのように守るのか，ということではないかと思います。自治体の条例に委任した場合，条例の基準が国の基準と比較して過度に引き下げられるおそれはないか。わたしたちは十分に留意する必要があるのではないでしょうか」。

いわゆる，分権論者といわれる人たちは，待機児童の解消という保育の量の観点から義務付けの廃止・縮減を主張してきたように思われる。この点については，民主党政権も同様である。確かに，待機児童の解消は重要な課題である。しかし同時に，保育所の保育を考えるうえで大事なことは，保育の質だと思われる。分権論者といわれる人たちは，義務付けの廃止・縮減が引きおこす保育

の質の低下の可能性について，十分に言及していないように思われるのである。

６．保育の安全性をめぐって

　さて，第一次一括法の中で「保育所の設置基準」が「義務付けの見直し」とセットで挙げられたのは，次のような狙いがあったものと思われる。それは，従来，国が法令で全国画一的に定めていた基準の策定を条例委任するために，地域の住民を代表する議会の審議をつうじて，自治体自らの判断と責任とにおいて保育行政を実施する仕組みに近づけようとする狙いである。

　しかしながら，第一次一括法で認可保育所の面積基準の規制が緩和されたことについては，「保育の質」の面から，保護者からだけでなく，自治体からも不安の声が上がっている。

　そうしたなか，厚生労働省は2010（平成22）年４月の時点で，待機児童が100人以上で，同年１月の住宅地の公示地価平均が東京，名古屋，大阪の３大都市圏の平均より高いことを条件に，面積基準の引き下げを認めた。そして，その対象となる35の自治体を2011（平成23）年９月に公表した。35の自治体については，保育室の面積を自治体が独自に決めて良いとしたのである。

　これをうけて2012（平成24）年度から３年間，都市部の一部地域の認可保育所で，国の定める園児１人当たりの保育面積の最低基準が引き下げ可能になる。「都市部の一部地域」とは，東京都特別区（23区），神奈川県の横浜，川崎，藤沢，茅ヶ崎，大和，の各市，埼玉県のさいたま市，川口市，千葉県市川市，京都市，大阪市，兵庫県西宮市である。

　このうち，東京都では引き下げの具体的な運用は都条例で定め，待機児童が多い０～１歳児について，１人当たり面積を「3.3平方メートル以上」から，同「2.5平方メートル以上」に"緩和"できる条例案を策定中という。

　だが，これに対する東京都内のほとんどの区市は，都条例が制定する基準引き下げに否定的といわれる。定員は増やせても「詰め込み保育」による子どもへの悪影響が心配されるというのがその理由である。自治体のなかには，規制緩和の目的が待機児童対策にあることに疑問を投げかける声が少なくない。ま

た，規制緩和が待機児童対策として，効果があるのか，と疑問視する自治体も多い。

そうした自治体を挙げると，「設置基準の緩和は暫定的で根本解決にならない」（中央区），「保育の質を落としてまで待機児童対策をやる必要がない」（文京区），「子どもたちの環境を悪くすることになる」（江東区），「待機児童解消の観点からもおかしい」（世田谷区），「保育環境の維持が大切」（北区），「子ども同士がぶつかったりする危険が増える」（板橋区），「待機児童解消につながらない」（三鷹市），「保育士を増やす人件費など問題が多い」（調布市），「保育環境が悪化し怪我が増える」（東久留米市）などとなっている。

このように見てくると，さきに紹介した対談にある「……基準を守ろうとしたら，保育所はなかなかつくれない。そのために待機児童がいっぱい出ている。それだったら，多少面積がいままでの基準より小さくても，保育所ができたほうがいいではないかというのが保護者の願いなんです」「……地域の置かれた環境との兼ね合いで決まるはずです。多少せまくても待機児童を解消してもらったほうがいいというのが，おそらく関係者の願いであり，地域の需要なんです」（片山善博）という見解には，地域や親の需要に対する配慮はあっても，肝心の子どもへの配慮がどうなっているのか，との疑問がでてくる。

また，「なぜ3.3平米になったかというと，科学的な根拠はなく，赤ちゃんがはいずり回れるのは大体それぐらいの大きさだということで，3.3平米にしたらしいのです」（丹羽宇一郎）という発言に対しても，ほんとうに「科学的な根拠はない」のか，また，「根拠のない状態のままでよいのか」との疑問もでてくるであろう。

これらの点に関しては，関連三法の国会における議論においても野党から，「保育所・障害者福祉施設の基準について，従来，国の法令で定められていた義務付けが，第一次一括法による改正で，自治体の条例により定めることとなる。これにより，居室定員等の基準が過度に引き下げられる条例が制定されるなどして，利用者の権利が後退するおそれがあるのではないか」との質疑があった。

これに対し，片山善博総務相は，「一般論では，水準を下げる自由を付与するということになる。しかし，自治体にその実施をゆだねたら，すべて何か悪い方向に行くと考えるのは，これはやはり一種の偏見ではないか。自治体に自由を与えたら何でも悪いことをするという考え方はぜひやめていただきたい。それから，自治体に判断をゆだねたら考えなしに全部下げてしまう，そういう認識も改めていただきたい」と答弁している。

　野党からは続けて，「保育所の基準の見直し後の施行状況や実態把握をすべきではないか」との質疑が出され，これに対し，片山総務相は「今まで国が一律に決めていたことが，今度は本当に自治体の方で責任をもって決めていただく体制に果たしてなっているのかどうか，妥当な決め方がなされているのかどうか，そういう観点での何らかの検証は必要だろうと思う」と答弁している。

　片山総務相のこの答弁からうかがうことができるのは，一方では，地方議会は適正な判断に基づく条例を制定するだろうという期待感である。しかし他方では，地方議会は妥当な条例を制定できるのか，また，行政は適正な事務を執行をしているか，について，国による検証は必要との考え方に立っていることである。片山総務相も保育の基準（質）が低下する可能性があることに，やはり懸念をもっているのであろう。

　まして，保護者にとってみれば，「一般論では，水準を下げる自由を付与するということになる」と答弁した総務相から，「自治体に判断をゆだねたら考えなしに全部下げてしまう，そういう認識も改めていただきたい」といわれても，保育所を利用するわが子（乳幼児）の権利が後退するのではないか，と心配になるのは当然であろう。

　基準の過度の引き下げが原因で，子どもの発育上に問題が生じたり，あるいは，狭い保育室で事故などが起こるようなことのないようにすることは，自治体だけでなく，国の責任でもある。少子高齢化の中での財政的制約や，子どもに選挙権がないことから子ども施策は後回しになり，大人向けの施策が先行しがちな現状で，最低限の基準が保障されないとなれば，それは大人による子どもの人権侵害の可能性もあるということになろう（普光院亜紀，前掲論文，93頁）。

そこで，規制緩和に伴う条例委任をする際に必要になるのが，条例によって保育の質が低下することを防止するために，自治体の自主性を損なわない範囲で，条例制定の基準を別途，設けることである。このことを次節で見てみよう。

7．条例制定と国の基準

　ひとくちに義務付けというが，その内容は多様である。したがって，義務付けを見直すときには，各府省は，義務付けの個々の内容に応じた措置が必要になる。その際，自治体の自主性を強化し，自らの責任において行政を実施する仕組みをつくる地方分権の視点が重要になることはいうまでもない。

　地方分権の観点から，条例制定はあくまでも自治体が自主性を持って行われるべきである。条例の内容を「直接的に」拘束するような，条例制定の基準を設定することは厳に差し控えられるべきである。

　しかし同時に，義務付けの見直しは，個々の行政にとって，より質の高い実績をもたらすことにつながることでなければならない。

　この点は，非常に重要なところであって，義務付けの見直しによって保育所の設置基準を条例に委任するといっても，条例の内容がなんの拘束も受けないということにはならない。条例はこの意味で，拘束を受ける。「義務付けの見直し」＝「規制の緩和」に際しては，保育の質が低下することを防止するために，条例の内容をどこまで自治体の自主性に委ねるのか，について，ガイドラインが必要になるのである。

　そこで，このガイドラインについて，地方分権改革推進委員会の第三次勧告は，条例制定の基準を，次に見るように，「従うべき基準」型，「標準」型，「参酌すべき基準」型の三つに類型化したのである。

a　従うべき基準

　条例の内容を直接的に拘束する，必ず適合しなければならない基準であり，当該基準に従う範囲内で地域の実情に応じた内容を定める条例は許容されるものの，異なる内容を定めることは許されないもの。

第8章　地域主権　217

b　標準

　法令の「標準」を通常よるべき基準としつつ，合理的な理由がある範囲内で，地域の実情に応じた「標準」と異なる内容を定めることが許容されるもの。

　c　参酌すべき基準

　自治体が十分に参酌した結果としてであれば，地域の実情に応じて，異なる内容を定めることが許容されるもの。

　以上の三つの基準・標準は，条例制定の内容を制約するものであることから，その設定にあっては，真に必要な場合に限定されるべきものとされている。

　保育所の場合，まずa「従うべき基準」については，職員の資格，および，数の面で，保育士等の配置基準が該当する。また，居室面積では，ほふく室3.3m^2以上，という基準が該当する。b「標準」では，これも保育所の居室面積が該当する。c「参酌すべき基準」では，保育所の屋外遊戯場面積が該当する。

　なお，特例として，保育所の「居室面積基準」について，東京都の区域に限っては，待機児童解消までの一時的措置として，上記のb「標準」が該当することとなった（第一次一括法附則第四条）。

　こうして，「人員（保育士）の配置基準」「居室（保育室）面積基準」「人権（子ども）に直結する運営基準」については，地方分権の趣旨に沿う範囲で，国に従うべき基準・標準が適用されることになったわけである。

　ところで，東京都については待機児童を減らすことと，保育の質を下げないことという二つの要請に応えるために，認可保育所とは別に，認証保育所（認可外）が設けられた。

　「認証」とは東京都独自の制度である。これは地価が高く低年齢児の待機児童の多い都市部の事情に合わせ，国の「認可」より多少緩和された保育基準が設定されているものである。A型とB型の2種類があり，A型は0〜5歳児，B型は0〜2歳児を対象としている。A型の規模は20〜120人，B型のそれは6〜29人となっている。またA型は「屋外遊技場（園庭）を設置するか，または近所に公園などの代替場所のあること」が必須であるが，B型は低年齢児

のみのため，特に規定はない。経営主体についてA型はほとんど民間企業，B型は個人，NPO法人となっている。

　この認証保育所は，子どもを認可保育所に入れることができずにいる保護者にとっては，助かることであろう。そこで，保育士の配置などの面で，国の基準をクリアーしなければならない認可保育所よりも，コストのかからない認証保育所を待機児童対策の中心においている市区もあるといわれる。

　ただ，保育の「質」という点になると，やはり保育所ごとに大きな差があるようである。

　例えば保育士のスキルの低いことが指摘されている。保育士同士の声かけなど，チームワークを感じさせる雰囲気が感じられない保育所があると指摘される一方で，幼児たちが視察に来た大人にしゃべりかけてくる，という保育所もある，という具合である。大人にしゃべりかけてくる，というのは，大人への信頼感の有無，保育所で安心して過ごしているか，という点でのだいじなチェックポイントともされる。さらに，園長の経験，人柄によって，保育所のありようも当然，異なってくる。保育士の「人間力」が保育の質を決めているようである。

　このほかには，認証保育所は園庭の少ない小規模な施設が多いと言われる。そして，認可保育所のように保育料が応能負担（所得に応じた負担）ではないため，世帯所得の低い家庭には経済的負担が大きくなる可能性が指摘されている。

　要するに，認証保育所の課題も保育の質にあるといえよう。

8. 省令解釈の問題点

　条例委任による保育所設置基準の過度の引き下げを防止するための基準は前節で見た。しかし，保育の現場からは，国の「児童福祉施設最低基準」（労働省令）のわかりにくさが指摘されている。省令の中に，さまざまな解釈を許してしまう部分があるようなのである。

　『朝日新聞』は，保育所の認可権限を持つ47都道府県と19の政令指定都市に

対しアンケート調査を行った。その調査結果によると，2011（平成23）年9月末の時点で，認可保育所の面積を定めた最低基準が，秋田県，愛知県，奈良県，長崎県，大分県，熊本県，沖縄県，名古屋市，神戸市，岡山市，広島市の11の県・市で満たされていなかったという。愛知県，奈良県，神戸市など8自治体は，1歳児について必要とされる面積の半分の「1.65平方メートル以上」でも認可し，秋田，長崎，熊本の3県は，0歳児は「1.65平方メートル以上」，1歳児は「3.3平方メートル以上」で認可している。この3県は，幼児が動き回れるかどうかではなく，年齢で区切った。

厚生労働省令にある「面積を定めた最低基準」は，「（2歳未満児を入所させる保育所）乳児室，またはほふく室を設けること」「乳児室の面積は一人あたり1.65平方メートル以上，ほふく室の面積は3.3平方メートル以上」である。

ところがアンケート結果によると，この省令についての解釈が自治体によって分かれており，全国で統一されているはずの最低基準にばらつきが出たという。このため，11の県・市で最低基準を満たしていない結果になった。11の自治体以外の自治体はおおむね厚生労働省の解釈どおり，0～1歳児の最低基準を3.3平方メートル以上と定めており，仙台市や浜松市などの10自治体は，厚生労働省基準（省令）に独自に上乗せし，0歳児一人あたり「5平方メートル以上」か「4.95平方メートル以上」にしていた。

このように，自治体によって省令の解釈が違っていたために，自治体によって，最低基準に最大3倍の格差があるという。

厚生労働省の定める最低基準に対して，自治体のこうした解釈の違いがなぜ生じたのであろうか。これについては，自治体側から最低基準を定めた省令の内容にわかりにくいところがある，との「怒り」の声があるという（『朝日新聞』2011年11月9日，27面）。

その一つが，「ほふく（はいはい）室を設けること」とともに「乳児室の面積は一人あたり1.65平方メートル以上，ほふく室の面積は3.3平方メートル以上」としてあるが，一人あたりの最低基準がほふくをする，しないで異なるとは明記されていない，ということが指摘されている。

そのため，自治体からは「いずれ皆，はいはいするようになるのだから，最初から3.3平方メートルと省令に書けばよいのに」との声があるという。
　また，「はいはいの時期をチェックするのが難しい」ということから，年齢で区切った自治体（秋田県）もある。さらに，はいはいする，しないにかかわらず，０～１歳児について「1.65平方メートル」でも認可してきた自治体（名古屋市）もある。省令に，０～１歳児は「乳児室，またはほふく室を設ける」とあるので，「設けるのは乳児室だけでもいい」と解釈してきたからという。
　自治体が省令をそれぞれに解釈するところがあるため，厚生労働省は０～１歳児について「ほふくをする前は一人あたり1.65平方メートル以上，ほふくを始めた時点から同3.3平方メートル以上」との基準を「通知」しているという。
　省令のわかりやすさが求められるといえよう。
　こうした，省令解釈をめぐって困惑する自治体がある一方で，民主党政権は野田佳彦内閣になって「子ども・子育て新システム」を「税と社会保障の一体化」の柱に位置づけ，その法案の成立を目指している。法案の中身は，2015（平成27）年には現在の公立・私立保育所を「総合子ども園」（仮称）に移行させるというものである。
　これは保育の実施責任が国・自治体から，保護者と国とが直接当事者となり契約する制度であるところに大きな特徴がある。いわばこれまで保育の実施を担ってきた自治体の責任が大幅に緩和されることになる（近藤幹生「市場化される子育て・保育」『世界』2012年５月，142頁）。
　この緩和の意味するところは，待機児童を解消するためとして，保育の量的確保を目指すところにある。そのために株式会社等の事業主体が保育界に参入することが予想される。だが，ここでも懸念されるのが規制緩和のもたらす「質の低下」である。
　「面積基準」について見ると，すでに述べてきたように，保育所で０歳児を保育する場合，国の基準（省令）では１人当たりに3.3平方メートルの面積が求められている。ところが，東京都独自の認証保育の場合には１人当たりに2.5平方メートルとなっており，さらに待機児童の多い特例地域（15区９市）では，

2歳未満1人につき2.5平方メートルでもよい,ということが東京都児童福祉審議会で決まった（近藤幹生,前掲論文,149頁）。

　営利を目的とした株式会社の参入を増やすことで,保育の量的拡大ができ,待機児童を減らすことができるということであろう。だが,あずけられている子どもの安全などを含めて「保育の質」への懸念が保護者のあいだにあることを深く考える必要がある。

　さて,ここまで読んで下さった読者の皆様は,第3節でわたくしが提起した課題,「待機児童を減らすという観点から,保育所を増やすために,保育所設置の認可権を持つ自治体を縛る,国の基準である「義務付け」を廃止・縮減することは,地方分権の趣旨に適うものとして,積極的に進めてもかまわないものか？」について,どのようなお考えを持たれたであろうか。

9．分権のリスク

　保育所設置に係る「義務付けの見直し」の問題は,むろん,本章で検討してきたことに尽きるものではない。その一つに,病児保育がある。病児保育はNPOや民間に託され,行政はほとんど関わっていないとされる。そうした病児保育に関しても,幼児の安全を第一に,より手厚い保育体制の整備が求められよう。

　さまざまな課題を抱える保育行政ではあるが,待機児童の解消と子どもの安全という狭間で懸命に模索している自治体も少なくない。例えば,二年連続で待機児童数が全国一だった神奈川県横浜市の待機児童は,2010（平成22）年度より減少した。横浜市は約85億円の予算を投じ,認可保育所を23ヶ所新設するなどして定員を1,712人増やした。また,市が独自に助成する認可外の保育室も増設し,受け入れ人数を600人以上増やしているという。

　神奈川県川崎市も認可保育所の定員を1,230人増やし,都内の世田谷区では区立公園や小学校の校庭などに,既存の認可保育所の「分園」を新規に建設している。さらに江東区ではマンションの空き部屋などを使った認可外保育所を増やし,運営費などを独自に補助しているという（『読売新聞』2011年10月21日,

21面)。

　自治体のこうした試みと努力の積み重ねが，幼児本位の安全な保育に結びついていくことを保護者も現場で保育にたずさわる関係者も願っているに相違ない。

　民主党政権になって，「国民の安全」について議論されることが多くなった。「国民の安全」を確保するということについては，民主党政権の統治力に対して，国民の間に少なからぬ不安があるからであろう。東日本大震災もあって，「安全」が政治・行政に強く求められている。「国民の安全」を確保するためには，まずは身近な地域の安全を図ることから始める必要がある。子どもの安全についても，身近な保育環境の整備が必要である。

　日本社会を活性化させるという観点から，さまざまな領域の規制緩和は必要になるであろう。だが，まずは安全性を念頭におくという観点から，行政事務を個別に検討すると，規制緩和をしてよいものと，すべきではないものとがあることはいうまでもない。特に，人間の安全に関わる事項については規制の必要なことが多々あることを忘れてはならないであろう。

　これまで幼児の安全について見てきたところから明らかなように，規制緩和を伴う地方分権（地域主権）は安全の確保という面から見たとき，決して万能薬ではない。分権が進めば，ただちに安全性や行政の質が向上するわけではない。保育についても，分権が進めば幼児の安全が保障されるというわけではない。地方議会や首長の能力や意欲の如何では，適切な条例が制定されないことも考えられるからである。

　このように，地方分権にはそれなりのリスク（危険）が伴う。場合によっては，自治体行政の質の低下が起こる可能性も覚悟しておく必要がある。分権に伴うマイナス点は，日本ではこれまで軽視されてきたところがある。分権は自治や民主制の必要条件のひとつではある。けれども，分権が直接，ただちに自治や民主制，そして安全性に結びつくわけではない。

　日本では分権が自治や民主制，そして安全性とは別物という点が，十分に理解されてこなかった。分権は良いものということが，自明であるかのように語

られてきているところがある。だが，そのようなことは決してない。分権は国の権限を自治体に移譲することであることは間違いではないが，自治や民主制は自治体に移譲された権限を，住民に軸足を置いた制度に結びつける試みのことなのである。保育所設置にあてはめていえば，分権とは地域住民一人ひとりが，幼児の安全な保育を実現するために必要な条件を決めることなのである。

10. おわりに　分権―融合モデル

そこで，地方分権を進めるなかで，幼児の安全をいかに確保するか，を考えるとき，必要な規制を行う国（中央政府）と，安全で質の高い行政を執行する自治体（地方政府）との役割分担は，どのような関係に立つべきであろうか。この点について，戦後日本の国，都道府県，市区町村の中央―地方関係をモデル化したものに分権―集権と分離―融合の二つを想定したものがある。分権―集権は，地方自治体が，どれだけ区域の住民の意思に従って自らの意思を決定しうるかにかかわる。自治体が自ら意思決定できるようにするのが分権的な考え方で，その反対が集権的である。

もう一つの分離―融合は，その区域内の中央政府の行政機能を誰が担うかの問題にかかわる。中央政府の機能は中央政府が担うべきだとするのが分離型の考え方であり，中央の機能であっても区域内のことであれば自治体がその固有の機能とあわせ分担するというのが融合型の考え方である。

この組み合わせは国によってさまざまである。分権国家を代表するアメリカは分権―分離型を好む。日本では，地域住民の安心，安全にきめ細かく心を配る国民性から考えたとき，分権―融合型に落ち着くのではないかと思われる。そしてその場合，最低限，必要な規制に関わる国の役割もだいじなのだということが理解されるであろう。

民主党政権下で，地方分権（地域主権）は停滞しているという批判が多く見られる。だが，分権それ自体は国の権限を自治体に移譲することであり，それ以上でも以下でもない。権限移譲がなされても，適正な条例制定などの自治がなければ，分権はかえってデメリットをもたらす可能性がある。しかも，いず

れの政治勢力が政権を担っても，分権の成果は一挙に現れるものではない。ここに分権のむずかしさがあるのである。分権が好ましい行政の成果に結びつくためには，現場の方々の人知れぬ地道な努力と労力とを必要とする。分権を叫ぶだけの者のところに，安全な行政は決してもたらされるものではない。このことだけは，肝に命じておく必要がある。

　どの政治勢力が政権を担うにせよ，保育所における保育については，幼児の安全が最優先されなければならないこと，そして，あずけられる幼児にとって，保育所が第二の家庭，心豊かな育ち合いの場になること，このことを実現する，責任ある「地方分権」（地域主権）でなければならないということになるであろう。

〔付記〕

　本章8節で触れた，民主党政権が「税と社会保障の一体化」の柱に位置づけてきた「総合こども園」については，野田内閣が2012（平成24）年6月26日に消費増税関連法案を衆議院で採決することと引き換えに，自民党および公明党の主張を入れて，これを先送りすることになったことは周知の通りである。そして，同日に民主党，自民党，および公明党の三党で提出した「認定こども園」（自民党案）法の改正案を可決した。これにより，自民党は待機児童対策として，幼保の機能を併せもつ幼保一体型の「認定子ども園」を拡充できるとしている。

　しかし，この問題の本質は，「認定子ども園」と「総合子ども園」のどちらをとるか，ということにあるのではない。保育所設置にかかわる「義務付けの見直し」に伴う「子どもの安全」について，民主党にも自民党にも十分な配慮が見られないことが問題なのである。規制緩和さえすれば良い，というこの両党の「地域主権」「地方分権」は，「分権のリスク」に目を向けていない点で，子どもの身に立った保育政策とはいえないとの批判をまぬがれないであろう。

第三部

民主党と外交・安全保障

第9章　野田佳彦首相の「対米認識」

末次　俊之

1．はじめに―問題の所在

　民主党の野田佳彦代表は，2011年8月30日，衆参両院本会議において第95代内閣総理大臣に指名された。9月2日に発足した野田内閣は，3月11日に発生した東日本大震災の復興，税と社会保障の一体改革をめざして「消費税増税」を公約に掲げ，民主党代表選挙演説や首相就任演説で自らを「どじょう」にたとえたように，野田首相は，民主党における党内融和を求め，首相が掲げる諸政策への党内での支持の結束を図るため，「低姿勢」で「慎重」な態度でもって政権運営をスタートさせた。

　その一方で，野田首相は，2009年9月の「政権交代」後，内閣を担当した民主党政権の下で混乱した日米関係の修復を迅速に行い，日本外交の信頼を取り戻そうと試みた。すなわち，野田首相は，「日米同盟を基軸とする」日本外交を強調しながら，日米間の懸案事項に対処する際に，米国大統領バラク・オバマからの要求を，時には異議を申し立てながらも，可能な限り実現することを試みた。民主党政権下で初の公式訪問であり，3度目となった2012年4月30日の日米首脳会談では，野田首相はオバマ大統領とその親密度を最大限にアピールするにいたった。

　それでは，対米関係の重視を基軸とする外交アプローチを採る野田首相の対米認識は，どのように形成されるにいたったのか。また，野田首相の外交政策，なかでも対米認識はどのような内容であり，野田首相がイメージする「日米関係のあり方」がどのような枠組みから構成されているのか。しかも，それらはどこに源を発するのかを，本章では考察していく。具体的には，野田佳彦の生

い立ちから，松下政経塾時代，日本新党所属の衆議院議員，1996年の衆議院議員選挙で落選し，3年7ヶ月の間過ごした浪人時代，および民主党所属の衆議院議員時代における政治的経歴を通じての発言・行動を検討し，野田首相の対米認識の形成過程を分析する。多様な政治経歴の中で形成された野田の対米認識が，果たして首相就任後の対外政策にどのように影響を与えているのかをさぐる。その上で，日米関係の修復を果たしたのちの日本外交が直面する課題を考える（なお，「認識」とは一般に，主体あるいは主観が対象を明確に把握することをさす。それは，知識とほぼ同義であるが，ただ，知識が主に認識によって得られた「成果」を意味することに対して，認識は成果のみならず，対象を把握する「作用」の両方を含む概念である。野田佳彦という主体が対象を明確に把握し，米国を認識した上で，野田首相の対米観がつちかわれたと思われる。本章は，認識という概念から接近して，野田首相の対米外交の本質を探る試みでもある）。

2．野田佳彦の経歴と「対米認識」

(1) 野田佳彦の経歴

　野田佳彦は，1957（昭和37）年5月20日，千葉県の船橋市に生まれた。野田が政治を意識したのは，1960年10月に生じた当時社会党委員長の浅沼稲次郎の暗殺と，1963年11月および1968年6月に生じた米国大統領ジョン・ケネディおよび元司法長官ロバート・ケネディ兄弟の暗殺であった。これらの政治をめぐる暗殺事件の報道に接して，子供ながらも「政治は命がけ」という意識が心に刻まれたという。特に，ロバート・ケネディについては，「ロバート・ケネディ暗殺が小学校4，5年だった。塾の帰りに聞いたんです。ロバートの正義感の強さはお兄さん以上でしょうね。マフィアとの対決，すごい人だなあと。ロバートについての本も読んだ。大統領になったらどんな国になるのかなと」熱心に語っている（早野透「政治家の本棚　野田佳彦氏」『一冊の本』2005年5月号，82頁，『日本経済新聞』2011年8月30日，4面。野田佳彦の経歴については，早野透「政治家の本棚　野田佳彦氏」『一冊の本』2005年5月号，80-84頁，清水隆雄「野田

佳彦首相」藤本一美編『現代日本宰相論—1996年～2011年』龍溪書舎，2012年，313-355頁，出井康博『松下政経塾とは何か』新潮社，2004年，大下英治『したたかな「どじょう」—野田佳彦研究』青志社，2011年を参照した）。

　佳彦の父親は，陸上自衛隊習志野駐屯地に所属した自衛官である。佳彦の「安全保障観」を形成したのは，父が陸上自衛隊空挺団に所属していた背景があったといえる。というのも，父親は空挺部隊の管理業務を主に担当する業務隊員であったものの，佳彦は日々，厳しい訓練に明け暮れる隊員たちの姿を目にしていたからだ。野田は，「私は幼いころから厳しい訓練を受けている若い隊員の姿を，いつも見ていました。（中略）出番はないとはいえ，有事に備えて厳しい訓練をしている精鋭たちの姿を間近に見てきたことは，私の安全保障観を支えており，原体験だと思います」と述べている（野田佳彦『民主の敵—政権交代に大義あり』新潮新書，2009年，130-131頁）。実際に，首相就任後の2012年4月30日，米国訪問中のワシントンD.C.で開催されたヒラリー・クリントン米国務長官主催の夕食会で，自衛官の息子として自らの生い立ちを引き合いに出し，日米同盟の重要性を強調している（『朝日新聞』2012年4月30日〔夕〕，2面）。

　佳彦は，1976年3月，千葉県立船橋高校を卒業，同年4月，早稲田大学政治経済学部政治学科に入学する。在学中は，立花隆の「田中金脈」のレポートに影響を受けてジャーナリストを目指し，さまざまな政治家を輩出した「早稲田大学雄弁会」ではなく，「ロッキード事件」の発覚に伴って自由民主党から離党した河野洋平らが立ち上げた「新自由クラブ」を支援する「新自由主義研究会」に入会し，1977年に実施された第九回参議院議員選挙の選挙応援などを行った。

(2) 松下政経塾時代

　大学の卒業年次に入り，新聞社やテレビ局などへの就職活動を行う中で，佳彦は1979年，松下電器産業の創業者である松下幸之助が設立した松下政経塾の募集要項に応募して合格し，その第一期生となった。松下政経塾を設立した松

下幸之助は，当時，金権政治や政治腐敗を引き起こしていた自由民主党に代わる保守政党を創設し，二つの保守政党の間での政権交代を実現するため，松下政経塾を「政治家養成塾」と位置づけていた（前掲書『松下政経塾とは何か』185頁）。政経塾の中での野田は，人前で積極的に発言したり，全体をリードするのではなく，一歩引いて落ち着いて物事を捉えるタイプであった。同じ一期生で，自民党衆議院議員の逢沢一郎は当時の野田をどちらかというとおとなしいタイプであったと評している（前掲書『したたかな「どじょう」』128頁）。国政における金権政治と同様に，地元千葉県の「金権政治」にも憤慨し，政治を志した野田は「俺の地元，船橋市は『金権千葉』といわれる地域のど真ん中。その風土を変えたい。国民一人一人の声がちゃんと聞ける，世襲ではない政治家でありたい」と熱心に同期たちに語った（同上，129頁）。のちに野田がしばしば言及することから示されるように，松下幸之助への敬愛の念は並大抵のものではなかった。というのも，野田たち第一期生は，それ以降の後輩たちとは違い，90歳近くであった幸之助自身とじかに相対して議論を交わすなど，密接な関係を結ぶことができたからである（同上，130-131頁）。松下幸之助の下で長く秘書を務め，野田佳彦が入塾する際の面接官でもあった参議院議員の江口克彦は，政経塾発足後31年目で総理大臣を輩出したことに一定の評価を与えるものの，野田を含めて政経塾出身の政治家たちを強く批判している。とくに野田について，「（中略）単なる大臣であれば，言い訳もできる。しかし，首相ともなれば，その言動は，そのまま首相の人間観，政治哲学，国家観に裏打ちされていなければならない。松下政経塾で松下幸之助に教えられ，叩き込まれたそれらの理念が，一本の棒のごとく，明確に貫かれているかどうか」と疑問を呈し，さらに「増税」を掲げる野田に対して，「松下哲学の物差しから大きく逸脱しているばかりか，その人間観，政治観，国民観から，とても松下政経塾『出身』と名乗る資格はない」と強い不満を述べている（江口克彦「松下幸之助を忘れた松下政経塾」『正論』2011年11月号，68-75頁）。

　ここで注意しなければならないのは，松下政経塾の中での野田自身の対外観については，かならずしも明瞭ではないことである。後に野田とともに「志士

の会」(後述)を結成する山田宏(二期)と,同じく後に合流する民主党内で外交政策通として知られる前原誠司(八期)が,共に京都大学法学部の保守,現実主義で知られた国際政治学者の高坂正堯のゼミ出身者であり,特に前原は外交政策に強い関心を示していたのとは対照的に,政経塾内での野田の対外観をうかがう資料,証言などはほとんど見当たらない。これは,松下幸之助が1985年に新たな保守系新党の結成のために提示した新党の方針10項目の中の最後の項目に示されている「国際社会への真の寄与貢献」の内容が抽象的な概念を提示しているのみであり,野田自身が外交や安全保障について関心の度合いが低かった,といえる(前掲論文「野田佳彦首相」344頁)。

3. 衆議院議員時代の「対米認識」

(1) 「志士の会」の結成

野田は,松下政経塾を卒塾後,タウン誌の営業,都市ガスの点検などのさまざまなアルバイトをしながら,1986年には船橋市内の鉄道の駅前で「駅立ち」演説を開始し,1987年4月に実施された千葉県議会選挙に無所属で立候補し,初当選を果たした。県議会議員を二期務めた後,1993年7月に実施された第40回衆議院議員選挙において,元熊本県知事の細川護熙が立ち上げた日本新党の候補者として出馬し,旧千葉一区で初当選を果たした。日本新党の解党後は新進党に参加し,1996年10月に小選挙区制への移行後初となる第41回衆議院議員選挙に新進党候補として出馬したものの,105票差で落選,その後約3年7か月の浪人生活を送ることになる。

1997年12月に新進党が解党され,自由党,フロムファイブ,国民の声などに分裂するなかで,1998年に入り,松下政経塾出身者が中心となって「志士の会」が結成され,野田はその代表幹事に就任した。「志士の会」は,金権体質を持つ自民党に代わる保守系新党の結成を目的とし,野田佳彦,山田宏,長浜博行,中田宏たち松下政経塾出身者と,塾以外から河村たかしたちが加わった総勢10数名が参集した(前掲書『松下政経塾とは何か』120-124頁)。この「志士の会」は,政党としての活動としては数カ月で頓挫し,その後,野田自身は

1996年に結党された旧「民主党」に合流する。「志士の会」が作成した政策冊子である「日本プライド構想」には，後の野田佳彦が示す政治的主張の原点となった項目が見て取れる。そこで以下において「日本プライド構想」の内容を紹介する（前掲書『したたかな「どじょう」』188-194頁，前掲書『松下政経塾とは何か』118-124頁，本澤二郎「松下政経塾の知られざる実像」『月刊社会民主』2005年11月号，7-8頁）。

同構想の最初にある「志士の会趣意書」には，「『いま一度日本を洗濯致し申し候』。これが私たちの志である。ここに，名もなく，地位もないが，ただひたすらに日本再生のため，『21世紀維新』に身命を捧げようという改革者の結集体として，『志士の会』を結成する」とある。「いま一度日本を洗濯致し申し候」の一文は，幕末の志士である坂本龍馬が姉に書き送った手紙の中の一文であり，歴史小説を好む野田自身が書き加えたという。この趣意書について，ノンフィクション作家の出井康博は，「どこか自己陶酔を感じさせる文章で，まるで『大河ドラマ』のセリフのような響きがある。（中略）彼ら新党派には，幸之助が探し求めた『坂本龍馬』とは自分たちのことだ，という強い自負があったのかもしれない」と分析している（前掲書『松下政経塾とは何か』122頁）。

次に，「日本を救う11の政策」として，

第一策　首相公選制　日本のトップリーダーは，国民の手で選ぶ。
第二策　個人情報保護　自由社会の脅威となる「国民総番号制」の廃止。
第三策　地域主権　道州制の導入で，国民生活の「質」を百花繚乱に。
第四策　外交・安全保障　自国の安全に責任を持ち，国際平和に貢献。
第五策　行政改革　独占分野を開放し，新規事業の参入を拡充。
第六策　司法改革　司法を強化して，公正な社会に。
第七策　税財政改革　国民に富を残す，意欲のわく税制に転換。
第八策　経済政策　サプライサイド政策で，経済成長を持続させる。
第九策　社会保障　自主努力を「主」とする社会保障制度。
第十策　教育改革　自由化によって，独創的な子供を育てる。
第十一策　環境保全　環境税制改革とクリーン・エネルギーの積極的導入。

を掲げた。

　外交・安全保障政策については，日米安全保障条約の重要性を説き，「日米安保に冷淡であったり，危機管理に無頓着な人がいるのは政治家の怠慢が原因」などと主張している。さらに，「中国の海洋調査船や海軍艦艇による日本側排他的経済水域への度重なる立ち入りに，なぜ巨額のODAを供与するのか」，「東京裁判において戦勝国に一方的に好戦的，邪悪な国家として裁かれた」ことを述べ，これに加えて，「PKO（国連平和維持活動），武力を伴うPKF（国連平和維持軍）活動を積極的に」，自衛隊の位置づけを見直すことを含めた改憲，を掲げている。以上の構想の核となったのは，地方分権，小さな政府，改憲という政経塾出身者に共通する原則であり，野田が後に合流する社会民主主義的な民主党よりも，自民党により近い政策であるといえる（前掲論文「野田佳彦首相」331頁）。

(2)　民主党衆議院議員時代

　すでに述べたように，野田は「志士の会」を結成して代表幹事に就任するものの，政党としての活動が頓挫した後，鳩山由紀夫と菅直人に誘われ，分裂した野党を1998年に吸収した民主党に合流した。2000年6月の第42回衆議院議員選挙では民主党候補として千葉四区から出馬して当選し，国政に復帰する（この選挙で野田が掲げたスローガンが「ニッポンまる洗い」であった。これは，「日本プライド構想」の「いま一度日本を洗濯致し申し候」の一文から野田が編み出したものであった。また，野田は8項目からなる自身の選挙公約を新「船中八策」と呼んだのである）。同年には民主党の総務局長，翌年の2001年には民主党の「次の内閣」で行政改革・規制改革担当大臣に就任し，2002年12月には民主党国会対策委員長，2004年には「次の内閣」の財務大臣に就任した。

　2005年9月の第44回衆議院議員選挙において，民主党は大敗を喫し，その責任を取って岡田克也代表が辞任，野田と同じ政経塾出身の前原誠司が代表に就いた。野田は再度国会対策委員長に就任した。しかしながら，いわゆる「偽メール」問題で責任を取り国会対策委員長を辞任する。その後，野田は2007年8

月に民主党広報委員長に就任した。

　民主党の下でさまざまな要職を経験していく中で，野田は，自ら民主党代表選挙にも名乗りをあげた。国政に復帰して2年あまりの2002年9月，鳩山由紀夫と菅直人が立候補を表明していた代表選挙に若手の候補者として擁立されたものの，しかし敗北を喫した。この代表選挙の過程で，野田は，自らの政治信条とともに外交・安全保障政策を披露している。野田と同じく若手候補の一人として名乗りをあげ，松下政経塾出身者（八期）でもあった前原誠司との対談で，前原が日米安保について「冷戦後はアジア太平洋地域の不安定材料への道具として日米安保を使っていくと再定義すべきだ。沖縄の米海兵隊も他地域に移動すべきだ。日本は自分で守れる形にしなければならない」と具体的な主張をした。一方，野田は「日米は単なる協調路線ではいけないが，日米関係が日本を守る意味で非常に役立ってきたことは確かだ。妙な嫌米反米の動きに私はくみしない」と戦後の日米関係に一定の評価を与えるが，しかし，より具体的な政策には触れていない。また，同時期に行われたインタビューの中で，野田は，日米中の関係のあり方について以下のように述べている。すわなち，「日米中の関係は，今は日米間の線が最も太いが，将来は日米，日中を同じ太さにすべきで，それが三国関係を良くする。米中だけ太くなるのは最悪」である，と。この点について，2009年9月に鳩山由紀夫が政権に就き「東アジア共同体」構想を掲げると同時に，日米同盟の「対等性」を求める方針を掲げる中，日米同盟の偏重を疑問視する小沢一郎衆議院議員が中国訪問中に中国高官に述べたとされる，いわゆる「日米中正三角形」外交論と趣旨の重なる発言をしていたことは，注目に値する（『読売新聞』2002年9月1日，東京版，4面，『読売新聞』2002年9月14日，東京版，4面）。

　これに加えて重要なのは，外交・安全保障をめぐる与野党間の政策に対する野田の見解である。代表選挙の中で，インタビューに答えた野田は，政権交代に向けた民主党のあるべき姿について以下のように述べている。すなわち，「自民党との違いをどう出すかということですね。外交安保は明確な対立軸にすべきではないと思ってます。与野党が外交安保で大きな対立軸になっているよう

な国は，国際社会からは認められないだろうし，政権をとりにいく現実感はでてこない」と主張している（野田佳彦・池野敦志「次の選挙で政権を取れる党に」『道新Today』2002年10月号，52頁）。実際に，2008年11月，松下政経塾政経研究所が設置する「日米次世代会議プロジェクト」の報告書として出された『日米同盟試練の時―「広範でバランスの取れた同盟」への進化が急務』には，プロジェクト委員として（当時）杉並区長の山田宏，民主党の前原誠司衆議院議員らに加えて，「報告賛同者」として野田佳彦，（同）神奈川県知事の松沢成文，（同）横浜市長の中田宏とともに，自民党衆議院議員の逢沢一郎，小野寺五典が名前を連ねていた（財団法人松下政経塾・政経研究所編『日米同盟試練の時―「広範でバランスの取れた同盟」への進化が急務』2008年11月，http://www.mskj.or.jp/ronbun/sympoteigen3-1.pdf.〔2012年5月2日閲覧〕）。報告書の特徴として，世界情勢における中国の台頭と脅威を強調し，その抑止のために日米同盟を強化することを主張する点が挙げられる（同上，10頁）。また，アジア諸国のナショナリズムの台頭について，靖国や「従軍慰安婦」問題での米国からの批判を「誤解や認識不足」に基づくものが多く，反米勢力を勢いづかせる（同上，12頁），日米同盟の将来を「太平洋共同体の形成」に置く（同上，14頁），安保条約の改定による対等軍事同盟の条約化（同上，17-18頁），集団的自衛権の容認と9条改憲（同上，15頁）を主張している。なお，アジア諸国の共同経済圏を目指す「東アジア共同体」は，中国による米国排除の意図に基づくものとして否定している（同上，11，13-14頁）。政治学者の渡辺治は，報告の内容が，「民主党の安保政策よりはるかにタカ派的で，どちらかといえば，自民党政権の安保政策に近いものであ」り，松下政経塾出身の政治家たちが民主・自民二大保守政党の間での超党派の人的交流をつうじた橋渡しの役割を果たしており，民主・自民の間の政策の共同，あるいは保守政党としての共通の心情，連帯感の醸成を試みている，と分析している（渡辺治「構造改革へと回帰する保守内閣」『週刊金曜日』2011年9月30日号，17頁）。

2006年4月に行われたインタビューでは，野田は自身の保守的な政治思想を積極的に開陳すると同時に，米国に対する見解も述べている。すなわち，「戦

争犯罪人というのは普通，交戦法規に違反をした場合です。それは戦勝国にも戦敗国にもあるわけです。戦勝国にも裁かれるべき罪がある。むしろ戦勝国が裁かれなかったゆえに，イラクにおける米軍や英軍による捕虜の虐待や，その前のベトナムのソンミ村の虐殺につながっている。戦勝国を公正に裁かない戦争裁判が認められたことが，その後の60年に禍根を残したと思っています」，と。野田は，日米関係の重要性を指摘しつつも，「非人道的な殺戮行為，広島，長崎の原子爆弾や東京大空襲は，明らかに『人道に対する罪』『平和に対する罪』だと思います。そういうことにまったく口をつぐんだまま，日米関係は大事だから何もいわなくなったというのが，あの安保騒動のころからの日本だと思う。その後の物申せない日本にしたのは，保守政治の怠慢であり，堕落」だと，戦後日本の保守政治の対米姿勢を強く批判し，自民党に代わる民主党への政権交代を主張した（野田佳彦他・中静敬一郎「保守政治は再生するか—溶けだした日本を救う若手議員を連続インタビュー」『Voice』2006年4月号，160-163頁）。

2009年8月に第45回衆議院議員選挙が行われる直前の7月，野田は政権交代の必要性を強く主張し，政権交代後のビジョンをまとめた『民主の敵—政権交代に大義あり』を刊行した。その中の「『自衛官の倅』の外交・安全保障論」では，野田の外交に対する見解がつづられている。野田の外交に対する基本認識は「大事なのは，国家として何をめざすのか。目的を明確にした上で，しっかりと戦略を立てることである。外務省というひとつの役所に任せきりにしておけるレベルの話ではない」（前掲書『民主の敵』123頁。「主張する外交」については，野田は，米国だけでなく，中国に対しても同様の姿勢で臨むことを強く主張している）。

一方日米同盟については，野田は，「戦後の日本の外交を考えたとき，日米同盟というのは間違いなく基軸でした。単に日本だけの安全保障に貢献したのではなく，日米関係というのは，東アジアの平和と安定にとって，ある種，公共的な存在だったと思っています」と述べている（同上，119頁）。この中で野田は，戦前に日本が結んでいた日英同盟に言及し，同盟の存在が日露戦争勝利の一つの要因であったものの，その同盟の解消後，日本外交の漂流が始まった

と主張し、今現在、米国との同盟を解消する積極的理由はなく、日米同盟の変容を認識しながら、「きちんと評価した上で、むしろ進化させていくべきだというのが、私の基本的立場です」(同上、120頁)。要するに、日米関係を基軸としながら、他国、特に新興国との経済外交を行う「バランス」をとり、いかにして自立した戦略的外交を展開していくかが、21世紀の外交・安全保障の課題となっていくはずだ、と述べている。

しかしながら、一方で、同著書の中で、野田は、米国が人権あるいは民主主義などの自国の価値観を普遍化しようとして、「他国にちょっかいを出す」と批判する。すなわち、「成熟した先進国であるアメリカは、自らの価値観を一方的に押しつけるのではなく、多様性の容認という価値観を持つべきだと思います」。中東での米国の介入政策については、「アメリカの寛容性の欠如の象徴だと思うわけです」と。「アメリカは単純な枠組みで敵か味方かを分けがちになるので、そこには安易に乗らないほうがいいと思います」。その上で、野田は、日本が中東と「お互いいいところを認めながらお付き合いしてきた経緯がある」とし、中東におけるアメリカの外交手段と日本のそれとの違いを指摘している。これに続いて、日本の「主張する外交」を強く主張する。すなわち、米国の北朝鮮テロ支援国家解除について、「日本を無視して解除に踏み切った」。日本の安全保障上、朝鮮半島の状況への対応が一番重要であると考えるならば、「アメリカだからといって遠慮せずに、どんどん言わなければだめです」。「日米は、軍事や経済だけでなく、あらゆる分野で相互依存の関係にあるわけです。『それだけは困る』『それはやらないでほしい』ということすら言えないのであれば、日本に外交なんて存在しないに等しいと言われても仕方ありません」と(同上、122頁)。

なお、自衛隊についての野田の主張は、国際的な枠組みの中で自衛隊をどう活かすかを議論すべきであり、外国から見る自衛隊は実力と規模を備えた「日本軍」であり、「暴走する可能性をどうすれば抑止することができるのか、あらゆるルールをつくろうではないか」と指摘する。そして憲法における自衛隊の位置づけを明確にし、これまでの自衛隊の海外での活動に対する高い評価に

かんがみ，自衛隊派遣の際の「恒久法の制定」を主張する集団的自衛権の行使については，「原則としては，やはり認めるべきだと思う。認めたうえで，乱用されないように，歯止めをかける手段をどのように用意しておくべきかという議論が大切になっていく」と述べ，自衛隊の海外派遣に積極的な姿勢を示している（同上，133-139頁）。

4．首相就任後の「対米認識」と初の米国訪問

　周知のように，2009年8月に実施された第45回衆議院議員選挙において，民主党は308議席を獲得して第一党になり，119議席と惨敗した自民党を与党の座から引きずりおとし，念願の「政権交代」を実現させた。野田自身も千葉四区で当選を果たした。同年9月に発足した鳩山由紀夫内閣において，野田は藤井裕久財務大臣の下で財務副大臣に，2010年6月に発足した菅直人内閣では財務大臣に就任した。2011年8月，民主党代表選挙で党代表に選出され，同年9月，衆参両院本会議において内閣総理大臣に指名される。

　しかしながら，「政権交代」後の民主党政権下での外交・防衛政策には多くの稚拙さが目立った。すなわち，鳩山内閣では，日米関係の「対等性」，「東アジア共同体」構想を提示し，それまでの「対米追従」外交からの決別を図ったものの，しかし在沖縄米軍普天間飛行場移設をめぐって迷走し，日米関係の混乱を招いた。鳩山首相の辞任後に発足した菅直人内閣では，アジア近隣諸国との関係が緊張するなか，環太平洋経済連携協定（TPP）をはじめとして経済連携強化の取り組みを目ざした。だが東日本大震災への対応によりTPP交渉参加の結論を先送りし，それに加えて，自身の退陣の言及から総辞職までの3ヶ月もの間，「外交の空白」に陥ったとされている（藤本一美「鳩山由紀夫首相」藤本一美編『現代日本宰相論―1996年～2011年の日本政治』龍溪書舎，2012年，271-278頁，岩切博人「菅直人首相」同上，301-304頁）。

(1) **所信表明演説**

　このような状況の中で，日本外交の立て直しを期待された野田首相は，2011

年9月2日の就任記者会見の冒頭で，外交の基本戦略について以下のように述べた。すなわち，「新興国が台頭し，世界は多極化しています。(中略)時代の求めにこたえる確かな外交，安全保障政策を進めなければなりません。その際に軸となるのは，私はやはり日米関係であると思いますし，その深化・発展を遂げていかなければならないと考えています」と(『朝日新聞』2011年9月3日，4面)。第178回臨時国会で行われた初の所信表明演説においても，「日米同盟は，わが国の外交・安全保障の基軸であり，アジア太平洋地域のみならず，世界の安定と繁栄のための公共財であることに変わりはありません。半世紀を超える長きにわたり深められてきた日米同盟関係は，大震災での『トモダチ作戦』を始め，改めてその意義を確認することができました。首脳同士の信頼関係を早期に構築し，安全保障，経済，文化，人材交流を中心に，さまざまなレベルでの協力を強化し，21世紀にふさわしい同盟関係に深化・発展させていきます」(傍点著者)と述べ，日米基軸の方針を明確に示したのである。野田首相は内閣を発足するにあたり，外務大臣に松下政経塾出身の玄葉光一郎国家戦略担当大臣，防衛大臣には一川保夫参議院政審会長を任命，さらに首相補佐官の一人に長島昭久元防衛政務官を起用した(『朝日新聞』2011年9月14日，5面。作家で評論家の佐藤優は，野田政権で外務大臣に外交経験のない玄葉光一郎を任命したこと，首相補佐官の一人に「アメリカのジャパンハンドラー」と関係の深い長島昭久衆議院議員〔元防衛政務官〕を起用したことについて，外交経験が少ない野田新首相が，外務省を経由せずに，首相自身とワシントンを直接結ぶチャンネルを作ろうとしていると分析している〔佐藤優「野田新政権の外交戦略を問う」『金融財政事情』2011年9月12日号，60-61頁〕)。

　9月中旬に行われた参議院本会議において，野党側から，民主党政権2年間の外交の総括を問われた野田首相は，世界情勢の大きな変化の中で，政権交代後，日米同盟の進化や近隣諸国との関係強化などさまざまな外交課題に取り組んできたものの，その過程では「率直に申し上げて，個々の問題の複雑さゆえに全てが順調に進んだわけではない。例えば普天間飛行場の移設問題では，沖縄の皆様に大変な御迷惑をおかけし，深くお詫びしなければならないと認識し

ている」と述べ，民主党政権の迷走を率直にわびた（第178回国会参議院本会議録第3号6頁〔平成23年9月16日〕。野田政権の外交防衛に関する諸課題を検討した論考として，矢嶋定則「野田内閣の発足と当面する主要外交防衛問題―第178回国会における外交防衛論議」『立法と調査』322号〔2011年11月〕，14-28頁，を参照）。

　その一方で，日米同盟の再構築をいかにして行うかとの質問に対して，野田首相は「同盟を基礎とした日米の信頼関係は，長い歴史を有するものであり，軽々に揺らぐものではない。普天間飛行場移設をはじめとする日米間の諸課題を着実に実施していることは，その信頼性を維持強化し，日米同盟をさらに深化，発展させるためにきわめて重要である」との考えを明らかにした。また，首相就任後に発表した論文において，野田首相は「平成24年は，多くの国々で指導者が代わる年である。権力の交代時期には，とかく波風が立ちやすいことを忘れてはなるまい。いま，この時期に東アジア共同体などといった大ビジョンを打ち出す必要はないと私は考える」との見解を示し，鳩山元首相が掲げた構想を否定した。このように，野田首相が日米関係の修復に取り組み，「日米同盟の重視」を明確にした背景には，東日本大震災の復興政策や消費増税などの税制改革という内政面での大課題に取り組むにあたり，まずは外交面での安定が不可欠であるという認識があった，といえる（第178回国会参議院本会議録第2号，7頁〔平成23年9月14日〕，野田佳彦「わが政治哲学」『Voice』2011年10月号，52頁，『日本経済新聞』2011年9月20日，2面）。

(2) **米国の反応**

　民主党内においてさまざまな役職を務め，政権交代後の菅内閣で財務大臣に就任した後でも，米国では野田首相を詳しく知るものはいなかった。野田首相と同じく松下政経塾出身で，「志士の会」のメンバーであり，「日本プライド構想」の提言などを行った前杉並区長の山田宏は，「米国で日本の民主党議員として名前が挙がるのは二人だけだ。前原（誠司）と長島昭久。それ以外はいない」と述べ，米国での野田の知名度の低さを指摘している（前掲書『したたかな「どじょう」』324頁）。実際に，『ワシントン・ポスト』紙は野田首相の人柄

を紹介する記事で誤った事実を掲載したとして訂正しているしまつである（*Washington Post*, April 20, 2012, p.A17）。『ウォールストリート・ジャーナル』紙は，「比較的無名であったにもかかわらず首相に上りつめ，中道を目指す控え目な」人物で「財政保守派」として紹介し，とくに外交については「外交政策に関する限られた言説からすると，中道左派の政党所属にもかかわらずタカ派である」と紹介した（*Wall Street Journal*, August 30, p.A6）。

　バラク・オバマ米大統領にとって，2009年1月に政権が発足して以来，日本の首相として野田首相は4人目の首相である。2011年3月11日に発生した東日本大震災に際して，オバマ政権は被災地に米軍を派遣して『トモダチ作戦』を展開するなど全面的な支援を行った。東アジアにおける中国の台頭や北朝鮮に対して共同して対処するため，鳩山政権以降停滞していた日米関係の深化の促進を行っていた。だが，菅首相が退陣に追い込まれたことで，同盟深化の歩みは事実上滞らざるを得ず，野田新首相に日米間の懸案事項を着実に処理することを期待したのである。

　実際に，9月21日，野田首相が国連総会での演説のために就任後初めて訪米した際に行われた日米首脳会談において，日米同盟の深化に取り組む方針を確認し，世界経済の安定に両国が連携する姿勢を確認する一方で，在沖縄米軍普天間基地移設問題をめぐって，オバマ大統領は，「結果を出す時期に近付いている」と沖縄県名護市の辺野古への移設の進展を強く要請し，またTPPについては，「日本の取り組みと議論を歓迎する」と述べ，日本のTPPへの参加に期待感を示したのである。このように，米国政府が野田首相に強い要請を行った背景には，2012会計年度予算案における国防費縮減をめぐる連邦議会からの圧力により，米軍のグアム移転計画と連動する在沖縄普天間基地移設に関する日米合意の履行や日本の武器輸出三原則の緩和，また，2012年11月に行われる大統領選挙に向けての，経済的業績を得るための日本のTPPへの参加などをオバマ政権が期待したことがあったことは否めない（『日本経済新聞』2011年9月22日〔夕〕，1面。この会談では，上記のほかに，オバマ大統領は米国産牛肉の輸入制限の撤廃，国際結婚した夫婦の離婚後の子どもの親権などを定めるハーグ条約

への加盟も求めた（『朝日新聞』2011年10月26日，2面］）。

　これに対し，野田政権では，前原誠司民主党政調会長が就任後の初の訪問となるワシントンD.C.での講演で，自衛隊の海外活動における武器使用基準の緩和と武器輸出三原則の見直しを提唱し，日米関係の立て直しに取り組む野田政権の姿勢を示した（『日本経済新聞』2011年9月9日，3面）。さらに，10月25日に訪日したレオン・パネッタ米国防長官に対し，普天間基地の移設先である沖縄県名護市の辺野古沿岸部への環境影響評価の評価書を年内に沖縄県側へ提出する方針を説明し（『朝日新聞』2011年10月26日，2面），11月12日に米国ハワイでのアジア太平洋経済協力会議（APEC）に出席した際に行われた日米首脳会談では，野田首相はTPPについて「交渉参加に向けて関係国との協議に入ることとした」と述べ，日本のTPP交渉の参加を決断したことを明らかにした（『朝日新聞』2011年11月14日〔夕〕，1面）。

　このような米国への対応の一方で，野田首相は，米国政府への注文も行っている。例えば，APECでの日米会談後，ホワイトハウスは「彼（オバマ大統領，筆者補足）は，野田首相が『すべての物品及びサービスを貿易自由化交渉のテーブルに載せる』と発言したことを歓迎する」と発表した。これに対して日本側は，「発表内容が事実と異なる」として米国側に説明を要求している。これは，米国といえども「いうべきことは言う」と主張してきた野田首相の姿勢の一端を示すものであったといえる（『朝日新聞』2011年11月17日，2面）。

(3) 日米首脳会談（2012年4月30日〜5月1日）

　すでに述べたように，民主党は，2009年8月の衆議院議員選挙の際，「マニフェスト（政権公約）」において，日米関係の「対等な同盟」を掲げた。しかし，9月に発足した鳩山内閣の下では，日米関係が在沖縄米軍普天間飛行場移設をめぐる問題で迷走し，また，中国重視の「東アジア共同体」構想が米国排除論だと受け取られた。このため，日米関係は一挙に悪化したのであった。次いで，2010年6月に発足した菅内閣の下で，悪化した日米関係の修復が図られたものの，だが，2011年3月に発生した「東日本大震災」と民主党内の政治混乱のた

め，首相の米国公式訪問は見送られてきた経緯があった。そして，菅首相の退陣を受け，その後の民主党代表選挙で勝利した，野田佳彦内閣の下では，野田政権の課題の一つとして悪化した対米関係の再構築が掲げられた，といってよい。

　2012年4月30日，野田首相は米国を公式訪問し，オバマ大統領との間で日米首脳会談がワシントンD.C.で開催された。その翌日の5月1日には日米共同声明が発表された。ちなみに，日米首脳会談で共同声明が発表されたのは，2006年のG・W・ブッシュと小泉純一郎首相による日米首脳会談以来のことである。以下に，2012年4月30日から5月1日にかけて行われた日米首脳会談でのやり取りと共同声明の内容を紹介する。

　4月30日正午過ぎ（現地時間）から約3時間，訪米中の野田総理大臣はホワイトハウスで，バラク・オバマ大統領との日米首脳会談及び日米首脳昼食会を行った。概要は以下の通りである（米国側の出席者として，ヒラリー・クリントン国務長官，レオン・パネッタ国防長官，ティモシー・ガイトナー財務長官，ロナルド・カーク通商代表，ジーン・スパーリング国家経済会議委員長，ジョン・ルース駐日大使，トム・ドニロン大統領補佐官ほか，日本側からは齋藤勁官房副長官，長島昭久総理補佐官，藤崎一郎駐米大使ほかが同席した）。

・日米関係総論
（1）共通ビジョン
　野田総理から，自分（総理）は日米同盟が日本外交の基軸との信念を有しており，それが故に本日「日米共同声明：未来に向けた共通のビジョン」を発表できることは大変喜ばしい，この文書には日米両国が果たす役割と責任への決意が明確に記されており，自身（野田総理）の考えもよく反映されていると述べ，両首脳がこのビジョンを共有し，日米同盟をさらに深化・発展させていくことで一致した。
（2）アジア太平洋地域における協力
　野田総理は，両国が，東アジア首脳会議（EAS），アジア太平洋経済協力会議（APEC）といった枠組みの活用を通じて，地域の秩序とルールづくりに主

体的な役割を果たすことの重要性を述べ，中国とも協力していくことが重要であると述べた。また，最近の日中関係を説明するとともに，野田首相は日米中の戦略対話を実現させる意欲も述べた。

これに対し，オバマ大統領は，野田総理から米中関係の説明を聞き，中国が国際社会において積極的な役割を果たすことを期待することで一致した。

(3) 日米安保

野田総理は，先般の日米安全保障協議会の「2＋2」合意を日米同盟深化に向けた重要な前進として高く評価し，両首脳は，得られた合意を着実に実施していくことで一致した。

特に，野田総理は，海洋，宇宙，サイバーといった国際社会で共有される空間の安全保障の向上，共同訓練等を通じた自衛隊と米軍の運用面での協力の発展を促進していきたいと述べた。これに加えて，野田総理は，米国政府が米軍横田飛行場の軍民共用化を検討することを要請した。

・地域情勢

(1) 北朝鮮

野田総理は，先般のミサイル発射が対話を通じた問題解決に向けた関係国の努力を損なうものであるという認識を共有するとともに，今後はさらなる挑発行為を防ぐことがまずは重要である，北朝鮮が核実験などの挑発行為に出る場合に，日米の連携でもって，国際社会として確固とした対応をとる必要があるということで一致した。

また，野田総理は，拉致問題に関する米国の支持・協力に感謝を述べ，これに対して，オバマ大統領は，引き続き協力したいと応じた。

(2) ミャンマー

野田総理は，4月21日に行ったミャンマー首脳会談の成果を説明し，両首脳が国際社会としてミャンマーの改革を一層後押しする必要があるとの認識で一致した。

(3) イラン

野田総理は，EU3＋3との今後の協議プロセスが実質的な進展につながることを期待し，日本も引き続きイランに対する「圧力」を続けていくとともに，適切なタイミングで直接イランに働きかけを行う考えであることを述べた。

これに対し，オバマ大統領は，対イラン制裁に関する日本の協力に感謝を表明した。

(4) アフガニスタン

オバマ大統領は，シカゴでのNATO首脳会合のねらいを説明した。これに対し野田総理は，7月の東京会合では，2015年以降も見通したアフガニスタンの持続的発展の基礎固めを行い，具体的な成果を出したいことを述べた。

・経済

(1) TPP・日米経済

野田総理は，日米が協力し，地域における貿易・投資に関する高い水準のルール・秩序を作っていくことの意義は大きく，TPPはアジア太平洋自由貿易圏（FTAAP）実現のための道筋のひとつであると認識しており，昨年11月に表明した総理の考えは変わっていないと述べ，日米双方が日米間協議を前進させるようお互い努力することで一致した。その際，オバマ大統領からは，自動車，さらには保険，および従来から取り上げてきた牛肉について関心の表明があった。

(2) エネルギー協力

日米両首脳は，両国のエネルギー協力を拡充できたことを歓迎した。

また，野田総理は，震災の影響によりLNG需要が急増し，輸入価格も上昇していることを受け，米国から日本へのLNG輸出拡大への日本企業の関心も高いと述べ，米国側に協力を求めた。これに対し，オバマ大統領は，米国は現在政策決定プロセスの途中にあるものの，日本のエネルギー安全保障は米国にとっても重要であり，引き続き協議していきたいと述べた。

(3) 石油市場の安定

両首脳は，石油市場の安定のために両国が緊密に連携していくことの重要性を確認した。

・原子力協力

両首脳は，日米ハイレベル対話の設置を歓迎し，同対話が今後の日米間の原子力協力を促進する上で重要であるとの認識で一致した。また，オバマ大統領は，原子力損害の補完的補償に関する条約（CSC）に関する日本の対応に言及し，これに対し，野田総理は，関係省庁間で検討を急いでいると答えた。

・文化・人的交流

両首脳は，日本の「キズナ強化プロジェクト」や米国の「トモダチ・イニシアティブ」などを通じて，特に青少年の交流を促進し，日米同盟のさらなる深化の基盤となる次の世代を育てることの重要性について一致した。

また，野田総理は，米国による日本へのハナミズキ寄贈，および日米桜寄贈百周年を記念するため，先月ミッシェル・オバマ大統領夫人が桜の植樹を行ったことに感謝の意を示した。

・その他の議題

(1) 子の親権

オバマ大統領は，日本のこれまでの取組みを評価すると述べた。これに対し，野田総理は，ハーグ条約の可能な限りの早期の締結をめざし，引き続き準備を進めていくと述べた。

(2) 東日本大震災による洋上漂流物

野田総理は，東日本大震災の津波により，日本から流れ出た漂流物が米国等へ接近しつつあることを憂慮しており，今後も米国をはじめとする関係国と緊密な連携をとっていきたいと述べた。

(3) 欧州復興開発銀行（EBRD）設立協定の改正

　オバマ大統領は，上記に関する日本の対応に言及し，野田総理からは，日本としてもEBRDによる中東・北アフリカ地域への支援開始が早期に実現することを重視し，本協定改正もすでに国会に提出済みであり，できるだけ早く国会の承認を得られるよう努力したいとの発言があった（外務省HP，http://www.mofa.go.jp/mofaj/kaidan/s_noda/usa_120429/pmm.html〔2012年5月19日閲覧〕）。

　以上の日米首脳会談を踏まえて，翌日の5月1日に発表された「グローバル・サプライチェーン・セキュリティに関する日米共同声明」の内容は，以下の通りである。

　「日米両国は，長期にわたる同盟国及び主要な貿易相手国として，安全で効率的な物流について重要な利害を有し，グローバル・サプライチェーンに対するテロリズムや自然災害によって引き起こされる破壊的な脅威に対する認識を共有している。

　日米両国は，日本の生産拠点やインフラのみならずグローバル・サプライチェーンに深刻な影響を与えた東日本大震災，また，2010年に発生した米国向け航空機爆破未遂のように，グローバル・サプライチェーン・セキュリティをめぐる間隙を不当に利用した，9.11テロ後のいくつかのテロ未遂事件を経て，我々の安全保障，経済的繁栄，及び生活のあり方に悪影響を与えるような人為的な，また自然による破壊に対し，更なる対処を行う喫緊の必要があるとの認識で一致した。

　日米両国は，グローバル・サプライチェーンの強化に向けた取組が，官民パートナーシップ及び合法的な通商と潜在的な脅威を峻別するための事前情報・技術を活用したリスクに基づくアプローチを前提とし，貿易促進及びセキュリティ強化の両立の重要性が反映されたものであるべきであると確信している。この共通の信念に基づき，日米両国は，米国のテロ防止のための税関産業界提携プログラム（C-TPAT）制度及び日本の認定経済事業者（AEO）制度の相互承認取決めの策定及び実施などの共同の取組を通じて，この分野の国際協力におけるロールモデルを提示してきた。

日米両国は，税関，輸送，海運安全におけるこれまでの両国間協力に加え，グローバル・サプライチェーンを構成する，陸海空の環境における物品，輸送，施設及び拠点が，より強固で回復力の強いものとなるように，両国の協同の取組を強化する意思をここに表明する。日米両国は，共同の取組をさらに前進させるため，以下の取組を行う。

(1) サプライチェーンの安全確保を一層強化し，二国間の貿易を促進するため，米国のC-TPAT制度及び日本のAEO制度の相互承認をさらに深化させる。

(2) 航空貨物セキュリティ相互認証にかかる協議を加速し，旅客機に搭載された航空貨物に対する脅威に対応するための航空当局の取組を強化する。

(3) 国境，港湾，海運及び航空の安全強化のため，可能な範囲で，アジア太平洋地域における地域的キャパシティ・ビルディングに取り組む。

(4) グローバル・サプライチェーン・セキュリティの強化に向けた，新技術の開発・導入を支援する。

(5) 必要に応じて，関連法執行当局を通じて，拡散対抗措置に関する共同調査を実施する。

(6) 両国の官民セクター間における対話，情報交換，ベスト・プラクティスの共有を促進する。

　日米両国は，両国による二国間協力は，調整された国際的取組と共になされるべきとの見解で一致している。サプライチェーンには複合一貫輸送という性質があり，すべてのモードにおける途切れのないセキュリティを確保するため，関連国際機関や利害関係者間での更なる統合を必要としている。日米両国は，世界税関機構（WCO），国際民間航空機関（ICAO），国際海事機関（IMO），万国郵便連合（UPU），アジア太平洋経済協力会議（APEC）のグローバル・サプライチェーン強化に向けた取組への支援を強化する意向である。

　戦略的レベルにおいては，以下の項目の確保が目指される。すなわち，グローバル・サプライチェーンが，大規模災害・破壊から強い回復力を持つものであること。また，テロリスト，国際犯罪組織，その他の違法行為主体が，攻撃

及び違法な活動を計画・実行するためにグローバル・サプライチェーンを不当に利用しないこと。これらに加えて，輸送拠点や関連の重要インフラなど，サプライチェーン・システムの最も重要な要素が特定され，攻撃や破壊から保護されていること，である。

日米両国は，上記の国際機関との連携を通じて以下の取組を行う。

(1) ICAOの航空セキュリティ作業部会のリスク・コンテクスト・ステートメントや，WCOのリスク管理コンペンディウムなどのリスク管理のためのガイドラインの策定及び維持を支援することにより，また，新たな国際的な脅威に取り組むために，WCO及びICAO等他の適切な会議における協議に参加することにより，進化する脅威を特定し，それに対応するための情報共有・分析を改善する。

(2) WCO・SAFE基準の枠組みでの議論に沿った形で，潜在的脅威の選定・特定を促進する出発前情報の堅固でグローバルな要件の発展を支援する。また，危険度の高い航空貨物に関する共通の定義，基準，推奨対応例を発展させる。

(3) 日本において海上コンテナ貨物に係る積荷情報の事前報告制度（24時間ルール）が法制化されたことを踏まえ，積荷情報に係る両国間の情報交換を強化する。

(4) WCOのグローバル・シールド・プログラムを通じて貨物情報を積極的に報告し，また，グローバル・シールド・プログラムへの地域内の参加拡大及び同プログラムの支援を促進することにより，危険物質の違法輸送を阻止する。

(5) 官民協力に基づき，ベスト・プラクティスとしての米国のC-TPAT制度と日本のAEO制度の相互承認を踏まえ，WCO・SAFE基準の枠組みに整合的なAEO制度の発展を進める。

(6) UPUの枠組みの下で，国際郵便特有の条件を考慮しながら，より厳格な事前データ要件を奨励し，基本となるスクリーニング基準を策定し，対応手順を開発することで，国際郵便のセキュリティを強化する。

(7) APEC 及び WCO 等他の適切な会議において，貿易回復における協働及び情報要請にかかる国際基準の確立を先導する」

（外務省 HP, http://www.mofa.go.jp/mofaj/kaidan/s_noda/usa_120429/gscs_jp.html〔2012年5月19日閲覧〕）。

5．おわりに

　野田内閣において首相特別補佐官に就任した長島昭久衆議院議員は，野田政権の外交が極めてオーソドックスに物事を進めていく外交になり，奇をてらうような手法はとらず，「（中略）あっちこっちとブレまくるような外交だけはしない。国民も信頼でき，国際社会から見ても安定した外交ができるだろう」と述べた（前掲書『したたかな「どじょう」』337-338頁）。実際に，政権発足後3ヶ月を経て，野田首相の対米外交によって，日米関係が改善する方向に向いたとする評者も存在する（後藤謙次「訪中延期要請という異常事態で歯車狂う野田首相の外交日程」『週刊ダイヤモンド』2011年12月17日号）。

　これ以降も，北朝鮮総書記の金正日の死去および新指導者金正恩体制の下でのミサイル発射への対応，対イラン制裁措置の一環としてのイラン産原油購入停止，進展しない普天間基地移設と米軍グアム移転の切り離しなど，日米両政府は諸課題への対応の際には一貫して共同歩調をとった。作家で評論家の佐藤優は，「野田佳彦首相の外交におけるリーダーシップが国際社会で評価され始めている。TPPへの日本の交渉参加を表明したこと，（中略）対イラン政策をめぐる首相の政治決断が，米国，EU，イスラエルなどの『西側』によって高く評価されている」と野田首相の外交が効果を示していることを指摘し，さらに，「野田首相は，日米同盟深化の具体化に成功しつつある。対イラン外交で，日本が米国に対して『従来よりもはるかに踏み込んだ協力をおこなった』ことにより，普天間問題やTPP交渉において，日本は米国から譲歩を引き出すことができる」と野田首相が対米外交を行う際に発揮した手腕を高く評価した（佐藤優「国際社会で評価される野田首相の外交姿勢」『週刊東洋経済』，2012年3月3日号，124-125頁）。

2012年4月30日，野田首相は，オバマ政権からの訪米要請を受け，政権交代後の民主党政権の下では初となった首脳会談で，日米同盟の強化を再確認し，アジア太平洋地域に軸足を置き，海洋，宇宙，サイバー空間などでも連携する新たな日米関係を確認した。共同声明では日米同盟の「責任と役割」を謳いあげ，自衛隊と米軍の連携を強める「動的防衛力の構築」も盛り込まれた（"Fact Sheet: United States-Japan Cooperative Initiatives," The White House, April 30, 2012, http://www.whitehouse.gov/the-press-office/2012/04/30/fact-sheet-united-states-japan-cooperative-initiatives〔2012年5月3日閲覧〕）。首脳会談後の記者会見の場で，オバマ大統領は，「我々の特別な同盟の再活性化にご助力いただき感謝する」と野田首相に礼を述べ，それに答えて野田首相は，オバマ大統領の趣味の一つであるバスケットボールの司令塔役になぞらえて「目立つ選手ではないが，結果を残す」と語り両首脳間の親密ぶりをアピールしたのである（"Remarks by President Obama and Prime Minister Noda of Japan at Joint Press Conference," The White House, April 30, 2012, http://www.whitehouse.gov/the-press-office/2012/04/30/remarks-president-obama-and-prime-minister-noda-japan-joint-press-confer.〔2012年5月3日閲覧〕）。民主党政権で初めて公式訪問した野田佳彦首相は，オバマ大統領に対し，随所で協調姿勢を際立たせた。政権交代後停滞した日米関係を修復しようとアジア太平洋地域での防衛協力に大きく踏み込む一方，普天間問題や経済連携の課題について深入りを避けた首脳会談であった。4月30日，ホワイトハウスでの首脳会談で，野田首相は自らをバスケットでアシスト役を務めるポイントガードにたとえ，大統領を全面的に支える姿勢を強調した。オバマ大統領は会見で「米国はアジア太平洋を主導する」と力説し，台頭する中国を意識して「米軍を再編，分散，より持続可能にする」。米国の財政難の中，そのアシスト役を買って出たのが野田首相であり，野田首相は高揚感を隠せない。会見で「政権交代後初の首相（公式）訪米だ」として，民主党政権で停滞した二年半の対米関係を踏まえ，「日米同盟は新たな高みに達した」と自賛した（「首相，難題避け協調」『朝日新聞』2012年5月2日，3面）。

　野田首相は，会談終了後の記者会見で，「日米同盟は新たな高みに達した」と，

高揚感を漂わせながら語った。野田首相にとって，それはアジア・太平洋地域において米軍と自衛隊の一体化の促進に合意したことを指しているといえよう。しかし，米国との軍事的一体化について，国会の中はもちろん，民主党内でもほとんど議論が行われておらず，関係者の間で大きな疑問が生じている。この点について，ジャーナリストの早房長治は，次のように批判する。すなわち，「軍事的一体化の目玉は，米領であるグアムと北マリアナ諸島に日米両国が費用を出し合って訓練場をつくり，共同訓練を頻繁に行うという点にある。このことは自民党などが強く主張している日米の集団安全保障とは性格を異にするものの自衛隊と米軍の実質的な共同作戦に道を開く可能性がある」と（早房長治「野田首相の『日米同盟進化』に大きな疑問―党内論議なしの譲歩は鳩山外交と大差なし」，http://lib21.blog96.fc2.com/blog-entry-1983.html〔2012年5月19日，閲覧〕）。

この点を踏まえて，早房は，鳩山首相が「『より平等な日米関係の実現』を熱望するあまり，沖縄の基地問題などで『独走』し，米国の不信を買った。鳩山首相が国内的論議を経た上で，慎重な対米外交を展開していれば，日米関係の不幸な混乱は避けられたに違いない」と鳩山外交を批判し，その上で，「野田首相は日米協調を図ろうとしている点において鳩山首相と正反対の立場にあるという。だが，重要案件についての国民的論議を省略し，『独走』的手法で対米外交を展開している点では鳩山首相と大差ない。仮に今回のような『独走』が今後も続くならば，野田首相も遠からず対米外交でつまずく可能性が否定できない」とし，以下のように注文をつけている。すなわち，「民主党に対して望むべき点は，遅まきにでも外交についての党内論議を行い，意見集約を図ることである。また，野党各党も野田内閣の『なし崩し外交』に強い疑問を提起し，徹底した国会論議を求めるべきである。その意味で，野田首相は日米同盟関係の深化を自画自賛している時ではない，といえよう」(同上)。

一方，『読売新聞』は，今回の公式訪問した野田首相とオバマ大統領の首脳会談を社説「日米首脳会談」の中で，次のように評価している。すなわち，「民主党政権の下で混乱・停滞していた日米関係が，ようやく改善の機動に乗ったと言えよう。野田首相がワシントンでオバマ大統領と会談し，日米共同声明『未

来に向けた共通のビジョン』を発表した。日米両首脳による共同文書は，2006年6月に小泉首相とブッシュ大統領が『世界の中の日米同盟』を打ち出して以来だ。09年の政権交代後，鳩山元首相が米軍普天間飛行場の移設問題を迷走させ，日米関係を危機的状況に陥れた。菅前首相の時期も足踏みが続いた。両氏の罪は深い」と。その上で，「その逆境の下で野田首相が日米同盟の再建に地道に取り組み，成果を上げたことは評価したい。声明は，日米同盟を『アジア太平洋地域における平和，安全保障，安定の礎』と位置づけた。日米両国が『アジアと世界の平和，繁栄，安全保障』に向けて『あらゆる能力を駆使』し，その『役割と責任を果たす』と宣言した。日米共通の中長期的な政策目標を掲げ，国際社会に発信したものと受け止められる」。

そして，元々，「日本は，日米同盟を基軸としつつ，中韓などアジア各国との関係を強化するのが基本方針だ。オバマ政権も，軍事，経済両面で，『アジア重視』を鮮明にしている。日米の足並みはそろっている。今後は，合意内容を具体化するため，日米両国が，あらゆるレベルで緊密に連携し，戦略的な行動を起こすことが肝心である。首相が日米同盟を『美しい花を咲かせるには日々の土作りや水やりが欠かせない』とガーデニングに例えたように，同盟関係の維持には，具体的行動を通じた双方の不断の努力が求められる」と結んだ（『読売新聞』2012年5月2日，社説）。

野田首相は，首相に至るまでの政治経歴のなかで，一貫して「保守」的姿勢を示してきた。松下政経塾時代の野田の対外観は明瞭ではなかったものの，卒塾し，自民党の分裂および多数の保守系政党の分離結合を目の当たりにし，自民党に代わる保守政党の結集と政権交代を目指して政治活動を行った中で，松下政経塾出身者たちが掲げた外交および安全保障政策を底流におき，民主党への合流後，自身の対米観を含めた外交政策を明らかにしていった。2009年9月の「政権交代」後の鳩山政権の下で生じた日米関係の混乱と，関係修復を目指しながらも東日本大震災への対応などでもって停滞した菅政権の後を引き継ぎ，野田首相は政権を担うことになった。大震災からの復興とひっ迫する財政赤字の解消のための消費税導入を掲げた野田首相は，日米関係の修復に迅速に取り

組み，日米同盟の安定化をはかりながら，国内の諸課題を推進することを試み，それは米国側からも一定の評価を得た。

　しかし，問題なのは，4月30日の日米首脳会談において，米国が要請する日本のTPP交渉参加を野田首相は先延ばしすることを表明し，また，普天間基地移設問題をめぐっても事実上棚上げにしたことである。『ワシントン・ポスト』紙は，この日米会談について「日本とともに前進する一歩」と題した社説で，「沖縄の在日米軍基地をめぐる2年間の行き詰まりを緩和させた」ことは「小さいが重要な外交的前進」であったと評価するものの，「オバマ大統領と野田首相の首脳会談は，ワシントンでは全く注目を集めなかった」とし，このことは「かつて死活的に重要であった同盟が，総じて衰退していることを示すもの」であると論評している（*Washington Post*, May 2, 2012, p.A16.）。スティムソン・センター主任研究員の辰巳由紀は，その論文「日米首脳会談：野田首相の訪米の目的は何？」の中で，今回の日米首脳会談を次のように分析している。すなわち，「それでも，今回の訪米で野田総理が達成したかった目的が何だったのかが，結局のところよく分からない。共同声明の内容は，包括的で未来志向のものであるが，実際の内容は，既に担当閣僚レベルで全体的な方針が打ち出された政策を追認したに過ぎないものも多い。（中略）ワシントン到着が4月29日，出発が5月1日，と余裕のない日程。野田総理はオバマ大統領に会うために「だけ」ワシントンにやってきた，というのが率直な印象だ」と述べている（辰巳由紀「日米首脳会談：野田首相訪米の目的は何？」，http://wedge.ismedia.jp/articles/-/1850?page+2〔2012年5月19日閲覧〕）。

　2012年11月の大統領選挙で再選を目指すオバマ大統領は，米国の景気浮揚を最優先事項と捉えている。米中関係においても，昨今生じた中国の人権活動家の在駐米大使館への保護申請などをめぐって，中国政府を刺激する方策を取らず，米中間での経済対話を優先させ，また4月30日の日米首脳会談においても，野田首相のTPP交渉参加の先延ばしを表明したにもかかわらず，会談では自動車を含めた3分野での日本の市場開放を「特に強い口調で求めた」のは，その表れであるといえる（『日本経済新聞』2012年5月2日，2面）。政治及び安全

保障上の懸念を抱えながらも，米中政府は経済対話に重心を置き，野田首相がかつて「米中間の結びつきのみ太くなるのは最悪」と懸念した状況に直面しつつある中で，はたして，日米間の修復を果たした後の野田首相は，どのような外交を展開していくのであろうか。

第10章 トモダチ作戦

浅野　一弘

1．はじめに

○政府参考人（高井康行君）　ご説明させていただきます。
議員から配付されております……
○委員長（鶴保庸介君）　ちょっと速記をお止めください。
〔速記中止〕
○委員長（鶴保庸介君）　速記を起こしてください。
それでは，暫時ちょっと休憩をさせていただきたいと思います。
午後２時50分休憩
〔休憩後開会に至らなかった〕

　これは，2011年３月11日にひらかれていた参議院決算委員会の議事録である。同委員会は，「午後２時50分休憩」となったものの，「休憩後開会に至らなかった」（『第177回国会　参議院決算委員会会議録』第３号，2011年３月11日，29頁）。というのは，午後２時46分に，「東日本大震災」が発生したからである。このときの状況について，菅直人首相が，「震災発生時，私は参議院の委員会室で質疑を受けていました。地震で天井のシャンデリアが大きく揺れるのを見ました。委員長がすぐに『休憩』を決め，官邸に戻りました。官邸の地下にある内閣危機管理センターに入ってすぐ，自衛隊派遣の指示など，地震・津波に対する対応に当たりました。ほどなく，原発事故の知らせが入ってきました。複数の原子炉が同時に深刻な事故を起こしたのは，世界でも例がありません。『本当に大変なことが起きた。これからどうなるか』というのが最初の認識でした」

と語っているように（『週刊朝日』2011年8月19日号，20頁），東日本大震災は，未曾有の事態を生じさせた。具体的には，「マグニチュード9.0の海溝型地震は，主に津波による死者15,270名，行方不明者8,499名（5月30日時点）という明治以降では関東大震災に次ぐ極めて深刻な被害をもたらした」。しかも，「死者・行方不明者は12都道県に及び，その中でも高い津波が観測された宮城県（死者9,122名，行方不明5,196名），岩手県（死者4,501名，行方不明2,888名）及び福島県（死者1,583名，行方不明411名）（いずれも5月30日時点）で多数の犠牲者が発生した」のは，周知のとおりである。しかも，「阪神・淡路大震災においては，死因の80％以上が建物倒壊によるものであった」のに対して，今回の東日本大震災では，「警察庁発表資料（4月11日現在）によると，死因の90％以上が溺死となっている」のが特徴である（内閣府編『防災白書 平成23年版』10, 12頁）。

　こうした事態に，163の国・地域および43の国際機関が，日本への支援を表明した（2011年9月14日時点）。そのうち，62の国・地域・機関は物資支援を，29の国・地域・機関は救助隊などの派遣をおこなった（東日本大震災復興対策本部事務局「被災地域の復旧の状況等（データ編）」8頁, http://www.cas.go.jp/jp/fukkou/pdf/kousou13/shiryou1-2.pdf〔2012年1月5日閲覧〕）。なお，「これらの中には，日本が政府開発援助（ODA）等を通じて支援してきた多くの開発途上国が含まれており，アフガニスタンやハイチのように紛争や大地震の被災などで現在厳しい状況にある国からも，『日本国民が，今まで助けてくれたことを決して忘れない』（アフガニスタンのカルザイ大統領）として支援の申し出」もあったという（中内康夫「東日本大震災に対する国際的支援の受入れ—190を超える国・地域等からの支援表明への対応—」『立法と調査』2011年6月号，65頁）。もっとも，「海外からの支援受入れについて，阪神・淡路大震災の際には，緊急援助隊が帯同してきた災害救助犬の検疫・通関に時間を要したことなどが批判された」こともあって，「東日本大震災における政府の対応については，災害救助犬に対する検疫・通関は速やかに行われた」ようである。だが，依然として，「多数の国・地域等から支援の申し出がなされているにもかかわらず，その人員や物資の受入れ先がなかなか決まらないことが問題として指摘された」ようだ（同

上，67頁）。例えば，宮城県南三陸町には，イスラエルの医療支援チームが入ったものの，「一国を代表する医療団が被災地に入り，具体的な医療行為に取り組むということは，過去に例のないこと」であり，「各方面での調査・調整が必要」であったらしい。結局は，「条件付きでゴーサインが出されました」とのことだが，その「条件とは，現地の日本人医師の指示に従うこと，検査のみを行う（医療行為は行わない）こと，通訳や食事を含めてすべて自己完結的であること，というもの」であったという（「イスラエル医療支援チーム受け入れの舞台裏」『外交』2011年5月号，7-8頁）。

また，"同盟国"である米国からは，「救助隊員144名（フェアファックス隊，ロサンゼルス隊，各隊とも救助犬を含む）」と福島第一原子力発電所の事故に対応するため，「原子力規制委員会専門家11名，エネルギー省34名，PNNL（パシフィック・ノースウエスト国立研究所）2名他」（カッコ内，筆者補足）が訪日した。さらに，「米国際開発庁から救援物資（寝袋，簡易ベッド，石油ストーブ，灯油等），放射線防護服（1万着）」「米軍から貨物約3,100トンの輸送（食料品〔約280トン〕，水〔770万L〕，燃料〔約4.5万L〕の配付を含む），消防車（2台），ポンプ（5機），核・生物・化学兵器対処用防護服（99セット），ホウ素（約9トン），大型放水用ポンプ（1式），淡水を積載したバージ船（2隻）」「米国防総省より放射線線量計（31,000枚）」「イリノイ州より個人線量計（2,000個）他」といった救援物資も提供されたのである（前掲書『防災白書 平成23年版』104，106頁）。このほか，「米国の市民社会も，速やかに動いた。米赤十字だけでも，東日本大震災から1週間以内に7500万米ドルの義援金を計上した。日米協会も義援金を募った。ワシントンでは，複数組織と個人が集まり，『ワン・ナイト・フォー・ジャパン』というチャリティ・イベントを後援」するなど，日本への支援の輪がひろがっていった（パトリック・M・クローニン＝ダニエル・M・クリマン「『危機の同盟』からさらなる深化へ」『外交』2011年5月号，18頁）。

くわえて，米軍が，最大時，人員：2万名以上，艦船：約20隻，航空機：約160機を投入した，「トモダチ作戦」を実施したことは，我々の記憶にあたらしい（前掲「被災地域の復旧の状況等（データ編）」8頁）。当該作戦においては，「空

母『ロナルド・レーガン』，強襲揚陸艦『エセックス』他からの救援物資の供出，各国救助隊への輸送支援，捜索救助活動，仙台空港の復旧作業等を実施するとともに，福島第一原子力発電所に係る支援として，バージ船の提供，海兵隊の放射能対処専門部隊（CBIRF）の派遣，無人偵察機『グローバル・ホーク』等が撮影した写真の提供等が行われた」のであった（前掲書『防災白書 平成23年版』28頁）。ちなみに，トモダチ作戦による配布実績としては，食料品など：約280トン，水：約770万キロリットル，燃料：約4.5万リットル，輸送実績としては，貨物：約3,100トンとなっている（前掲「被災地域の復旧の状況等（データ編）」8頁）。

　さて，本章では，日本政府の要請に基づいて展開された，米軍によるトモダチ作戦の実態を検証する。論述の順序としては，まずはじめに，トモダチ作戦の実状を紹介し，つぎに，同作戦がどのような意味をもつのかについて検討する。そして最後に，トモダチ作戦から得られた教訓をとりあげる。

2．「トモダチ作戦」の実態

　米国側の識者のことばをかりれば，今回の「一連の災害は，日米同盟にとって想定外の試練をもたらした」ようであり，元来，「外部の侵略から日本を守り，東アジアの安定を促進するために設立された同盟が，母なる自然の憤怒と原子力の毒性とが結びついた，日本国内における究極の危機に直面することになった」わけである。だが，「この究極の困難のなかで，日米同盟は申し分ないほど機能した」とされる（前掲論文「『危機の同盟』からさらなる深化へ」15頁）。

　そこで，以下においては，「東日本大震災と津波，そして福島第一原発事故に対処してきた，米軍とアメリカ国務省のタスクフォース（特別任務班）の調整役」をつとめた（ケビン・メア『決断できない日本』文藝春秋，2011年，15頁。ちなみに，「国務省タスクフォースは総勢15人ほどで，ホワイトハウスや国防総省，在日米軍，在日米大使館，それに福島第一原発事故に対応する必要から，エネルギー省，原子力規制委員会〔NRC〕などとの調整が主要な任務」であったそうだ〔同上，24頁〕）ケビン・メアの著書と緊急災害対策本部の記録をもとにして，「申し分

ないほど機能した」とされるトモダチ作戦の実状について紹介したい。

　トモダチ作戦の実態について言及するまえに、ここで、トモダチ作戦というネーミングについてふれておこう。ジャーナリストの田村玲子によれば、「Operation Tomodachi（トモダチ作戦）という作戦名の決定も早かった。最近の作戦名史の中でも、屈指のグッドネーミングを考えたのは、米空軍の退役軍人で、北東アジア政策課日本担当職員ポール・ウィルコックス氏」で、「米国は『Friend in need, friend indeed.（まさかの時の友こそ真の友）』という言葉通りに行動することを日本国民に知ってもらうため、この言葉を思いついたという」。そして、「知日派として知られる太平洋軍司令官のロバート・ウィラード海軍大将が採用を決め、（3月）12日、在日米軍司令部に通知した」（カッコ内、筆者補足）とのことだ（田村玲子「誰も書かなかった『トモダチ作戦』全報告」『歴史通』2011年7月号、30-31頁）。

　さて、トモダチ作戦という名の「米軍による支援については、3月11日、米国側から支援の用意がある旨表明された」という（笹本浩「東日本大震災に対する自衛隊等の活動—災害派遣・原子力災害派遣・外国軍隊の活動の概要—」『立法と調査』2011年6月号、61頁）。それに対して、「11日夜、外務大臣から駐日大使に対し、在日米軍による支援を正式に要請」したわけだ。この時点で、すでに、「防衛省からも在日米軍に支援を要請済み」であったという（緊急災害対策本部「平成23年（2011年）東北地方太平洋沖地震（東日本大震災）について」121頁、http://www.kantei.go.jp/saigai/pdf/201112271700jisin.pdf〔2012年1月5日閲覧〕）。ちなみに、「オバマ大統領からの信頼の厚いルース駐日大使が『大統領を起こせ』とホワイトハウスに緊急第一報したのは震災直後だった」そうだが（高田健「東日本大震災で米軍は『トモダチ』であったのか—米軍『トモダチ作戦』の狙い」『進歩と改革』2011年8月号、45頁。ちなみに、バラク・オバマ大統領は、「地震発生から5時間20分後の11日早朝〔日本時間11日午後8時06分〕には、『日米の友情と同盟は揺るぎない』との声明を発表」している〔前掲論文「誰も書かなかった『トモダチ作戦』全報告」30頁〕）、「大地震と大津波が起きた直後、米政府は直ちに日本支援作戦を発動すること」としたようであり、「地震発生後に開かれたホ

ワイトハウス,国防総省,国務省の指導部の会議では,対日支援をすべきか否かという問いは最初から発せられませんでした」という。なぜならば,米国にとって,「対日支援作戦の発動は自明」であったからだ（前掲書『決断できない日本』50頁）。このことは,「第31海兵遠征部隊の幹部は津波のニュースを受け,自由時間で船から離れていた全ての乗組員の呼び出しを早急に開始した。同船は素早く物資を積み込み,他の2隻の船と合流するために,24時間以内に日本に向けて出航した」事実からも明らかであろう（http://www.kanji.okinawa.usmc.mil/News/110419-meu.html〔2012年1月5日閲覧〕）。

　日本側からの支援要請を受けた米軍は,宮城県および福島県の被災地における救助活動の詳細について,自衛隊,消防庁,警察庁,海上保安庁と調整をはかった。米国側では,「現場に最も早く駆けつけられる部隊は今,どこにいるかということがまず議論され」,「日本の最も近い海域に展開していたのは原子力空母ロナルド・レーガンを主力とする空母打撃群」であることが確認されたため（前掲書『決断できない日本』50頁）,13日午前6時には,「米韓合同軍事演習『フォール・イーグル』に参加」中であった（前掲論文「東日本大震災で米軍は『トモダチ』であったのか」45-46頁）,空母「ロナルド・レーガン」を仙台沖に到着させた。さらに,「大地震発生時,東南アジア方面に向かっていた強襲揚陸艦エセックスも急遽呼び戻され,東北地方沖に展開」したこともあって（前掲書『決断できない日本』50頁）,「空母『ロナルド・レーガン』他7隻が仙台沖で,非常用食糧約3万食を米軍ヘリを使って海自艦船に輸送」し,その後は,自衛隊が宮城県気仙沼市や石巻市などに輸送する日米共同対応も実施されたのである（前掲「平成23年（2011年）東北地方太平洋沖地震（東日本大震災）について」122頁）。

　また,「強襲揚陸艦『エセックス』等が支援物資の輸送,提供を行った」,第31海兵遠征部隊（31MEU）の「一部は,3月27日〜4月6日に気仙沼市大島（宮城県）に上陸用舟艇で給電車,給水車を輸送した上で,人道支援活動を行った」（外務省「東日本大震災に係る米軍による支援（トモダチ作戦）」2011年8月29日,http://www.mofa.go.jp/mofaj/saigai/pdfs/operation_tomodachi.pdf〔2012年1

月5日閲覧〕)。具体的には,「3月27日,第31海兵遠征部隊とエセックス水陸両用即応群の優先事項は,3月11日の津波で日本本土から孤立した島,宮城県気仙沼大島を支援することになった。それらの部隊は,可動式電力車両や燃料トラック,水補給車両を含む救援物資の輸送を開始し,電気が使えないこの島の一部の電力を復旧させるために米海軍上陸用舟艦で東北電力の職員を輸送した」。その「大島での作業で,海兵隊員や海軍兵らが寄付した2つのパレットに入った服や毛布,食料,おもちゃが,海兵隊のヘリから海上自衛隊の護衛艦ひゅうがに空輸され,一時的に船に乗船している被災住民に分配された」ことは,我々の記憶にあたらしい。かくして,「第31海兵遠征部隊は,陸上自衛隊と共に連携し,この島に6,800キロほどの物資を届け,港や道路,海岸から大量のがれきを取り除いた。また海兵隊員らは,住民たちが入浴できるように,仮設のシャワー施設を設置した。何人かの人にとって,津波が発生して以来,シャワーを浴びることができたのは,それが初めてだった。第31海兵遠征部隊とエセックス水陸両用即応群は,震災で被災した人たちに,計72,600キロを超える物資の輸送を行なった」のである(http://www.kanji.okinawa.usmc.mil/News/110419-meu.html〔2012年1月5日閲覧〕)。だが,驚くべきことに,当初,自衛隊の側では,米国の第31海兵遠征部隊が,「瓦礫除去のためにどれだけの装備を持っているのか,どれはどのマンパワーがあるのか理解していなかった」という(「検証　トモダチ作戦の舞台裏―米軍・自衛隊の思惑が交錯した日米調整所―」『中央公論』2011年9月号,63頁)。

　さらに,空軍は,「3月11日,横田飛行場において,民航機11機の目的地外着陸(ダイバート)を受け入れた。また,米(USAID),英,仏等の救助チームが被災地への往復に三沢飛行場等を使用するのを受け入れた」し,15日には,C130輸送機が,「ガソリン給油車を山形空港に輸送し,同空港での燃料供給を実施した。また,C130輸送機等が医薬品を仙台空港等に輸送し,提供した。また,無人偵察機『グローバル・ホーク』等が撮影した画像を日本側に提供した」りした。そして,陸軍は,「仙台空港の復旧作業に海兵隊や空軍と共に協力した」し,「損壊車輌の撤去,灯油を含む人道支援物資の提供を行った」。し

かも、「4月10日には、約110名が自衛隊に協力して、行方不明者の捜索救助活動を行った。また、4月21日からは、数十人体制で、JR仙石線のがれき撤去作業を行った」のである（前掲「東日本大震災に係る米軍による支援（トモダチ作戦）」）。

米軍が、仙台空港の復旧作業をになうこととなった背景には、防衛省地下にある日米共同指揮所にいた、スティーブ・タウン首席連絡将校が、関口雄輝・統幕運用部日米共同班長に対して、「『We need a big mission.』（必要なのは、復興のシンボルとなる任務なのだ）。どこそこに水を何トンとか、食糧を何食という話も大事だが、まず、スケールの大きい、広い視野で意義のあることは何かを考えるべきだ」と語ったことが大きいとされる。タウン自身、「仙台空港の仕事を（米軍に）もらった時は本当に嬉しかった」との思いを吐露している。ちなみに、このタウンは、「日本におけるPAC3部隊、94陸対空ミサイル防衛コマンド司令官」であり、「16年前、阪神淡路大震災の時、私は座間の在日米陸軍司令部に勤務していたが、在日米軍司令部（USFJ）の動きがみえず、やきもきした」との思いをいだいていた人物である。いずれにせよ、「最初、半年はかかると思った仙台空港滑走路は、3月28日に滑走路灯が点き、3月31日、3千メートル滑走路がきれいになって、運用可能になった」のだ（前掲論文「誰も書かなかった『トモダチ作戦』全報告」26, 31, 33, 37頁）。

このほか、「あまり報道されなかった」ものの、「多くの船が沈んで航路を塞ぎ、船が接岸できなくなった」八戸港の啓開にあたったセーフガードの存在も忘れてはならない。ここでいう「セーフガードとは、レーダー、クレーンを持った米海軍独自のサルベージ船の名前」で、「レーダーで港の海底をチェック、沈んでいる船、コンテナ、家などを発見すると、クレーンで吊りあげ、艦艇の通路を確保、港を開けていく」役割をはたす。東北電力八戸火力発電所では、「八戸港には多くの船が沈んで航路を塞ぎ、船が接岸できなくなった」こともあり、「タンカーが接岸できないため、油槽の石油はどんどん減って行った」という。そうしたなか、「火力発電所を止めなければなくなる、という危機一髪」の時点で、米海軍のセーフガードが派遣されたのだ（同上、43頁）。

なお，トモダチ作戦をめぐっては，「日頃の交流があって初めて，本番で機能するものです」との指摘があることにふれておこう。これは，「奇しくも，東北６県を所掌する東北方面隊（宗像久男・東北方面総監＝当時）は，『みちのくアラート2008』で日米合同軍事演習をしていました。それも青森から福島までの太平洋岸全海岸線が震災を受けたという想定でした。演習の地震想定は若干，今回を下回るものでしたが，それが今回の震災でいかされる結果になりました」という事実をさしている（「オンボロ内閣のトンデモ危機管理」『歴史通』2011年７月号，209頁）。

ところで，緊急災害対策本部の記録によれば，「米側も文科省も問題ない量としている」ものの，13日の時点ですでに，「空母『ロナルド・レーガン』は，仙台沖で福島第一原発に由来する低レベル放射性物質を検知」していたようだ（前掲「平成23年（2011年）東北地方太平洋沖地震（東日本大震災）について」122頁）。このように，今回の東日本大震災の特徴の一つは，津波による死傷者が数多くでた事実にくわえ，福島第一原発事故が発生した点であろう。そのため，全交流電源喪失という事態に直面した「東電はもちろん自分でも必死になって（電源車を）探した。在日米軍基地からも借りた。それでヘリコプターで輸送しようにも重さと大きさを測ったら，とても無理。陸路で最初の１台が到着して，これで大丈夫かなと思ったら，（プラグが）合わなくてつなげない。それからもいろいろあって，電源は回復しない。目の前の事態収拾に追われる状態が，ずっと続いた」（菅首相）のだ（『毎日新聞』2011年９月７日）。

さらに，15日には，「東電からの要請及び官邸からの指示により，横田飛行場及び米軍根岸住宅地区（横浜市）から，それぞれ消防車１台ずつが福島第一原子力発電所に向けて出発，同日東電に引き継ぎ」を行い，17日には，「米軍のポンプ５基を九州等から横田飛行場に輸送」し，「東電職員に対し使用方法を教示」するなどの支援をおこなっている（前掲「平成23年（2011年）東北地方太平洋沖地震（東日本大震災）について」122頁）。

前出のメアによれば，「タスクフォース発足早々，最初の不気味な情報が飛び込んできました」とのことだ。「それはワシントン時間の３月11日深夜（日

本時間12日午後）のことで，『東京電力から「在日米軍のヘリは真水を大量に運べないか」という問い合わせが駐日米国大使館にあった』との情報が寄せられた」からであった。この事実は，「既に炉心溶融（メルトダウン）を起こしていた原子炉一号機格納容器の開放（ベント）をめぐって状況が錯綜していた時期に，東電は真水の大量搬送の可能性を探っていたこと」を物語っている。同時にまた，「この情報は，東電が原子炉冷却のための海水注入を躊躇していることも示していました」とし，「海水注入は原子炉を傷め，最終的には廃炉を余儀なくします」ので，「事故発生直後，東電は廃炉を想定せず，あくまで原子炉を温存しようと考え」ていたとも，メアは指摘している（前掲書『決断できない日本』26頁）。

ちなみに，海水注入について，「海江田経産大臣は，１号機R／Bが爆発する前の３月12日15時４分頃，『海水の注水をいつまでもやらないのであれば命令を出す。』旨発言していたが，同日17時55分頃には，１号機原子炉内を海水で満たすよう，口頭で原子炉等規制法第64条第３項の措置命令を行うとともに，保安院に対し指示文書を発出するように指示」し，「18時５分頃までには，（東京電力）本店対策本部及び発電所対策本部も，前記命令があったことを把握した」（カッコ内，筆者補足）ようだ。だが，そのころ，首相官邸５階の総理大臣執務室において，「菅総理は，班目（春樹）委員長に対し，海水を入れることで再臨界の可能性があるのではないかと尋ね，班目委員長は，『再臨界の可能性については，それほど考慮に入れる必要がない。』旨答えた」（カッコ内，筆者補足）ものの，「菅総理は，班目委員長の説明に十分納得しなかった」ため，すでにはじまっていた海水注入をめぐって，混乱が生じたことは，周知のとおりである（東京電力福島原子力発電所における事故調査・検証委員会「中間報告（本文編）」2011年12月26日，166-167頁，http://icanps.go.jp/111226Honbun4Shou.pdf〔2012年１月５日閲覧〕）。

なお，「３月25日午後３時37分より原子炉への淡水の注入を開始し，現在は外部電源から受電した電動ポンプで淡水の注入を行っています」と，東京電力が発表しているように，当初，注入されていた海水は，淡水にとってかわった

(東京電力株式会社福島第一原子力発電所「福島第一原子力発電所プラント状況等のお知らせ（12月25日　午後3時現在）」2011年12月25日，http://www.tepco.co.jp/nu/f1-np/press_f1/2011/htmldata/bi1956-j.pdf〔2012年1月5日閲覧〕）。この背景には，「米国は塩害を懸念し政府に『早く真水に変更すべき』と強く要請し，海水から真水投入に切り替わった経緯がある」ようだ（『サンデー毎日』2011年4月17日号，21頁）。

　原子炉の冷却という点では，政府は，「地上からの放水作業が難航していた3月17日には，陸上自衛隊の大型輸送ヘリを使用して上空からの海水投下も決行した」。だが，当初から，「海水投下は見た目の派手さとは裏腹に効果は薄いと見られていた。それでも菅があえて北澤防衛相に実施を指示したのは，自衛隊の最高指揮官である菅に，この日予定されていたオバマ米大統領との電話会談の前に，日本も『やるべきこと』をやっているという実績を示したいとの政治的思惑があったからだ」と指摘する声もある（読売新聞政治部『亡国の宰相―官邸機能停止の180日―』新潮社，2011年，50頁）。この点について，菅は，のちに，「偶然だったが，タイミングとしても（電話協議の）直前にやったから。（効果としては）どの程度注水されたかということはあるが，結果的には日本も全力を挙げて原発事故収束をやっていますというメッセージになったと思う。（放水を）自衛隊も警察も消防もやろう，となって。国内的にも象徴的な効果があった」と述懐している（『毎日新聞』2011年9月7日）。

　こうした経緯について，メアは，「ワシントン時間16日未明（日本時間同日午後），米政府関係省庁の担当者60人を電話で結ぶ大規模な対策会議が開催されました」が，「その時点で米政府は，福島第一原発上空に飛ばした米軍無人偵察機グローバルホークの観測の結果，原子炉の温度が異常に高くなっている事実を把握していました」。そのため，「われわれは原子炉燃料が既に溶融していると判断していました」と述べている。こうした緊迫した状況におかれていたにもかかわらず，「菅政権が原発の危機打開へ何ら有効な対策を打ち出していないということも米政府は承知していました」というわけだ。それゆえ，「米政府の菅政権に対する不信感は強烈といってよいもの」となり，「アメリカ政

府は16日,藤崎一郎駐米大使を国務省に呼び,日本政府が総力を挙げて原発事故に対処するよう異例の注文を付けていました。アメリカ政府は"You need an all of government approach"（政府の全力を挙げた対応が必要だ）という表現を用い,日本政府がもっと必死に取り組む」ことを求めたのであった（前掲書『決断できない日本』29-30, 35頁）。現に,菅も,「明示的に言われたわけではないが,（当時,米国からは）日本がどこまで（本気で）やるのか,という雰囲気が伝わってきた」と語っている（『毎日新聞』2011年9月7日）。だが,メアによれば,日本側の思惑とは異なり,「大津波襲来による電源喪失から1週間が経過したその日,日本という大きな国家がなし得ることがヘリ1機による放水に過ぎなかったことに米政府は絶望的な気分さえ味わった」ようであった（前掲書『決断できない日本』36頁）。

また,今回のトモダチ作戦では,「当初から,原子力推進とその安全性の監督責任を負う米海軍組織である海軍原子炉の防衛専門家が,おもに舞台裏での役割を果たした」という。このように,「米国は,日本の意思決定に異論を唱えるのではなく,原子力エネルギーと災害に関する最高の専門知識,助言,支援を提供するように試みていた」ようだ（前掲論文「『危機の同盟』からさらなる深化へ」18頁）。

さらに,「3月末には,米原子力規制委員会の委員長であるグレゴリー・ヤッコ博士が,米国の全面的協力を提供するために東京へ向かった。危機を通して,ホワイトハウスや米エネルギー省をはじめとする関係省庁,そして米原子力規制委員会などが,被災した原子力施設の制御に有用で,自らの経験に基づいた便宜の提供に努めた」のであった（同上）。

こうして,最終的には,米国側からの福島第一原発にかかわる支援は,「消防車2台（実際の放水活動で使用）およびポンプ5基の輸送・提供,防護服・マスク99セットの提供（さらに,同種の防護服150セットを東電に提供できる状態にしていた）,ホウ素約9tの輸送・提供,米海軍のバージ（はしけ）船2隻による淡水約190万リットルの提供。海兵隊の放射能対処専門部隊（CBIRF）約150名を日本に派遣。米軍無人偵察機『グローバル・ホーク』等が撮影した写

真を日本側に提供」という膨大なものとなった（前掲「東日本大震災に係る米軍による支援（トモダチ作戦）」）。

　なお、福島第一原発関連の米国側の支援について、メアは、「福島第一原発の事故発生後数日間、日本政府も東電も米国の助力は必要ないといった態度でした」と語っていたが（前掲書『決断できない日本』41頁）、この点に関して、菅は、「私のレベルで断ったことは一切ない。はじめから、ぜひご協力お願いしますという姿勢だった。危ないところだけ『よろしくお願いします』というわけにはいかない」と述べている（『朝日新聞』2011年9月6日）。しかも、2011年12月26日に、「東京電力福島原子力発電所における事故調査・検証委員会」がだした、「中間報告」のなかでも、「米国からの物資等の提供については、関係省庁等が一堂に会する日米協議の場で受入れ調整が行われたため、その作業は効率的に行われた。また、4月上旬頃から、米国側から、『US-Japan Nuclear-Related Assistance Tracker』と呼ばれる、提供可能物資に係る説明、提供先、受入先などが一覧可能な様式を統一して使用する提案がなされ、これにより、より効率的な支援物資受入れ調整が行われた」（傍点、筆者）と記されているのだ（前掲「中間報告（本文編）」361頁、http://icanps.go.jp/111226Honbun5Shou.pdf〔2012年1月5日閲覧〕）。ということは、このケースは、日米間でのパーセプション・ギャップを示す好例なのかもしれない（もっとも、「中間報告」には、「諸外国から支援の申出があったものの、受入れには操作訓練が必要なため直ちに使用できないもの、既に我が国に十分なストックがあるもの等については、受入れを辞退した。例えば、安定ヨウ素剤の提供申出については、日本国内に十分なストックがあり、又は、提供予定の安定ヨウ素剤が液体のため保管・輸送に多大なコストを要することなどから、受入れを辞退した。また、遠隔操作が可能な無人ロボットの提供申出について、相手国において操作訓練が必要であるなどの制約があったことから受入れを断念したものがあった。このほか、提供国が、モニタリングカーの支援を申し入れたものの、その操作ができる運転手の確保などに時間を要したため、受入れが遅れたものがあった」と明記されており、こうした事情をさして、メアが日本政府の姿勢を非難した可能性はある〔同上、360-361頁〕）。

うえでみてきた，米軍によるトモダチ作戦については，マスメディアからの評価もたかいようである。たとえば，『朝日新聞』は，社説「自衛隊の働き　不断の見直しが生きた」のなかで，「長年の日米共同訓練の経験は米軍による『トモダチ作戦』でも生きた」(『朝日新聞』2011年4月8日) と記しているし，べつの社説「トモダチ作戦　その成果を明日に向け」や「震災後の外交　世界の目に感度鋭く」でも，「曲折はあれ，長年にわたって両国が政治，経済，文化など多方面で築いてきた分厚い関係の証しといっていい」(同上，2011年4月18日)，「米軍による救援活動『トモダチ作戦』は，戦後積み重ねてきた両国の関係の深さを再認識させた。原発事故に加え，今後の復興をめぐっても，日米協力の可能性を最大限に探りたい」(同上，2011年5月1日) としている。

　このように，「『トモダチ作戦』の成功がクローズアップされている」が，こうした「活動はいずれも初動段階での緊急救援活動ではない。水陸両用戦能力が役立ってはいるものの，海兵隊でなければ実施できない作業ではない」として，「日本政府が米国政府に対して初動救援段階でのアメリカ海兵隊による全面的な救援活動を要請しなかったことが悔しくてならない」とする意見がある。この背景には，「沖縄にも駐留するアメリカ海兵隊の水陸両用戦能力は，今回の大災害に対する初動救援活動には最適な軍事力であり，自衛隊にはこの能力が備わっていない」事実が関係している。とりわけ，「陸海空いずれのルートのアクセスも遮断された場所から傷ついた人々を救出するために一刻を争う重要な時間帯」＝「発生直後の初動段階」には，「水陸両用戦能力が災害救援活動に転用されたとき，最も真価を発揮する」にもかかわらず，「日本政府はそうしようとはしなかった」というわけだ (北村淳「米軍『トモダチ作戦』の成果に隠れた日本政府の失態」『正論』2011年6月号，156, 158-159頁)。

　なお，今回のトモダチ作戦をはじめとして，「米軍による海外での災害救援活動 (Foreign Disaster Relief) は，連邦法や大統領命令，国防総省や各軍の内規など，多様な法令を根拠として実施される」が，その実施にあたっては，国防総省や軍は，「国務省を主導機関として，あくまで補完的役割を果たす，というスタンスで臨もうとしている」。そのため，「海外で大規模な災害が発生す

ると，外交使節団長または被災地域を管轄する国務次官補は，次に掲げる3つの条件が満たされた場合，救援活動が必要である旨，宣言する」とされている。一つ目が，「救援活動の実施が，被災国の対処能力を超えていること」，二つ目が，「被災国政府が，米国による支援を要請し，また，それを受け入れる用意があること」，そして，三つ目が，「救援活動の実施が，米国の国益に寄与すること」（傍点，筆者）である。このように，「米軍による災害救援活動は，国務省の実施決定を待ち，その要請を必要とする」わけだ（鈴木滋「米軍の海外における災害救援と民生活動──『トモダチ作戦』の外交・軍事戦略的背景」『レファレンス』2011年9月号，71，77頁）。

3．「トモダチ作戦」の意味

今回の東日本大震災をめぐって，米太平洋艦隊は，はやい段階から，「『地震と津波の救援のため，西太平洋の米艦が日本に集結しつつある』とし，米海軍の空母や揚陸艦計8隻の災害派遣を発表」するなど，日本の支援のため，迅速な対応をみせた（『朝日新聞』2011年3月12日〔夕〕）。くわえて，「米軍は，統合支援部隊（JSF）を組織し，司令官には在日米軍司令官（中将）よりも格上の太平洋艦隊司令官のウォルシュ海軍大将を任命した」ことからも，日本への支援をきわめて重視していたことがわかる（前掲論文「東日本大震災に対する自衛隊等の活動」61頁）。

では，そのような行動をとった米国側のねらいは，いったい，どこにあったのであろうか。たとえば，トーマス・シーファー前駐日米国大使は，「両国がお互いに対する理解をかつてないほどに深めることになったきっかけが，今回の『3.11複合危機』だ」としたうえで，「日本人の側も，日本に駐留するアメリカ軍の大部隊が，災厄の備えとしてはこれ以上にないほどに心強いものだということを，得心したものと思われます」と断じている（J・トーマス・シーファー「複合危機を乗り越えるための『覚悟』」『外交』2011年5月号，36頁）。そのためであろうか，「特に民主党政権が誕生してから，普天間移設問題や米国務省のケビン・メア前日本部長の沖縄蔑視発言など，日米関係がぎくしゃくしてい

たことは間違いない」ため,「うがった見方をすれば,在日米軍の積極的な後方支援にはPRの側面もあるだろう」と論じる声(山田敏弘「被災地で見た『トモダチ作戦』」『ニューズウィーク日本版』2011年3月30日号,39頁)や「この震災で日本に対して米軍の効果的な救援が印象づけることができれば,日本の政権に対する米国のプレゼンスを再認識させることができ,また沖縄の普天間基地撤去問題など日本の世論に潜在する『米国不信』を解消し,日米同盟をより強固なものとすることができるという判断」があったとの見解が存在する(前掲論文「東日本大震災で米軍は『トモダチ』であったのか」46頁)。これらの批判を裏づけるかのように,「日米調整所を立ち上げた翌日,16日の段階で31MEUの支援メニューを決めろと言われていた。統合幕僚監部からも『日米同盟に関わる重要なオペレーションなので,一刻も早く内容を決めて依頼せよ』と言われ,随分と焦ったことが思い出される」としたうえで,「今回のオペレーションの中でも,31MEUの運用については最も頭を悩ませた」と,仙台駐屯地にもうけられた日米調整所の窓口責任者をつとめた,廣惠次郎・陸上自衛隊西部方面通信群長は語っている(前掲論文「検証　トモダチ作戦の舞台裏」63頁)。なぜなら,31MEUは,沖縄に駐留する,米海兵隊の上陸部隊であるからだ。くわえて,「今回の震災は,沖縄と日本に米軍を駐留させる利点を広く日本国民に周知させた。米軍がグアムかさらに遠隔地に駐屯していたとすれば,米軍が日本の支援に到着するのに,相当な時間が要求されたはずだ。米軍によって果たされた救援が,普天間移転の新しい選択肢を生み出す可能性がある」との米国側識者の指摘もある(前掲論文「『危機の同盟』からさらなる深化へ」21頁)。しかも,米海兵隊太平洋基地第三海兵遠征軍のホームページに掲載されている「ニュース」(2011年3月21日付)欄には,「海兵隊による災害救助活動で,普天間の重要性が証明される」とのタイトルがかかげられ,「多くの航空機が非常に沢山の物資や装備を積んでいることから,普天間基地の2700メートルの滑走路の重要度は,航空機が安全に出発できることが見てすぐ分かるだけでなく,間違いなく不可欠なものである」し,「普天間基地は,沖縄でのその位置が戦略的に重要であり,そうあり続ける。日々の訓練の必要事項であれ,切実に必

要とされる人道支援活動であれ，日米双方の必要に応じるために存在している」とする，普天間基地の司令官デール・M・スミス大佐のコメントが掲載されている（http://www.kanji.okinawa.usmc.mil/News/110321-futenma.html〔2012年1月5日閲覧〕）。

たしかに，読売新聞社と米ギャラップ社が実施した，「日米共同世論調査」（2011年11月末～12月はじめに実施）をみると，「東日本大震災と東京電力福島第一原子力発電所の事故で，アメリカは，行方不明者の捜索や物資の輸送などに，約2万人のアメリカ軍を派遣する支援を行いました。アメリカの支援を，評価しますか，評価しませんか」との問いに対して，94％もの者が，「評価する」と回答しているし（「評価しない」3％，「答えない」3％），「沖縄県のアメリカ軍普天間飛行場について，日本とアメリカの政府は，沖縄県名護市に移設することで合意しています。普天間飛行場の移設が進んでいないことは，日米関係にどの程度悪い影響を与えていると思いますか」とする設問に，「悪い影響を与えている」と考える者が，じつに82％（「非常に悪い影響を与えている」21％，「多少は悪い影響を与えている」61％）にもたっしている（「あまり悪い影響を与えていない」12％，「全く悪い影響を与えていない」2％，「答えない」4％）（『読売新聞』2011年12月18日）。

だが，その米国を「大いに信頼している」と回答した者はわずか5％で，「多少は信頼している」の42％とあわせても，米国に対して信頼感をもっている日本人は，過半数をこえていないことがわかる（「あまり信頼していない」35％，「全く信頼していない」7％，「答えない」12％）（同上）。このように，日本人のあいだでは，トモダチ作戦への評価は高いものの，それが米国への信頼回復にはつながっていないことは，注目にあたいする。これは，「今回の支援で米軍が獲得した好感は，日本の米軍基地周辺での緊迫感をいくらか和らげるかもしれない」ものの，「それも一過性のものになってしまうかもしれない」との米国側の識者の懸念を裏づけるものといえよう（前掲論文「『危機の同盟』からさらなる深化へ」16頁）。

さらには，「オバマ米大統領が，直ちに支援の意図を表明したことを受けて，

米軍は，震災発生直後から被災地への部隊展開を開始，機動力を活かしつつ，行方不明者の捜索・救難，支援物資の輸送・提供といった，広範な救援活動を行った」にもかかわらず（前掲論文「米軍の海外における災害救援と民生活動」68頁），「『トモダチ作戦』は案外，高くつくかもしれない」との警鐘をならす識者もいる。それは，米国側のねらいが，「『トモダチ作戦』の経済版」にあったからだ。具体的には，「『復興支援』の美名の下に，日米間の新たな『パートナーシップ（歴史を踏まえていえば内政干渉の仕組み以外のなにものでもない）』を再構築する」ことを目的として，「震災発生からわずか1カ月後の4月11日，米国のシンクタンク戦略国際問題研究所（CSIS）は『復興と未来のための日米パートナーシップ』という東日本大震災の復興に関する特別調査委員会の設置を発表した」点にあり，現に，2011年4月17日の日米外相会談では，「米国は，我が国の復興特需に米国企業を参入させることを，我が国政府に公式に認めさせたのだ」。しかも，「新たな『パートナーシップ』の委員長には，ボーイング社のW・ジェームズ・マックナーニ会長兼最高経営責任者が選出」されるなど，「米国の防衛産業が日本の復興プラン策定の中核になる」ことも確定しているという（関岡英之「『トモダチ作戦』には感謝でも……見過ごせないアメリカの経済復興支援の危険性」『正論』2011年8月号，125，127-128，131頁）。

　また，トモダチ作戦の背後には，オバマ大統領のグリーン・ニューディール政策が大きく関係していると指摘する声もある。というのは，「原発促進を『グリーン・ニューディール』の柱に据えた」オバマにとって，「もし世界第三の原発大国である日本で，その原発政策が崩壊すれば，104基の原発を抱える世界最大の原発大国である米国政府のエネルギー政策に大打撃となる」からであり，「日本の原発の失敗は現政権の原発推進に不安を抱く米国の世論に再び火をつけることになりかねない」からである。要するに，「オバマ政権にとっては福島第一原発の早急な収束は至上命題であった」わけだ（前掲論文「東日本大震災で米軍は『トモダチ』であったのか」47頁）。この点に関連して，読売新聞社と米ギャラップ社が実施した，前出の「日米共同世論調査」では，「今後，アメリカ国内の原子力発電所をどうすべきだと思いますか」との質問に，「増

やすべきだ」を選択した米国人の回答者が26％おり，オバマ政権のねらいは，ある程度達成されたとみてよい。しかも，「現状を維持すべきだ」を選択した者も38％いることから考えると，米国においては，今回の福島第一原発の問題が，大規模な反原発運動に直結しなかったといえる。その証左に，「減らすべきだ」は21％，「すべてなくすべきだ」は13％でしかない（「答えない」2％）（『読売新聞』2011年12月18日）。

4．おわりに

『平成23年版　防衛白書』には，今回のトモダチ作戦について，「米軍の支援を得て行われた日米共同の活動は，今後の日米同盟の更なる深化に繋がるものとなった」との記述がみられる（防衛省編『平成23年版　防衛白書』19頁）。また，米国側の識者も，「同盟とは，緊急事態に際して国の利益を防衛する準備と覚悟を持った，潜在的な安全保障共同体である。それは一般的に，武装した敵に備えるもので，自然破壊や工業災害に対する行動が準備されているわけではない。強大な地震，突然の津波，原子力事故の組み合わせは，いずれの政府が想定したよりもはるかに複雑な緊急事態を生み出した。その間，人道支援を提供するため，そして東日本大震災からの復興に向けた道を開くために，政府・軍だけでなく社会全体による包括的なアプローチが必要とされていた。日米の政府関係省庁，そして両国の市民社会と民間部門の関係者も，概して平時における密接な協力には慣れていたものの，このように差し迫った複雑な危機のなかでの経験はきわめて稀である。そのため3月11日は，同盟に対する重大な試験を提示したといえよう。迅速で効率的な行動に失敗すれば，多数の日本人の目には，同盟の価値が極度に色あせただろう」としつつも，結局は，「米国の日本に対する支援は，東日本大震災を同盟にとってプラス方向の転機へと変容させた。差し迫った難局の瞬間には，政府と軍部だけでなく，市民社会も日本を支援することになった。日米同盟は，難易度の高い想定外のテストに合格した」との評価をくだしている（前掲論文「『危機の同盟』からさらなる深化へ」16-18頁）。

だが，このトモダチ作戦をめぐっては，つぎのような批判が投げかけられて

いる（前掲論文「東日本大震災で米軍は『トモダチ』であったのか」43頁）。

　米軍の活動は米国原子力規制委員会の基準に従い，福島第一原発から80キロ圏内を退避区域に指定し，制限され，各作戦に置いても徹底した放射能検査が実行された。そのため，ごく一部を除き米軍は原発震災の被災県である福島県内では活動していない。また震災発生後，在日米軍の家族約7千500人が帰国し，横須賀基地を母港とする原子力空母「ジョージ・ワシントン」は佐世保基地に移動するなど，九州・四国・日本海に避難し，かつ北朝鮮への威圧としての作戦展開をした。

　また，米軍は海兵隊に所属する化学，生物兵器攻撃・事故に対応する放射能管理に精通した専門部隊「CBIRF」（ケミカル・バイオロジカル・インシデント・レスポンス・フォース）を150人近く派遣した。このCBIRFは日本に3週間滞在したが，陸自郡山駐屯地を5人が視察した以外は，直接，福島の災害の現場入りをせず，自衛隊の中央特殊武器防護隊との共同訓練など，自衛隊との連携をはかるにとどまった。

　このほかに，「東日本大震災に際し，自衛隊と米軍との間で米軍による支援活動に係る調整を行うため，防衛省本省（市ヶ谷地区），統合任務部隊司令部（陸上自衛隊東北方面総監部〔仙台駐屯地〕）及び在日米軍司令部（横田飛行場）に日米調整所をそれぞれ設置し，各種調整を実施してきた」にもかかわらず（http://www.sangiin.go.jp/japanese/joho1/kousei/syuisyo/177/touh/t177146.htm〔2012年1月5日閲覧〕），「米軍との協力については，初期の段階で災害対処における協議がやや遅れたことが指摘されている。今後，日米間の共同訓練等を充実し，災害対処における協力関係を更に進めることが求められよう。また，従来から日米間の連絡・協議が行われている外務・防衛両省以外の各省庁と米軍との連携が必要となる場面も多く生じたことから，この点についての関係構築も今後の課題として考えられる」との見方があることも付言しておきたい（前掲論文「東日本大震災に対する自衛隊等の活動」63頁）。

東日本大震災直後にもうけられた「共同調整所は1997年策定の『日米防衛協力のための指針（ガイドライン）』に記された機関」で,「日本への武力攻撃事態や周辺事態の際，日米双方の意思疎通を円滑にする目的で設けられる」ものである。「今回の設置は，ガイドラインを準用したもので，2009年4月の北朝鮮による弾道ミサイル『テポドン』発射以来，2度目で，災害対応では初めて」であった。そのため，「省内には，災害が武力攻撃事態や周辺事態に発展することはないとする異論もあったが,『今回は有事に準じる，未曾有の大災害で，特別な対応が必要だ』との意見が勝った」結果であったという（前掲書『亡国の宰相』33頁。陸上自衛隊の幹部によると，「演習では調整所をつくったが，あくまでもシナリオ上の話だった。実際の任務でこれだけ大規模な調整所を設置したのは初めて」とのことである〔『朝日新聞』2011年4月7日〕）。

　この「初期の段階で災害対処における協議がやや遅れた」ケースとしては，たとえば，防衛省地下にもうけられた日米共同指揮所が，3月12日未明の時点で，「四方八方で電話が鳴っていて，米側も日本側も電話の応対に追われ，考えたり，議論したりできる状況ではなかった」ことをあげることができよう。そのため，前出のタウン首席連絡将校と関口・統幕運用部日米共同班長とが「戦略的な話し合いをしたのは12日の昼間になってからである」という（前掲論文「誰も書かなかった『トモダチ作戦』全報告」31頁。ちなみに，「防衛省地下にあるオペレーション・ルームは，極めて限られた人しか入ることができない聖域だが，ここに，米軍将校が詰め，自衛隊との連絡・調整をすることが決った」。こうした措置は，「防衛省"開闢以来"始めてのこと」であったそうだ〔同上，27-28頁〕。他方，「番匠幸一郎・陸上幕僚監部防衛部長（陸将補）をトップとする約10人の連絡チームをJSF［統合支援部隊］に派遣。番匠氏は横田基地に常駐する。要職の防衛部長が防衛省を離れ，米軍基地に常駐する」〔［　］内，筆者補足〕ことも，「極めて異例」であったそうだ〔『朝日新聞』2011年4月7日〕）。さらに，仙台駐屯地に設置された，日米調整所の窓口責任者・廣恵は，「米軍と自衛隊はこれまで災害派遣を想定し，本格的な訓練をしたことがない。また，日米調整所を設置すること自体が初めてで，どう協力すればいいのか，調整を始めればいいのか，その計画

もなければ調整のための組織もない状態だった。いつ会議を開くのか，日々の行動，時間の割り振りすらまるで白紙だったのだ。これらのことを一から決めていくため，当初はあらゆることに手間取った」「仙台に日米調整所を発足した直後は，何の計画も協定もない，手続きに関わるすべてがない中，手探りで調整を進めざるをえず大変に苦労した。初動の段階で必要以上に時間をかけたという反省はある」と語っている。他方，同調整所で，米国側の窓口となった，ロバート・エルドリッヂ＝在日米海兵隊基地外交政策部次長も，「日本がさまざまな思いを持つ部隊や組織からの情報を吸い上げ，整理し，情報を共有するには時間がかかった。我々米軍側はそうした情報の整理と共有ができてこそ初めて具体的な協力ができる」とし，さらに，「当初，日米間で自由な議論ができなかったことも課題として指摘しておきたい。この段階で何ができるのか，何が必要になるのか一緒に考えよう—という場面においても，日本側は既に決まったシナリオのようなものをベースに話すので，両者が議論することで生み出される新たな可能性がまるで模索できなかったのだ。フランクな議論ができるようになったのも，2，3日後だったはずだ」と述懐している（前掲論文「検証　トモダチ作戦の舞台裏」62-63，67頁）。

　そうした問題点をふまえて，防衛省がだした，「東日本大震災への対応に関する教訓事項（中間とりまとめ）」では，「日米調整所を中心とする意思疎通及び運用調整により，日米共同による活動は大きな成果（将来の各種の事態への対応に係るモデルとなり得る。）」としつつも，「大規模災害に際して，調整メカニズムの運用を開始することや，日米調整所の設置がガイドラインで明確にされているわけではなく，調整メカニズムの在り方や日米調整所の位置付けについて今後検討が必要」，さらには，「各日米調整所の人員・機能の増強についての検討及び機能の明確化に加え，情報共有・調整のためのカウンターパートの整理が必要」との認識が示されている（防衛省「東日本大震災への対応に関する教訓事項（中間とりまとめ）」2011年8月，18頁，http://www.mod.go.jp/j/approach/defense/saigai/pdf/k_chukan.pdf〔2012年1月5日閲覧〕。このほか，「中間とりまとめ」には，「国内災害における日米の役割・任務・能力を明確にして，相互に支援で

きるような共同要領を具体化すべきであり，また，防災訓練への米軍の一層の参加の検討が必要」「日米調整所と緊急災害対策本部を通じた関係省庁との連携強化や，大規模災害に関して，発災当初より日米の関係省庁が一堂に会する場を設置するよう検討が必要」との教訓にくわえ，「語学職職員等の活動により，米軍の円滑かつ効果的な活動に貢献」することを目的に，「今後も，米軍による災害救援活動に際して，現地関係機関との調整等のため，当該職員等の積極的な投入・活用が適当」との考えが提示されている〔同上，19頁〕）。

　また，今回のトモダチ作戦においては，はからずも，日本側の危機管理の問題点を露呈するかたちとなってしまった（なお，東日本大震災をめぐる菅政権の対応については，浅野一弘「民主党と危機管理—東日本大震災を中心に—」『季刊行政管理研究』2011年12月号，20-32頁を参照されたい）。その好例が，SPEEDI（緊急時迅速放射能影響予測システム）をめぐる対応である。SPEEDIのデータに関して，菅は，「官邸に伝わっていたという指摘もありますが，総理の私には直接そうしたSPEEDIの報告は来ていませんでした」と語っている（『アエラ』2011年11月7日号，25頁）。だが，米軍は，すでに震災発生3日後の3月14日に，外務省北米局日米安全保障条約課に対して，「原発事故の支援に際して放射能関連の情報が必要だ。政府が情報を有しているなら提供してほしい」との申し出をおこなっているのだ。そして，それ以降，日本側において，「避難の資料としてまったく使われなかった」SPEEDIの「データは7月まで順調に米軍へ流れた」のであった。ここで，留意しておかなければならないのは，「3月14日の時点でSPEEDIを知る政治家はほとんどいなかった」という点であり，驚くべきことに，「首相の菅直人（65）や官房長官の枝野幸男（47）ですら認識していなかった」という。こうした事態が生じた背景には，「SPEEDI情報を官邸中枢に伝えるべき官僚が，それをしていなかった」という事実がある（『朝日新聞』2012年1月3日。じつは，「避難案づくりの切り札とされた文部科学省所管のSPEEDIは，放射性物質の拡散方向を震災初日から予測していた」そうで，「文科省や安全委には原子力安全技術センターから1時間ごとにデータが渡り，同じものが外務省を通じて在日米軍にも届けられていた」し，「保安院も，独自に計算させた

SPEEDIの予測図を次々とセンターから送らせていた」という。しかも,「菅の前には保安院や安全委の幹部がいたにもかかわらず,SPEEDIの利用を進言することはなかった」のだ〔同上,2012年1月4日〕)。

　これ以外にも,前出のメアが指摘している,日本政府の問題点がある。それは,「原発事故後,米国側は日本側に提供できる品目のリストを送った。ところが,日本からはどの支援品目が必要といった回答ではなく,長々とした質問が返されてきたことがありました。たとえば,支援リストには無人ヘリも記載されていましたが,日本側はその性能や特徴に関する事細かな質問や,放射能で汚染された場合の補償はどうなるのかといった暢気な問い合わせを返信してきた」という事実だ。しかも,メアによれば,「米国側の支援リストに対する問い合わせをめぐるやりとりで,およそ2週間が空費され,その間,われわれは何が必要なのか早く決めてほしいと言い続けていました」とのことであり,日本側の行政機関の危機管理意識の欠如がみてとれる(前掲書『決断できない日本』,44-45頁。なお,行政機関と危機管理の関連については,浅野一弘『危機管理の行政学』同文舘出版,2010年を参照されたい)。もっとも,この点に関して,前出の「東京電力福島原子力発電所における事故調査・検証委員会」による「中間報告」では,「米国からの物資等の提供については,関係省庁等が一堂に会する日米協議の場で受入れ調整が行われたため,その作業は効率的に行われた」と記されていることを付言しておきたい。

　こうしたメアの指摘がなされる背景には,「トップダウンの米国に対し日本はボトムアップ」という,「日米の意思決定の形式の違い」も大きく関係しているにちがいない。とはいえ,トモダチ作戦の結果,米国側は,「原発事故への対応をめぐって(1)日本に『戦略』はあるのか(2)危機への備えがあるのか」の2点を「特に問題視した」という(『朝日新聞』2011年4月7日)。このように,我々は,トモダチ作戦をつうじて,さまざまな課題を突きつけられることとなった。だが,こうした課題を一つひとつクリアしていくことが,今後のわが国の危機管理において,緊要であることはいうまでもない。

第11章　外交・防衛政策

清水　隆雄

1．はじめに

　民主党政権が成立してから約2年半の時間が経過したが，その対外政策や防衛政策に対して，疑問視する声が挙がっている。例えば，尖閣諸島沖において領海を侵犯した中国漁船船長を逮捕したにもかかわらず，その後処分保留で釈放した事件，また，沖縄の普天間基地問題への対応，さらにTPP問題等々，数々の問題が発生している。本章では，これらの諸問題に対する民主党の考え方，今後の展望等について記すことを目的とする。このため，まず，民主党の結党時まで遡って党の外交・防衛政策を検討する。次に，政権党になってからの外交・防衛関係のさまざまな事件の概要とその対応及び批判について，そして最後に，これからの展望について検討することにする。

2．外交防衛政策の変遷

　民主党は，政権党となった現在でも，「寄り合い所帯」とか，「寄せ集め集団」といわれている。その理由は，現在の民主党が出来上がるまでの成立過程の中にある。
　「民主党」という名称の政党が結党されたのは，1996年9月のことである。旧社会党と旧新党さきがけの一部が合流して結党された。1998年4月になると，この民主党に，民政党，新党友愛，民主改革連合が合流して，新しい民主党が成立した。さらに，2003年9月，この新しい民主党に自由党が合流して，現在の民主党の形が出来上がった。考え方の異なる幾つかの政党が合流して成立した政党なので，さまざまな意見が混在し，寄り合い世帯のように感じられるの

281

であろう。

　しかしながら，この新民主党結党のそもそもの狙いは，自民党に対抗できる規模の政党，政権交代可能な政治構造を構築できる可能性のある政党作りであって，必ずしも，理念や哲学，政策を軸とした結集ではなかった。すなわち，「数の論理」の優先である。極論すれば，寄り合い世帯でも良かったのである。いくら綺麗事をいっても，所詮，政治の世界は数の力がものをいう。議席の多数を確保しなければ政治的影響力は行使できないし，また，過半数を獲得しなければ，政権の座につけない。その座につけなければ，目指すべき政策，ビジョンを実行することができない（伊藤惇夫『民主党』新潮新書，2008年，200-202頁）。

　一方，新政党の基本的な理念等については，話し合いが十分に行われたとはいえない状況にあったと思われる。新しい民主党が出来たのは1998年4月である。だが，政策や理念の調整作業が始まったのは結成のわずか2ヶ月前のことで，この年の7月に予定されていた参議院議員選挙に間に合わせるためだったという。新党結成に向け，各党は「統一準備会」を設置し，政策，組織，および財政の3分野で，それぞれ代表者を立てて議論し，調整，すり合わせを行ったものの，その期間はわずかに1週間，政策担当者の会議はこの間，3回だけだった。つまり「数の論理」を優先させて，政策や理念は後回しにされたのである（同上，200-201頁）。

　民主党が，1998年4月の結党時に掲げた「基本政策」は，今でもそのまま生きている。その中で，外交・安全保障の項目では，「国際社会の利益と調和させつつ，わが国の安全と主体性を実現していく『外交立国・日本』をめざす」というような，極めて抽象的なものとなっている。これは，合流した政党のずれや対立点を，ひとまず先送りすることで妥協した結果であろう（同上，202頁）。その結果，現在に至るまで外交・安全保障の面での全体的で具体的な取り組みの合意が形成されず，党結成時の基本政策がそのまま生きているということになっているのである。特に，安全保障の分野では，内部の意見の相違が著しかったので，調整は先送りされたのだと考えられる。すなわち，量的な問題が優

先されたのである。

　しかしながら，結党以後の選挙での「マニフェスト（政権公約）」については，少しずつ変化してきているので，1998年以降の国政選挙におけるマニフェストの中の「外交・安全保障」の部分を抜き書きしてみる。

〈1998年参議院議員選挙〉『核廃絶』のための強いイニシアチブで，世界に信頼される国になります。

〈2000年衆議院議員選挙〉歴史の争いや過ちを克服し，「和解と共生」の積極的外交を進めて，平和な国際社会を創ります。①日米関係の創造的展開，国連改革への積極的取り組み，アジアにおけるリーダーシップの発現，②国連平和維持活動についてはPKFの凍結解除，③慰安婦問題など残された戦後処理の解決。

〈2001年参議院議員選挙〉平和を創る国　①日米安全保障の再構築，②米軍基地の整理・縮小，③国連平和維持活動（PKOへの積極参加）。

〈2003年衆議院議員選挙〉国連中心主義で世界の平和を守ります。①自立的な外交と国連機能強化，②国民を守ることができる防衛力整備への転換。

〈2004年参議院議員選挙〉国際協調を軸に「自立と対等」の外交を実現する。①国際協調を重視し，国連機能の強化に取り組む，②自立・対等の日米関係構築，③「アジアの中の日本」の実現，④新たな脅威に対応する防衛体制の再構築。

〈2005年衆議院議員選挙〉2004年のマニフェストと同様の文言の他，①緊急事態基本法の制定，②危機管理庁の創設，③拉致事件の解決など北朝鮮問題との取り組み，が加えられている。

〈2007年参議院議員選挙〉主体的な外交を確立する。①自衛隊のイラクからの即時撤退，②国連平和維持活動への積極的な参加，③国連改革の主導，を「7つの提言」の中で触れている。このほか，各論の中で，「国民不在の在日米軍再編」問題を挙げている。

〈2009年衆議院議員選挙〉①緊密で対等な日米関係を築く。②東アジア共同体の構築，アジア外交の強化，③北朝鮮の核保有を認めない，④世界の平和と繁

栄を実現する，⑤核兵器廃絶の先頭に立ち，テロの脅威を除去する。このほか，各論の中で自由貿易協定の推進，日米地位協定の改訂，国連平和維持活動への参加等が挙げられている。

〈2010年参議院議員選挙〉責任ある外交で，開かれた国益を実現します。①日米同盟の深化，②普天間問題は，日米合意に基づき，沖縄の負担を軽減，③日米地位協定の改定，④東アジア共同体の構築，⑤国際貢献，⑥ODAの見直し，⑦自衛隊の海賊対処，⑧核兵器のない世界，⑨北朝鮮問題の解決，⑩防衛大綱の策定，⑪防衛生産技術基盤の維持・活性化のため，防衛装備品の民間転用の促進。

　総じていえることは，抽象的な言葉が多く，具体性に欠けるきらいがあることである。党内の対立を避けるために，抽象的な言葉を並べたかのように見える。しかしながら，2004年の参議院議員選挙の頃から，若干の具体性が現れて来た。それは，次のような経緯があったからではないかと推測される。

　民主党では，党内の外交・安全保障に関する考え方の対立が放置されていたわけではない。2004年3月，当時，民主党の代表代行だった小沢一郎議員と横路孝弘副代表（当時）が自衛隊とは別組織の「国連待機部隊」創設を柱とする「安全保障と国際協力の基本原則」に合意している。それまで，民主党内では，保守派と旧社会党出身者のグループなどの左派との間に大きな溝があった。特に，安全保障問題では，旧社会党グループとの考え方の違いが大きかった。小沢議員側と旧社会党グループとの話し合いは，小沢議員がまだ，自由党に所属していた時代，すなわち，2001年から始まっている。その目的は「野党結集」である。小沢側の狙いを山岡賢次議員が次のようにいう。

　「野党結集というとき，一番の悩みは民主党の保守層が左を目の敵にすることだった。左を切れば健全な党になるという。四分五裂になってはいけないので，自由党が横路グループと接触し，最大のネックだった安全保障政策の話し合いをやることになった。私は横路グループから，赤松さんとか佐々木秀典さんを説得してくれと頼まれた」（塩田潮『新版民主党の研究』平凡社，2009年，

211-214頁)。

　その結果，自由党が民主党と合流した後になって，ようやく次のような基本原則が作成され合意された。
「・自衛隊は憲法9条に基づき専守防衛に徹し，国権の発動による武力行使はしないことを日本の永遠の国是とする。一方，憲法の理念に基づき国際紛争の予防，解決等国際協力に取り組む。
・自衛隊とは別に，国際協力を専らとする常設組織として「国連待機部隊」（仮称）を創設する。要員は，自衛隊・警察・消防・医療機関等から確保。特に必要がある時は，自衛隊からの出向を求める。
・将来，国連軍が創設されるまでの間は，国連決議が行われた場合には，強制措置を伴う国連主導の多国籍軍に待機部隊をもって参加する。参加の有無，形態，規模等は，国内及び国際情勢を勘案して我が国が主体的に判断する」
(『毎日新聞』2004年3月20日)。

　合意は，横路グループとだけ行われたわけではない。横路グループに続いて，同じ民主党内の鳩山グループ，旧民社党グループとも，ほぼ同じ内容の合意文書を作成して調印した。山岡賢次議員の説明によると，その経緯は次のとおりである。

　「『旧社会党グループと，自民党よりも右だといわれた我々が安全保障で一致できたのに，あなたたちにできない理由があるのか。左を追い出そうというのは，たんなる感情論，主導権争いではないか。それでは政権は取れない』と民主党の保守層に言って，一番のアキレス腱のところからまとめていった。それが今の安全保障政策です」(前掲書『新版民主党の研究』212頁)

　この発言は，自民党よりも右といわれた旧民社党グループを意識しているが，このほかの保守的なグループ，例えば，松下政経塾出身グループとの接触については，何も語っていない。旧民社党グループが最右翼と考え，その他のグループはそれよりも左と考えていたのだろうか。

　基本原則について，横路議員は次のように述べている「要するに，憲法9条を前提にする。小沢さんのほうは，自衛隊を湾岸戦争に派遣すべきだと言って

いたから，そこは国土防衛に専念する形にして，国連の活動については別組織にして対応することで歩み寄った。こちらはその別組織と多国籍軍の関係で，参加する部隊の身分は日本の国というよりも国連の職員として参加し，国連の指揮下に入るのだから，それはそれで憲法や国連憲章の方向性ということで歩み寄った。小沢さんはその後もそのスタンスだと思う。私も基本的にはそれでいいだろうと考えている」（『毎日新聞』2004年3月20日）。

これらの合意について，前原誠司元代表は次のようにいう。

「あの合意は同床異夢のところがあると思う。政治的妥協の色合いがあるという気がする。しっかりまとめあげることは大事です。私が代表になる前，小沢さんと話をしたとき，憲法について，小沢さんは『政権交代を言っているのだから，現行憲法で何をやるかをきっちりまとめなければならない。政権党となれば，憲法を改正してさらにやることを決めたらいいけど，現実の政治のテーマとして具体的に上がっていない状況では現行憲法で何ができるか考えなくてはならない』と言っていた。それはそのとおりだと思う」（前掲書『新版民主党の研究』211-215頁）。

具体的に同床異夢の点を挙げると，例えば，多国籍軍への「参加」についての考えの違いである。この「参加」は，前線での活動を認めるのか，後方支援にとどめるのかという問題である。小沢議員側は，国連の下でなら，武力行使も可能と考えているのではないかと見られるが，横路議員側は，憲法9条との整合性から後方支援に限定される，と考えていると思われる。前出の山岡議員も次のようにいう。

「『強制措置を伴う』のところも，（横路議員側が：筆者注）そう表現したいというから，『表現は勝手だ』と答えた。言葉は違うけど『武力の行使』と同じです」（同上，212頁）。

このように安全保障政策は2004年の段階で，一部について一応の合意ができていて，これに基づいて具体的な政策が立てられているのではないかと思われる。前記マニフェストを全体として見ると，安全保障政策の基本的な部分は，マニフェストが，その場限りのものでないとするならば，集団的自衛権，武器

輸出三原則等を除いて，その多くが網羅されているように思われる。また，外交政策については，日米関係の重視，対等な日米関係等の日米関係に関するものなど，基本的な事項については，大部分がマニフェストの中に示されている。最近では，大きな項目として，新たに東アジア共同体構想が現れてきた。一部を除いて，党内の合意ができているのである。量の面，すなわち議員の数の面では，政権を十分維持するに足る数を保有している一方，質の面においては，党全体による外交・防衛政策の完全な合意ができていないというのが現状であろう。

3．政権交代後の政策

(1) 尖閣諸島沖の中国漁船拿捕事件

2010年9月7日，尖閣諸島沖で領海侵犯の疑いで中国人の船長が海上保安庁に逮捕された。日本政府は一貫して「法に基づいて粛々と対応していく」と表明していた。これに対し，中国側は，「すべての責任は日本にある」として，9月12日には，夜中の12時に丹羽宇一郎駐中国大使を呼びつけ，上海万博への日本人学生1000人の招待を延期し，日本への旅行客をキャンセルした。また，9月20日には，民間企業「フジタ」の社員4名を拘束している。

これに対し，日本側は，9月25日，船長を処分保留により釈放した。釈放の方針についての発表は，政府ではなく那覇地検が行った。那覇地検は，釈放理由の大意を次のように説明している。「引き続き中国人船長を拘置したまま捜査を継続した場合の我が国国民への影響や，今後の日中関係を考慮すると，これ以上身柄の拘束を継続して捜査を続けることは相当でないと判断した」。

この発言は，那覇地検が政治的な判断を行っているように受け取れる。日本は三権分立の国であり，三権のそれぞれが独立性を保っている。検察が勝手にこのような判断を下したのであれば，明らかに越権行為であるといえる。

また，国際社会から「日本政府は中国の強硬な圧力におののいて屈服した」と見られても止むを得ない。というよりも「日本政府の考えは我々には理解不可能だ」と呆れられているのではないだろうか（中西寛「管理能力なき民主党政

権」『潮』2010年12月号，62-65頁)。

　このような結果になったのは，菅総理や仙谷官房長官，前原国土交通大臣，岡田外務大臣の間で十分な調整が行われておらず，意思統一ができないうちにずるずると事態が進行してしまったということが想像できる。この結果，民主党政権には危機管理能力がないことが，国内外に示されてしまった。このような，少なくも自国に関する問題の時には，国家としての態度を明確に，国際社会に発信できるようにしておくべきである。それができないままでは，国際社会で存在感を全く示せない（同上，62-67頁)。

(2) 東アジア共同体構想

　「東アジア共同体」という概念は，明確ではない。その地理的な範囲や具体的な形態について，関係する国との合意も存在していない。

　これについて，鳩山由紀夫元首相は，国連総会，ASEAN＋3，米国，オーストラリアとの会談における発言を通じて，「東アジア共同体構想を長期的なビジョンとして推進したい」「開かれた地域協力として排他的にならない形で進めていく」「どの国が入り，どの国が入らないという議論は，今のところ意味がない」「日米同盟の強化を基礎として東アジア共同体構想を進める」と述べている。

　このような発言から窺うかぎりにおいて，東アジア共同体構想は，これまでの自民党政権の東アジアに関する路線から大きく踏み外すものではない。具体的にいうと，1977年，福田赳夫首相（当時）が，インドシナ戦争後の東南アジアにおけるASEANとインドシナ諸国の和解を呼び掛け，支援を約束したいわゆる「福田ドクトリン」に始まり，2002年の小泉純一郎首相（当時）が，「共に歩み共に進むコミュニティー」を呼び掛け，「まずはASEAN＋3の枠組みを最大限活用」するが，そのメンバーとして「日本，ASEAN，中国，韓国，オーストラリア，ニュージーランド」の名前を挙げている。これが，後の，オーストラリア，ニュージーランド，インドが加盟する「ASEAN＋6」が成立する布石となったといわれている（伊藤憲一「日本外交と東アジア共同体構想」『外

交』Vol.1, 60-65頁)。

　問題となるのは，この構想に対して，中国とアメリカがどのような態度をとるのかということである。中国は，ASEAN＋3に固執しているのに対して，わが国は，インド，オーストラリア，ニュージーランドを含み，場合によってはアメリカの参加も排除しないという姿勢をとっている。また，一部のASEAN諸国は，中国の南沙諸島問題を含む南シナ海進出に警戒感を抱いている。

　一方，アメリカは，中国の軍事強化政策に対して懸念を表明している。日米安全保障条約は，アジア太平洋地域全体の平和を担保する「公共財」の役割を担っており，そのことは中国さえも認めている。日米同盟が解消されれば，日本は憲法第9条を改正して，自主防衛能力を強化せざるを得なくなる。中国は，それがアジア太平洋地域の新たな不安定要素となることを恐れている（同上，65-67頁)。今後，構想をさらに推進するためには，米国，中国を含む関係諸国と協議を重ねながら，地理的な範囲，具体的な内容をさらに詰める必要があろう。

(3) 日米同盟の深化

　2010年1月19日，菅直人首相の下で，日米安全保障条約署名50周年を迎えた。当日には，日米両首脳の談話と声明が発表されるとともに，「2＋2」の共同発表が行われた。日米両国は同盟をさらに揺るぎないものにするため，幅広い分野における日米安保協力を推進し，深化するための対話を強化した。その結果，日米同盟を，安全保障，経済，文化，人材交流の三本柱を中心に深化・発展させることとした。そして次の項目について合意に達した。

　① 共通の戦略目標：アジア太平洋地域における平和と安定，ASEAN諸国との関係強化，テロの防止，災害予防など，② 日米同盟の安全保障および防衛協力の強化：抑止および緊急時の対処の強化，地域及びグローバルな場での日米同盟の協力，日米同盟の基盤の強化，③ 在日米軍の再編の進展：沖縄における再編，米陸軍司令部能力の改善，横田飛行場の空域の一部変換等，厚木飛行場から岩国飛行場への空母艦載機部隊の移駐，訓練移転，施設

の共同使用,環境,④ 東日本大震災への対応における協力,⑤ 在日米軍駐留経費負担

その後,2010年2月,オバマ政権は「2010年版4年ごとの国防計画見直し(QDR)」を発表している。その中で,既存の同盟関係の「維持・強化を追求すると共に,同盟国とパートナー国による地域規模の安全保障への貢献を促す」と述べている。民主党政権の「深化・発展」政策は,このQDRの方向性と同一である。さらに,2012年4月の日米共同声明でも「日米同盟はアジア太平洋地域の平和と安全の礎」と位置づけている。こうした方向性に対し,「日本にさらに海外派兵を拡大し,海外で米軍と共に戦争する態勢作りの加速を迫ろうとしている」という批判がある(山崎静雄「憲法との矛盾広げる民主党の外交・安保路線」『前衛』2010年12月号,38-48頁)。

民主党内でも,小沢一郎議員のように,日米と日中が等距離の「二等辺三角形」が望ましく,アメリカの極東プレゼンスは第7艦隊で十分という意見を述べる者も一方では存在する。

(4) 普天間問題

2009年9月の政権交代に伴い,在日米軍再編に関する過去の日米合意などの経緯について検証が行われた。特に普天間飛行場の代替施設については,抑止力を維持しつつ,普天間飛行場周辺住民に対する危険性の除去を図り,沖縄の負担を軽減する観点からの検証である。日米両政府は,辺野古に移設する現行計画が決まった経緯を検証するため,作業部会を立ち上げた。出席者は,日本側から,岡田外務大臣,北沢防衛大臣,米側は,ルース駐日大使である。鳩山首相は,同年11月の時点では「日米で協議して結論がまとまれば,一番重い決断として受け止める必要がある」と作業部会の結論を重視する考えを示していた。ところが,その結論が出る前に,鳩山首相は,決着を先送りする方針を固めた。理由は連立政権を組む社民党への配慮からだといわれている。普天間問題の迷走はここから始まる。

沖縄県側は,普天間基地の閉鎖・撤去と沖縄県内への移設反対を固めていた。

また，選挙前，鳩山首相は，普天間の県外移設を目指す考えを示していた。
　しかしながら，2010年5月28日，日米安全保障協議委員会（「2＋2」）は，普天間飛行場の代替施設をキャンプ・シュワブ辺野古地区及びこれに隣接する水域に設置する意図を確認している。結局，県外移設は成らなかったわけである。こうして，日米両国の間では，当初の予定通り辺野古移設が確認されたが，一方，国内においては，当事者たる沖縄県との協議は一向に進んでいない。2010年5月7日，鳩山首相は，鹿児島県徳之島の3町長と会談し，普天間の機能の一部を受け入れるよう要請したが拒絶された。5月23日には，沖縄県の仲井真弘多知事と会談し，普天間の移転先について，辺野古付近にお願いせざるをえないと要請した。さらに，5月27日には，全国知事会で，嘉手納や普天間の訓練の一部を各都道府県で分散して受け入れるよう要請したものの，これも拒絶された。5月28日，鳩山首相は，オバマ大統領と電話会談を行い，代替施設建設や沖縄の負担軽減に向けて努力することで一致した。その後，「2＋2」が，代替の施設の滑走路の長さを1800メートルに決定した。また，代替の施設は2014年までに完了する計画であったが，多少の遅れを容認することが示唆された。同日夜，鳩山首相は，臨時閣議を開催し，普天間飛行場を辺野古周辺に移設するとした政府方針を閣議決定した。しかし，国外移設を主張する社民党の福島消費者担当大臣が署名を拒否したため，これを罷免した。5月30日には社民党が連立与党から離脱した。6月2日には鳩山首相も辞任した（森本敏『普天間の謎』海竜社，2010年，486-518頁）。しかし，混乱は収まらなかった。その後2011年10月，沖縄防衛局長が，環境影響評価報告書をいつ提出するのかと問われた際に，「犯す前に犯すというものはいない」という発言を行ったため，事態はますますこじれている。環境影響評価報告書は2011年12月に沖縄県に提出されたが，今後，事態がどのように進展するのか，全く先が見えない。
　こうした状況の中，2012年4月，「2＋2」は沖縄の海兵隊の一部を，グアム，ハワイと新たに設置するオーストラリアの基地にローテーション展開させるという計画を発表した。その内訳は現在，沖縄の1万5000人の海兵隊員のうち9000人の兵員とその家族が国外に移動する。グアムに移動する兵員の数は約

5000人となる。おそらく，これは南シナ海を睨んだ移動と思われ，辺野古移転にも影響が及ぶことも十分に考えられる。同時に普天間問題については，「普天間の代替施設は現行の移設案が唯一の有効な解決策である」と述べている。

普天間問題は，米国連邦議会でも問題となっている。超党派の議員が，海兵隊の辺野古移設を断念し，嘉手納の空軍基地を海兵隊と共同使用させるという法案を提出した。だが，これは否決され，米政府も嘉手納の共同使用を否定している。

果たして，普天間問題は日米両政府の考え通りに進展するのだろうか。これからまだ紆余曲折が予想される。事態が進展しなかった場合，米国側がどのような態度を取るのかが注目される。

(5) 新安保防衛懇報告書と新防衛計画の大綱

鳩山首相（当時）の私的諮問機関である「新たな時代の安全保障と防衛力に関する懇談会（新安保防衛懇）」が，2010年8月27日，「防衛計画の大綱」改訂に関する報告書を提出した。

「防衛計画の大綱」は，防衛政策の基本方針および自衛隊が保有すべき防衛力の水準を指示する文書であり，10年あるいは5年をめどに改定している。前大綱は，2004年に改定されていたもので，本来ならば2009年に新たな大綱を作る予定であった。しかし，政権交代があり，新たに民主党政権ができたため，当時の鳩山政権が，「改めて議論し直すことが重要であり，プロセスを1年延ばす」と先送りし，2010年度の防衛費は，前大綱の考え方に準拠する形で編成した。しかし，新安保防衛懇が報告書を提出したことで，新たな方向性が示されたことになった。

新安保防衛懇のメンバーは，学者中心であり，政権交代があったにもかかわらず，政策の継続性を保つためか，メンバーの中には自民党の安倍政権時の「安全保障の法的基盤の再構築に関する懇談会」委員だった岩間陽子政策研究大学院教授と中西寛京都大学教授が，麻生政権時の「安全保障と防衛力に関する懇談会」委員だった中西寛京都大学大学院教授と加藤良三元駐米大使が委員に加

わっている。会合は，鳩山政権下の2月から5月まで8回開かれ，鳩山政権が崩壊していたため，次の菅首相に提出された。

新安保防衛懇報告書の情勢認識および政策提言の特色は，従来の大綱が保持してきた「基盤的防衛力構想」に基づく防衛力にはっきりと決別を迫り，脅威対抗論に立った「所要防衛力構想」への回帰を主張しつつ，それを「平和創造国家」というブランドで包んだところにある（前田哲男「民主党政権は『専守防衛』を葬るのか」『世界』2010年11月，113-121頁）。

「平和創造国家」については，次のように述べられている。

「日本は，第二次世界大戦における敗戦の経験から，戦後一貫して，抑制的防衛政策をとってきた。日本は平和憲法に基づき，他国の脅威とならない専守防衛政策をとり，国民も基本的にこれを支持してきた。また，日米安保体制の下，主として自衛隊が対外的な拒否的抑止力の機能を担い，懲罰的な抑止力については基本的に米軍に依存する役割分担を維持してきた。さらに，日本は，他の先進国に例を見ない事実上の武器禁輸政策を維持し，憲法解釈上，集団的自衛権は行使できないものとして，その安全保障政策，防衛政策を立案，実施してきた。ただし，こうした政策は，日本自身の政策によって変えることができる」

所要防衛力とは，脅威の量に連動させる防衛力整備を意味している。つまり，脅威の量が拡大すれば，それに従って防衛力も拡大させるという考え方で，1958年から開始された4次にわたる防衛力整備5ヶ年計画で採用され，防衛費が「倍々ゲーム」で拡大していった。このため，国民の批判を受け，国会で「防衛力の限界論争」が起きた。その結果，所要防衛力構想は否定され，新たに「基盤的防衛力構想」が考えられた。この構想は，自衛隊を「平和時の防衛力」として位置づけている。その具体的内容は次のとおりである（同上，114-115頁）。

① 憲法に則り必要最小限度の防衛力を整備する。
② 相手の意図や能力に反応するのではなく，奇襲的に行われる侵略に十分な警戒態勢をとる。
③ 情勢に重要な変化が生じたときには，円滑・有効に対処できる配慮をし

ておく。

「基盤的防衛力構想」策定時の防衛庁長官だった坂田道太氏は，「自衛隊の使命は現在与えられている制約の中で，どうやって国民の生命，財産を守り，自由と平和を守るかである」と述べている。このような考え方の下，「平和的な発想に立つ＝非軍事的手段重視」「敵を持たない＝専守防衛」「攻撃的でない＝十分な警戒態勢」によって，防衛に関する国民合意の確立を図ろうとする試みだった（同上，115頁）。

また，新安保防衛懇は，政権交代と大綱の改定については，次のように述べている。「本懇談会としては，政権交代があったからといってその安全保障政策，防衛政策を軽々に見直すべきと考えない。しかし，これは国民がこれまでの政策の不合理なところを見直す絶好の好機である」

それでは，新安保防衛懇報告書は，これをどのように変えようというのか。これを先ず検討してみる。

① 動的防衛力

国際情勢の分析では，テロ，大量破壊兵器の拡散，海賊問題をあげ，特にアジア地域における北朝鮮問題，中国の軍事力拡大政策を問題としている。これに対応するため，「日本が受動的な平和国家から能動的な『平和創造国家』へと成長する」ことを提唱している。具体的には，「冷戦下において米国の核抑止力に依存しつつ日本に対する限定的な侵略を拒否する『基盤的防衛力』が，もはや有効ではなく」，「すでに過去のもの」としている。また，「今日では『基盤的防衛力構想』という概念を継承し得ないことを明確にし，それに付随する発想や慣行から脱却して，踏み込んだ防衛体制の改変を実現することが必要な段階に来ている」としている。そして，このような「静的抑止」ではなく，「動的抑止力」が，より重要になったとして，弾道ミサイル・巡航ミサイル攻撃，特殊部隊・テロ・サイバー攻撃，周辺海空域および離島・島嶼の安全確保，海外の邦人救出，日本周辺の有事など，多様な事態への対応を行うべきであるとしている（清水雅彦「民主党政権における防衛政策の検討」『法と民主主義』2011年2・3月，82-85頁）。

要するに，この新安保防衛懇報告書でいいたいことは，冷戦の時代が終り，新しい時代に入ったということであろう。すなわち，「基盤的防衛力構想」は，冷戦の時代の産物であり，冷戦以降は，国家単位の戦争ではなく，テロ，ゲリラなどの形態の戦いが増えてきた。こうした新しい事態に対処するためには，「基盤的防衛力構想」での対処は無理で，「平和創造国家」という考え方を取ることが必要であるという考え方である。具体的には，「グローバル・コモンズ」という地理的な概念，および「シームレスな対応」という部隊運用のありかたを導入する。つまり，「国際公共空間」にわたる「継ぎ目のない」三自衛隊の活動領域と任務を設定し，自衛隊を「動的抑止力」と位置づけ「米国との共同作戦基盤」の下で統合運用する方針を示している（前掲論文「民主党政権は『専守防衛』を葬るのか」117頁）。

　一方，2010年12月には，菅直人首相は，新防衛大綱（「平成23年度以降に係る防衛計画の大綱について」）を閣議決定している。この大綱は，民主党政権になってから初めてのもので，6年ぶりに決定されたものである。先に述べたように，従来，防衛計画の大綱は5年ごとに決定されていたが，政権交代があったため，1年間延期されていたものである。

　新防衛大綱は，我が国周辺地域の状況として，北朝鮮の軍事的動向を「重大な不安定要素」とし，また，中国の軍事的動向を「懸念事項」としている。そして，従来の基盤的防衛力構想から「即応性，機動性，柔軟性，持続性および多目的性を備え，軍事技術水準の動向を踏まえた高度な技術力と情報能力に支えられた」「動的防衛力」に転換すると述べている。これは，新防衛計画の大綱のひとつ前の「平成17年度以降に係る防衛計画の大綱」の中で，「多機能で弾力的な実効性のある防衛力」という概念を変えるものである（洗堯「新防衛計画の大綱を読む①」『軍事研究』2011年3月号，40-49頁）。

　また，島嶼部における対応強化も打ち出している。すなわち，意図するところは南西諸島の防衛強化といったところであろう。このような新大綱に対し，メディア等は，比較的スムーズに受け入れたようである。例えば『毎日新聞』は平成22年12月18日の社説の中で「中国シフトの防衛力整備」としながらも

「中国の軍拡と一連の行動がエスカレートすれば、日本周辺、アジア太平洋地域の不安定要素となる。軍事的な懸念や脅威を無視した防衛力構想はありえない。東アジアの安全保障環境を踏まえた防衛力構想の改定は、有効かつ必要であろう」と述べている。

　② 非核三原則

新安保防衛懇報告書では、当面「改めなければならない情勢にはない」「一方的に米国の手を縛ることだけを事前に原則として決めておくことは、必ずしも賢明ではない」と述べている。非核三原則とは、核兵器を「持たず、作らず、持ち込ませず」というもので、1967年、佐藤栄作首相（当時）が国会で表明し、国会決議も行われている、いわば「国是」である。その後、「持ち込ませず」の部分について、米国の核兵器の日本持ち込みを容認した密約の存在を証言する発言が相次いだため、民主党政権になってから調査が行われている。その結果、有事の際には、事前協議なしで持ち込まれる可能性があることが明らかになった。新大綱では、「非核三原則を守る」としている。

2010年3月17日、衆議院外務委員会で岡田外務大臣（当時）は、非核三原則について次のように述べている。

「核の一時的寄港ということを認めないと日本の安全が守れないというような事態がもし発生したとすれば、それはその時の政権が政権の命運をかけて決断し、国民のみなさんに説明する。そういうことだと思っております」。つまり状況次第では、核持ち込みを認めるということである。

　③ 武器輸出三原則

新安保防衛懇報告書は次のように述べている。

「日本だけが武器輸出を禁じることが世界平和に貢献するという考えは一面的であり、適切な防衛整備の協力や援助の効果を認識すべきである」「事実上の武器禁輸状態になっている」「装備品の有効な供与によって相手国との紛争は比較的発生しにくくなり、むしろ友好関係が促進される」「防衛装備協力、防衛援助が国際安全保障の改善に資する」。

しかしながら、新防衛大綱には、武器輸出に関する記述はない。

武器輸出三原則は，1967年に閣議決定され，紛争当事国や国連決議により禁じられている国などには輸出しないというものである。しかし，1983年に対米武器技術供与はその例外とすることになった。民主党政権になってからも，2010年10月，民主党外交安全保障調査会が出した報告書の中で，武器輸出三原則の見直しを要求していた。また，北沢防衛大臣（当時）も，この頃から積極的に見直しをする旨を発言していた。そして，2011年12月，野田首相の下で政府は，武器輸出三原則を緩和し，防衛装備品の国際共同開発および平和貢献や国際協力を目的とした武器の供与が可能となった。これを受けて，2012年3月，政府はODA（政府開発援助）により，フィリピンに巡視艇を供与する意向を表明した。中東のイエメンについても供与を検討しているという。

　「武器輸出三原則は，平和原則に基づく国是」これは，1981年12月の松田慶文外務省官房審議官の答弁である。共同開発が認められれば，輸出を行いたいということになるのは避けられないことであろう（前掲論文「憲法との矛盾広げる民主党の外交・安保路線」40-43頁）。共同開発と輸出は指呼の間にある。

④　国連平和維持活動（PKO）参加五原則

　PKO参加五原則は，1992年に成立した国際平和協力法に基づいたPKO参加のための基本方針である。その内容は次のとおりである。

1．紛争当事国の間で停戦の合意が成立していること。
2．当該平和維持活動部隊が活動する地域の国を含む紛争当事者が，当該平和維持活動部隊の活動および当該平和維持活動隊へのわが国の参加に同意していること。
3．当該平和維持部隊が特定の紛争当事者に偏ることなく，中立的な立場を維持すること。
4．上記原則のいずれかが満たされない状況が生じた場合には，わが国から参加した部隊は撤収することができること。
5．武器の使用は，要員の生命などの防護のために必要な最小限度のものに限られること。

この平和協力法に基づいて，最初のPKOが国連カンボジア暫定統治機構

(UNTAC)に派遣されたのである。

　また，2003年に，イラク人道復興支援特別措置法が制定され，自衛隊がイラクのサマワに派遣された。陸上自衛隊は，医療支援，公共事業等，海上自衛隊は陸上自衛隊の輸送，航空自衛隊は，C-130輸送機により，クウェートから，イラク南部のタリル飛行場まで，後にはバクダッド国際空港やイラク北部のアルビルへも輸送活動を行った。このような活動について，政府は，イラク人道復興支援特別措置法に基づく行動で交戦権の行使にあたるものは含まれていない。イラクで行った対応措置は，「武力の行使」や「武力による威嚇」にはあたらない。実施の区域はいわゆる「非戦闘区域」で行うので，武力の行使や「武力の行使との一体化」の恐れはない。使用する武器も，「実施する業務，現地の治安情勢などを勘案し，派遣される隊員の安全確保に必要なもの」に限られ，「当該武器の使用についても，現地の状況に応じて」法律の「趣旨に従って適切に行われる」としていた。

　その後，2007年に防衛庁の防衛省への移行に合わせて自衛隊法が改正され，在外邦人の輸送，国連平和維持活動，国際緊急援助活動，インド洋での補給支援活動，イラクでの人道復興支援活動は，自衛隊の本来任務として位置づけられることになった。この項目のうち，国連平和維持活動以下の4項目については，いわゆる「国際平和協力活動」と位置づけられている。

　1990年代には国際平和維持活動は，国際貢献として捉えられていた。その後，2000年代に入ると，「安全保障と防衛に関する懇談会報告書」（2004年10月刊）では，国際的な安全保障の改善を「総合的安全保障戦略」の目的とし，この戦略による脅威の予防は，「国際貢献」ではなく，「日本の安全保障に直結する」という認識を示した。

　新安保防衛懇報告書は，PKO参加五原則の武器使用基準については，「海外における武力の行使とは無関係」と述べている。さらに，他国の要員の警護を追加し，他国の活動に対する後方支援についても「従来の憲法解釈を変更する必要がある」としている。

　新防衛大綱では，「五原則を見直す」のではなく，「五原則等わが国の参加の

在り方を検討する」となっている。

　2011年10月，野田政権の時に，国連からの要請により，南スーダンに自衛隊を派遣することが決定された。田中直紀防衛大臣は，2012年5月9日，記者団の質問に答えて，「国連平和維持活動（PKO）の前提は崩れていない」と語っているが，南スーダンでは未だ内戦が収まっていないともいわれる。自衛隊が派遣される首都は，戦いはなく安全だと言われているが，果たして五原則に則っているといえるのだろうか。首都は「非戦闘区域」といえるのだろうか。

⑤　集団的自衛権

　新安保防衛懇報告書は，集団的自衛権について「憲法論・法律論からスタートするのではなく，そもそも日本として何をなすべきかを考える，そういう政府の政治的意思が決定的に重要である」と述べている。そして，「日米共同オペレーションに従事する米艦にゲリラ的な攻撃が仕掛けられた場合」や「日本のイージス艦がハワイ等米国領土に向かう弾道ミサイルを撃ち落とす」ケースを例示し，今の憲法解釈では「弾道ミサイル撃墜を国益に照らして実施するかどうかを考えるという選択肢さえない」と批判している。そして，「憲法論・法律論からスタートする」のではない「自衛権に関する解釈の再検討」，すなわち「憲法解釈上，集団的自衛権は行使できない」という政策の廃棄を求めている。

　しかしながら，民主党は2009年のマニフェストで，自衛権の行使は専守防衛に限定しているほか，「わが国の平和と安全を直接的に脅かす急迫不正の侵害を受けた場合に限って，憲法9条に則って行使する」としている。

　また，新防衛大綱では，集団的自衛権の行使については触れていない。

(6)　環太平洋経済連携（TPP）協定

　経済連携協定（EPA），自由貿易協定（FTA）は，物品の関税やサービス貿易の障壁などを削減・撤廃し，投資の保護・促進やビジネス環境の整備などを行うことを通じて，日本の経済的繁栄の基盤を強化し，アジアを含む成長市場の活力を日本の成長に取り込む効果がある（『平成23年版　外交青書』188頁）。

また，2010年11月には，「包括的経済連携に関する基本方針」を閣議決定した。その中で「国を開き」「未来を開く」ための決意を固め，世界の主要貿易国との間で，高いレベルの経済連携を進め，そのために必要な競争力の強化などの抜本的な国内改革を先行的に推進すること，およびアジア太平洋地域内の2国間EPA，広域経済連携，APEC内における分野別取り組みの積極的な推進に向け，主導的な役割を果たし，アジア太平洋地域における21世紀型の貿易・投資ルール形成に向けて主導的に取り組むことを決めた（同上，188-189頁）。

　この決定に基づき，日中韓自由貿易協定（FTA），東アジア自由貿易圏構想（EAFTA），東アジア包括的経済連携構想（CEPEA）というような研究段階の広域経済連携を推進している。また，TPPについては，情報収集を進めながら対応していく必要があり，国内の環境整備を早急に進めるとともに，関係国との協議を開始する，と述べている。これについては，野田首相が，参加に向けての協議に入る旨表明したため，野党はもとより，党内からも反対の声が上がり，中には民主党からの離党を表明する者も現れている。また，農業関係者，医療関係者等からも反対の声が上がっている。その後，2012年4月30日の日米首脳会談において，オバマ大統領は，日本のTPP交渉参加について，米国では，保険，牛肉，自動車産業についての，改善を求めた。このため野田首相は，交渉参加の正式表明を見送った。

　TPPは，現在，シンガポール，ニュージーランド，チリ，ブルネイ，米国，オーストラリア，ペルー，ベトナム，マレーシアの9ヶ国で交渉中のFTAである。この問題は，対応を誤れば，政局となり，党の分裂，政党の再編，解散，総選挙にもつながる重大な問題である。どのように政府が対応するか見守る必要がある。

4．おわりに—展望と課題

　よく民主党政権は，まとまりがないといわれている。それは，同一の問題について関係者がバラバラの発言を行っているからである。例えば，対米配慮から，辺野古という選択肢を外せない鳩山首相（当時）に対し，小沢幹事長（当

時)が辺野古以外への移設を主張したことなどが代表的事例として挙げられる。また，このまとまりのなさは，連立政権に起因すると思われるものもある。三党連立時代の外交問題にそれが端的に見られる。特に民主党と社民党との違いが大きかった。民主党は，憲法第9条改定・日米同盟の積極的肯定，対米核抑止力依存を基本的立場としている一方，社民党は，護憲，特に第9条の堅持，日米同盟依存度の縮小，非核三原則の堅持を重視している。このため，普天間基地の辺野古移転の閣議決定を行う際，署名を拒否した社民党の福島党首が閣僚から罷免されている。このまとまりのなさは，現在も続いている，といってよい。

また，防衛大臣の発言もしばしば問題となっている。例えば一川防衛大臣(当時)は，就任早々に「私は安全保障に関しては素人だが，これが本当のシビリアン・コントロールだ」と述べ，関係者に失望感を抱かせた。

こうした状況は，初めて政権党になったばかりなので不慣れという面もあるだろうが，大臣を支える官僚との関係が円滑になっていないという面もあるのではないかと推測できる。

個別の防衛政策では，以前には，民主党は自民党と異なる主張をしていた。例えば，インド洋上で米国の艦船などへの補給作業について，民主党は延長に反対していたが，「アフガニスタン国内のテロリストの移動と物資および資金の調達を含む行動の自由を制限することに一定の効果を有した」と評価している。また，海賊対処については，民主党は，自衛隊でなく，海上保安庁の派遣を主張していたが，これについても，自衛隊による対処は「大いに貢献した」と評価した。沖縄問題についても，「米海兵隊をはじめとする米軍が駐留していることは，わが国の安全のみならずアジア太平洋地域の平和と安全に大きく寄与している」としている(前掲論文「民主党政権における防衛政策の検討」参照)。

さらに，自民党政権でもできなかった問題について，これをさらに発展させる傾向さえ見られる。例えば，武器輸出三原則の条件の緩和，PKO参加五原則の中の武器使用基準の緩和などはその最たるものであろう。武器輸出三原則の条件緩和等は，渡辺治が指摘しているように，「自民党政権を倒すために民

主党の政策に転換が見られたが、もともと民主党は財界の期待に応えて、構造改革と軍事大国化を自民党と競い合う保守政党として誕生・発展してきた政党である」と考えるならば理解できよう（渡辺治「政権交代と民主党政権の行方」渡辺治他編『新自由主義か新福祉国家か』旬報社、2009年、65-72頁）。

　今後、民主党政権の外交・安全保障政策はどのように展開されるのだろうか。その課題を指摘して終わりにしたい。

　第一は、海外における自衛隊の武力行使の問題である。民主党は、国連の活動であるならば、自衛隊の武力行使は憲法上可能であると考えているようである。国連の要請があった場合、特別法の制定などを待たずに出動し、武力行使を可能とする「国際安全保障基本法（仮称）」の制定を目指す動きが出てくるかもしれない。

　第二は、緊密で対等な日米関係を築くという問題である。その内容は主体的な外交戦略を構築した上で、米国と役割分担しながら、日本の責任を積極的に果たすことが必要になろう。しかしながら、米軍が長期にわたり駐留している現状を考えると、これは非常に困難な作業となると言わざるを得ない。

　このほか、民主党がマニフェストに掲げておきながら解決できていない問題、例えば北朝鮮問題などが山積している。いずれにしても、今後、外交・安全保障上の問題をどう解決していくのか注目される。2012年1月、野田首相は、通常国会を前にして、内閣を改造し、防衛大臣などを交代させた。しかし、田中直紀新国防大臣は新聞記者会見で問題発言をするなど前途は多難である。

第12章 「東日本大震災」対策

藤本　一美

1．はじめに―東日本大震災の発生

　2011年3月11日，午後2時46分，東北地方の太平洋沖でマグニチュード9.0の大地震が発生，気象庁はこれを「2011年東北地方太平洋沖地震」（以下，東日本大震災と略す）と命名した。この地震は，わが国で観測された最大規模の大地震であり，同年2月に日本人留学生の犠牲者を出したニュージーランド地震の規模の約1万1000倍，また，1995年の阪神・淡路大震災の約1450倍，さらに，1923年に10万人余の犠牲者をだした関東大震災の約45倍のエネルギーを持った大地震であった（気象庁　2011年3月13日，「平成23年（2011年）東北地方太平洋沖地震について〔15〕，http://www.jma.go.jp//jma/press/1103/13b/201103131255.html．プレスリリース〔2011年10月5日閲覧〕，石田瑞穂「2011年東北地方太平洋沖地震」『現代用語の基礎知識』自由国民社，2011年，38-39頁）。

　今回の大地震により私が住んでいる千葉県浦安市でも甚大な被害を蒙った。浦安市では震度5強を観測し，市域の約85％にあたる埋立地域でいわゆる「液状化現象」による土砂の噴出が起き，そのため家屋傾斜，土砂流失，道路陥没や隆起が生じた。また，ガスや上下水道などのライフラインが破滅的な被害を受け，日常生活の上で欠かせない多くの設備が使用できない状況に追い込まれた（『うらやす　議会だより』No.135，2011年5月15日，液状化現象；大地震の際に，地震動による上昇水圧などで砂や水が噴出する。その際，飽和に近い水を含んでいる砂層では，砂粒子が水中に浮遊し，液状地盤となり，重いビルは沈む一方，軽いガソリン・タンクやライフラインの共同溝などは浮き上がる。これを一般に"液状化現象"といっている（前掲論文「2011東北地方太平洋沖地震」41頁，参照）。

東日本大震災に伴う被害とその対策に追われた浦安市では，松崎秀樹市長が4月10日に投開票される予定であった浦安市選挙区（定数2）の県議選挙実施と開票を拒否するという前代未聞の事態に発展し，大きな関心を呼んだ（「東日本大震災と統一地方選挙」『Voters』創刊号，2011年6月，25頁）。

　本章の課題は，2011年3月11日に発生した「東日本大震災」に際してまず最初に，政府，特に菅政権の対応および米政府の協力に焦点をあてて分析し，次いで，千葉県浦安市の被害の実態と対応を検討する。

2．東日本大震災と日米両国政府の対応

(1) 東日本大震災の発生

　冒頭でも述べたように，2011年3月11日の14時46分，宮城県牡鹿半島の東南東沖130キロの海底を震源として発生した東北地方太平洋沖地震は，わが国の観測史上最大規模のマグニチュード9.0を記録し，震源域は岩手県沖から茨城県沖までの南北約400キロ，東西約200キロにまでおよんだ。この地震により，ある場所では波の高さが10m以上，また最大遡上高さ40.1メートルに及ぶ大津波が発生し，東北地方および関東地方の太平洋沿岸に甚大な被害をもたらした。

　さらに大津波以外にも，地震の揺れ，液状化現象，地盤沈下，およびダムの決壊などで，東北および関東地方では大きな被害が発生するなど，ライフラインが寸断された。2011年9月11日の時点で，災害による死亡・行方不明者は，約1万6000人，建物の全壊・半壊は27万戸以上，ピーク時の避難者は40万人以上，停電世帯は800万戸以上，そして断水世帯は180万戸以上に上った。最終的に政府は，震災による被害額を16兆円から25兆円と試算した（平成23年〔2011年〕東北地方太平洋沖地震津波波の概要　第3報，http://www.jwa.or.jp/static/topics/20110422/tsunamigaiyou3.pdf. 日本気象協会，2011年〔2011年10月5日閲覧〕，月例経済報告等に関する関係閣僚会議　震災対応特別会合資料，http://www5.cao.go.jp/keizai3/getsurei-s/1103.pdf. 内閣府，2011年〔2011年10月5日閲覧〕）。

　地震と津波により大被害を受けた東京電力の福島第一原子力発電所（以下，福島第一原発と略す）において，全ての電源を喪失した結果，原子炉それ自体

が冷却できなくなり，大量の放射性物質の放出に伴う原子力事故となった。このため，原発のある浜通り地域を中心に，周辺一帯の福島県の住民は長期の避難を余儀なくされた。

　これに対して，政府は3月12日の夜の持ち回り閣議で，政令により「平成23年東北地方太平洋沖地震等による災害」を激甚災害に対処するための特別の財政援助に関する法律（激甚災害法）に基づく激甚災害に指定し，同じく政令により，特定非常災害特別措置法に基づく特定非常災害に指定した（政令公布は3月13日）。また，岩手県，宮城県，福島県，青森県，茨城県，栃木県，千葉県，および東京都の各都県は災害援助法の適用を決定した。さらに3月22日には，岩手県，福島県，青森県，宮城県，茨城県，千葉県，および内閣府は東北地方太平洋地震と津波による被災者生活再建支援法を適用することを決定した。

　3月11日に発生した東日本大震災に対処するため，政府は菅直人首相を本部長とする「緊急災害対策本部」，「原子力災害対策本部」，および「福島原子力発電所事故対策統合本部」を，また，松本龍防災相を本部長とする「被災者生活支援特別対策本部」，湯浅誠を室長とする「ボランティア連携室」，および枝野幸男官房長官を本部長とする「電力需給緊急対策本部」を各々設置した。だが，各組織間の連携が十分に取れていなかったため，3月22日，菅首相は被害者支援各府省連絡会議を設置した。しかし，それでも問題は解決されなかった。その後4月1日に至り，菅首相は「東日本大震災復興構想会議」の発足を表明した。こうした政府の対応に対して，マスメディアは菅首相および政府が国民向りの「一方的なメッセージ」を発する以外に地震発生から2週間以上も記者団の取材や質問に応じず，しかも国会での答弁も行わなかった，として菅首相に批判の声を高めた。なお，政府は4月1日の持ち回り閣議で今回の地震による震災の名称を「東日本大震災」とすることを了解・発表した（「異例・姿見せぬ菅首相，関係者から不満の声」『読売新聞』2011年3月23日，http://www.yomiuri.co.jp/politics/news/20110323-oytt00910.htm〔2011年10月7日閲覧〕，「首相こもりがち　原発対応専念　周囲から不満」『日本経済新聞』2011年3月26日，「震災の呼称閣議で「東日本大震災」に」『読売新聞』2011年4月1日，http://www.yomiuri.co.jp/

national/news/20110401-oytit00701.htm?from=main1-〔2011年10月5日閲覧〕)。

　それでは，今回の東日本大震災の発生に際し，政府，特に菅首相はどのように対応し，いかなる指示を与えたのであろうか。そこで次に，菅首相が退陣した後のインタビュー記事に基づき，菅前首相（以下，首相と述す）の対応ぶりを時系列的に検討する。

(2)　政府の対応

　すでに述べたように，3月11日午後2時46分，三陸沖を震源とするマグニチュード9.0の大地震が東日本を襲い，宮城県北部は震度7を記録し，東北地方を中心に太平洋沿岸は大津波にのまれた。同日午後3時4分，日本政府は直ちに緊急災害対策本部を設け，緊急対策災害本部を設置した菅首相が最初に指示したのは，自衛隊を最大限利用して活動させることだった（「検証　大震災　菅前首相の証言」『毎日新聞』2011年9月7日）。

　菅首相の指示を受けた北沢俊美防衛相は，地震発生当日の11日夜までに，陸海空自衛隊約8400人の派遣を命じた。その上で，菅首相は12日朝の現地視察後には5万人，そして13日には10万人と自衛隊派遣の目標を立て続けに引き上げた。菅首相はこの点について，「総員20数万のうち10万人はすごいことだ。自衛隊は軍隊であると同時に危機管理では最も能力がある。だから無理をいった」と，述べている（同上）。

　問題なのは菅首相が，大地震と大津波による被災地救援以外に原発事故への対応という二つの大きな課題を抱えることになったことである。既述のように，緊急災害対策本部および原子力災害対策本部とも，本部長は菅首相が務めた。菅首相は，この点について，次のように証言している。「これが最初は大変だった。まずは地震，津波の救出，救命に全力を挙げなければならない。それでかなり早い段階から自衛隊に入ってもらった。一方，原発事故でも関係部局から人を集めた。この二つに同時に対応するのは大変だった」（同上）。

　菅首相は地震・津波による救命作業の方を自衛隊に委ね，自身は原発事故対応に全力をあげることになった。菅首相は，官邸地下の危機管理センター横の

小部屋に海江田万里経済産業相，東電元副社長の武黒一郎，および内閣府原子力安全委員会の班目（まだらめ）春樹委員長らを参集させた。菅首相はいう。「最初に全電力が落ちて冷却機能が停止し，原子力災害対策特別措置法第15条事象となった。冷却が止まることがどういうことか（理科系出身の）私には分かっていたから，"何としても冷却機能を復活できないか"といったら，"電源が落ちている。電源車が必要だ"となった」。こうした状況の中で，東電と菅政府は総力を挙げて電源車を手配したものの，しかし，電源の回復はできなかった（同上）。

越えて12日未明，福島第一原発第１号機の格納容器の圧力が異常上昇していることが確認された。菅首相によれば，官邸では東電，原子力安全・保安院，および原子力安全委員会が各納容器の弁を開放して放射能性物質を含む水蒸気を逃がし圧力を下げる，いわゆるベント（弁開放）の必要性をそろって指摘した。そこで，午前１時半，海江田経産相が東電にベント実施を正式に指示し，さらに，午前３時過ぎから，海江田経産相，寺坂信昭原子力安全・保安院長，および小森明生東電常務が記者会見し，ベントの実施方針を発表した。だが，事態が改善する状況は一向に見られず，菅首相は焦りを募らせた。

菅前首相は，この辺の事情を次のように説明している。「清水社長がこう言っていますとか，現地の吉田所長がこう言っていますという話がないんだ。（ベント実施を）判断する人がいないのか，技術的な問題があるのか。いろんな事情が当然ありうるわけだ。だが，官邸にいる東電の責任者は東電本店に伝えるだけで，（現場とは）ワンクッションある。結局は，"伝言ゲーム"だった」（同上）。

伝言ゲームに業を煮やした菅首相は，自分が現場と話すと枝野幸男官房長官らに伝え，被災現地の視察を決意した。もちろん，危機対策の初動段階で首相自身が官邸を離れることへの慎重論が官邸内にあった。この点について菅首相は，「被災地を上空から見ておくのが一つ（目的として）あったが，とにかく（原発の）現場の人間と話しをしようと計画を立てた。（官邸の指示が）現場に伝わっているのか，現場に正確に伝わっていないんじゃないか，と思わせる状況が

続いたから」，と述べている（同上）。

　12日午前7時過ぎ，菅首相は福島第一原発第1号機の前に陸上自衛隊のヘリコプターで到着し，現地本部で指揮をとる武藤栄副社長および吉田昌郎所長と会談した。吉田所長はベントの手順とそれが困難な理由を説明し，二つの弁があり，手動で開放する必要がある，と答えた。ベント実施を妨げていた要因が，実は高い放射能量と電源喪失による暗闇での作業にあったことが判明した。そこでベントの開始は，視察から約3時間後の12日午前10時17分に実施された。しかし，その日の約5時間後の午後3時36分に1号機の原子炉建屋内で水素爆発が生じ，また，14日には3号機の原子炉建屋でも水素爆発が生じたのである（その後6月6日に至り，原子力安全・保安院は大地震から約5時間後の11日午後8時頃，すでにメルトダウン〔炉心溶解〕に至ったとする解析結果を認識し，水素爆発時点でメルトダウンしていた事実を明らかにしている〔同上〕）。

　このような原発での事故は，周辺住民の大量避難という事態をもたらし，政府は大難題に直面した。原子力安全委員会の防災対策指針は，「防災対策を重点的に充実すべき範囲」（EPZ）として「原発から半径8〜10キロ以内」を目安としていた。節目は12日未明，避難範囲を3キロ圏から10キロ圏内に拡大した時である。政府が「指示したベントが行なわれず，安全委の班目委員長が"容器が破裂する恐れがある"と発言し，急きょ避難範囲の拡大をきめた。だが，政府関係部局から市町村への連絡が手間取り，地域住民は大きな混乱状態に陥った。12日の午後，1号機で水素爆発が生じるや，政府の避難指示範囲は20キロにまで拡大した。一方，17日未明には，ジョン・ルース駐日大使が原発から50マイル（約80キロ）圏内に住む米国人に避難を勧告した。

　菅首相が最も危機感を強めたのは，東電から，現場からの「撤退」情報が届いた15日未明であった。この時，菅首相は午前5時35分に東京・内幸町の東電本社に乗り込み，次のように説得している。「(放置すれば）全ての原子炉と使用済み核燃料プールが崩壊することになる。そうなれば日本の国が成り立たなくなる。逃げても逃げ切れない。金がいくらかかっても構わない。日本がつぶれるかもしれない時に撤退はありえない。……放射性物質がどんどん放出され

る事態に手をこまねいていれば、（原発から）100キロ、200キロ、300キロの範囲から全部（住民が）出なければならなくなる」（同上）。

　大震災から5日後の16日、今度は、3号機および4号機の使用済み核燃料の冷却が急務となった。その際、菅首相が防衛省に打診したのは、地上からと上空からの両方から放水する案であった。政府内では、地上から消防車、そして上空からヘリコプターの二面作戦を立案し、直ちに実行した。ただ、地上の放射線量が高かったため、ヘリコプターの方を先行させた。17日朝、山火事を消化する要領で陸上自衛隊のヘリコプター2機が3号機をめがけて海水を放出した。だがその措置は、水蒸気爆発を招く危険性があり、まさに「決死の作戦」であった。

　なお、自衛隊がヘリ放水を実施した17日、防衛省に「線量限度の引き上げについて」と題する文書が届いた。政府は3日前の14日、緊急作業時の放射能被爆線量の上限を100ミリシーベルトから250ミリシーベルトに引き上げていた。しかしこの文書では、それをさらに「国際放射線防護委員会（ICRP）」基準に合わせて倍の500ミリシーベルトに再度引き上げる内容だった。菅首相は、この辺の事情と対応について次のように証言している。「作業員の安全と事故収束の両方を両立させなければいけないが、作業員が少なくて、線量が高ければ、250ミリシーベルト以上はいけないとなれば作業がはかどらないということが起きる」。そこで、「作業する人の安全性は大事だけれども、一方で国が崩壊するかしないかという瀬戸際の時にはなんとしても事故を食い止めねばならない、という思いだった」。結局この上限値は、自衛隊を指揮する防衛省側の反対が強く、先に250ミリシーベルトに引き上げられたばかりだったので、見送られることになった（同上）。

　以上、東日本大震災に直面した日本政府の対応を、特に菅首相の行動と証言を中心に検討してきた。それでは我々は、上で述べた事実から何を学ぶことができるであろうか。

　一般論として、時の首相の指導力のなさはその個人自身に起因する。しかし、明白な成果を出せない要因には当然組織上の問題も存在する。菅首相の場合、

"調整力の鳩山"から"企画力の菅"といわれ，菅内閣発足時の国民の期待感は必ずしも低くはなかった。だが実際には，菅首相の能力は十分に発揮されず，前鳩山首相ともどもその対応と行動は及第点に達したとはいいがたい。

　既述のように，東日本大震災による原発事故への対応に際して，菅首相はいち早く現地上空に乗り込み指導力を発揮した。しかしながら，その後の対応は後手に回り，原発事故関係の発表は後から訂正続きで政府発表の軽さを露呈してしまった。ジャーナリストの海部によれば，「声を荒げて指示する（菅首相の）行為などは，決して指導力の発露ではなく単なるパフォーマンスに過ぎない」という。つまり，「マネージメントとリーダーシップは異なる」ということである（海部隆太郎「組織論で斬る，菅内閣"失敗の本質"」『週刊東洋経済』2011年7月9日号，69頁）。

　危機の発生にあたって，指導力を発揮するには達成すべき明確な目標が必要である。その場合，組織を円滑に機能させるには，コミュニケーション能力が不可欠である。菅首相が今回の大震災に対応した節目で"怒鳴った"という声は耳にした。だが，人間関係を良くすることに奔走したという報道は，全く聞かれなかった（リーダーシップとマネージメントは同一されがちだが，異なる概念である。目標達成のために協働を行なうのが組織であり，その組織のトップが人間関係を維持し，円滑化させる行動を伴いながら，目標達成への気運を高めていけるように仕向ける行為がリーダーシップである〔同上，71頁〕）。

　東日本大震災後には，原発事故，自衛隊の派遣，避難指示，および放射能汚染など，政府はまさに前代未聞の危機的状況に直面した。その過程において菅首相の下した決定過程を検証するならば，以下のように要約できよう。

　まず，菅首相は最初に指示したのが自衛隊の派遣であった。自衛隊内部の戸惑いをよそに被災地に10万人という前例のない大規模な派遣を早々に決断し，情報過疎の解消に尽力し慎重論を押し切って，震災の翌朝原発事故の現場に駆けつけた。その行動は，一国の首相として十分評価されてよい。しかも，原発での水素爆発といった深刻な事態を顧みず決行した結果，東電本社と現場との温度差を感じ取った。それらはいずれも菅首相の行動力に裏打ちされた，いわ

ゆる「菅流」の危機管理対応が成功した例であった。

　だが，一方で，震災と原発事故対策では首相としての限界点も見られた。実際，菅首相自身が"伝言ゲーム"だった，と認識したように，危機に対する初期の対応において，東電との情報の共有に失敗した点は否めない。確かに，東電側にもいくつかの組織上の問題点があったにせよ，それを単に追及するだけでなく，正確な情報が官邸に流れるような仕組み＝コミュニケーションの経路を構築すべきだった（同上）。

　周知のように，菅首相は長い間少数野党時代を経験し，何事も人任せにせずに，自分の力で突破する傾向が多々見られた。しかしながら，大震災と原発事故といった二つの「危機」の前に個人の力でもって対応するにはおのずと限界があった。確かに，菅首相の場合，原発の冷却に一点集中したものの，だが，その他の緊急課題について目を配り，政権＝組織内部に適切な人材を配置して"任せる"という姿勢を欠いていた，といわざるを得ない。もちろん，今回の大震災と原発事故という二重の危機に遭遇して，果たして菅首相以上に適切かつ敏速に対応できた人物は筆者を含めていなかったであろう。いずれにせよ，今回の大震災および原子炉事故は，未曾有の危機に直面した時の，首相＝国家の最高指導者の判断，行動，および対応のあり方を改めて問うことになった（尾中香尚里「意思疎通欠いた"菅流"」前掲『毎日新聞』2011年9月7日。なお，原発事故に関する報道をめぐっては，政府や東電の情報をそのまま流したように見える，いわゆる「大本営発表」への批判や国民が知りたかった情報を隠しているのではないか，との疑念があった。とくに低線量被爆の影響をどのように報じるかという点については意見が分かれている「震災・原発事故　検証はできたか―マスコミ倫理懇全国大会報告」『毎日新聞』2011年10月8日）。

(3)　米国政府の対応

　3月11日に発生した東日本大震災に際して，米国政府が日本政府に多くの励ましを行い，また協力を申し出たのは，いうまでもない。実際，11日の午後8時には，バラク・オバマ大統領自身が日本国民に対して見舞いの声明を発表し，

また，15日には，『ニューヨーク・タイムズ』が福島第一原発に残された「無名の50名」の活動を報じるや，在日米軍は放水用のポンプ車を東電側に引き渡した。16日夜には，米原子力規制委員会（NRC）のグレゴリー・ヤッコ委員長が米連邦議会下院の公聴会で4号機について「使用済み核燃料プールに水はない」との見解を示した。そして，17日未明には，ルース駐日大使が福島原発の半径50マイル（約80キロ）以内に居住する米国人に退去避難を勧告した。同じく17日の10時22分，オバマ大統領が菅首相に電話で「原子力専門家の派遣を含めあらゆる支援を行う用意がある」と伝えた。越えて4月4日には，北沢防衛相が米軍被災地支援「トモダチ作戦」に参加した米原子力空母ロナルド・レーガンを訪問し，謝意を表明した（「東日本大震災1ヶ月後の菅政権の対応」前掲『毎日新聞』2011年9月7日）。

　東日本大震災，津波，および福島第一原発事故に対処し，米軍と米国務省のタスクフォース（特別任務班）の調整官（コーディネーター）として活動したのが，前国務省日本部長のケビン・メア（Kevin Maher）である。そこで以下では，メアが最近公刊した著作に依拠しながら，米国側の対応と調整官の考え方の一端を紹介する（ケビン・メアは，1954年米国サウスカロライナ州生まれの57歳。ラグレインズ大学，ハワイ大学大学院卒，ジョージア大学ロースクールを出て弁護士資格を取得した法学博士。1981年に国務省入省，駐日大使館経済担当官を振り出しに在日期間は19年に及ぶ。この間，福岡主席領事，駐日公使，安全保障部長を経て，2006年から三年間，沖縄総領事，2009年国務省日本部長，2011年4月，国務省退職。夫人は日本人である。いわゆる「沖縄ゆすり発言」報道で，国務省日本部長を解任されたのはよく知られている〔ケビン・メア『決断できない日本』文藝春秋，2011年，筆者経歴参照〕）。

　国務省タスクフォースは総勢15人ほどの人員で，ホワイトハウスや国務省，在日米軍，在日大使館，また福島第一原発事故に対応する必要から，エネルギー省および原子力規制委員会（NRC）などとの調整を主要任務としている（同上，24頁）。

　メアによれば，タスクフォース発足早々，最初に情報が入ってきたのが，日

本時間3月12日午後のことで、「東京電力から"在日米軍のヘリは真水を大量に運べないか"という問い合わせが駐日大使館にあった」、という。その際、「私は戦慄を覚えました。原子炉の冷却系装置が壊れているのだと即座に分かったからです」。その上で、「事故発生直後、東電は廃炉を想定せず、あくまで原子炉を温存しようと考え、一刻一秒を争う待ったなしの局面で、真水を求めて左右往生し、貴重な時間を空費していた疑いは否定できない」と、メアは述懐している（同上、26頁）。

米政府は、福島第一原発事故に際し、事故発生から数日間情報が全く不足し、そのためにフラストレーションに悩まされていた。メアはこの点について、次のように記述している。「菅政権は何か重大な情報を隠しているのではないかという疑念が世界に広がっていたのは周知の通りです。しかし、私は当初から、日本政府は情報を隠しているのではなく、確かな情報を持っていないのではないのかと思っていました。米政府に伝えようにも、伝えるべき質の高い情報を持っていなかったのです」（同上、27頁）。

このため米政府内では、情報不足への不満が頂点に達した。そこで3月16日午後、米政府関係省庁の担当者60人を電話で結ぶ対策会議を開催した。この時点で、「米国政府は、福島第一原発上空に飛ばした米軍無人偵察機の観測で、原子炉の温度が異常に高くなっている事実を把握していた」し、また、「菅政権が原発の危機打開へ何ら有効な対策を打ち出していないことも米政府は承知していた」、といわれる（同上、29頁）。

メアによれば、実は16日未明の段階で、米政府はすでに原子炉燃料が溶解していると判断していた、と述べている。何故なら、4号機の温度が高く、貯蔵プールに置かれた使用済み燃料が炎上・爆発し、放射能物質が空高く舞い上がり、深刻な汚染が日本列島のみならず、東アジア・太平洋の広範囲に及ぶ悪夢のシナリオすら現実味を帯びていたと、推測していたからである（同上、30頁）。

先の電話会議では、米政府高官が「東京在住の米国民9万人全員を避難させるべきである」という提案をした。しかし、メアは政府高官に次のように反論した。「一斉避難命令は時期尚早です。政治的にも大変なことになります。エ

ネルギー省の放射能拡散コンピューター・モデルはあと数時間して結果が判明します。それを見れば，東京が危険かどうか分かります。一斉避難命令はそれまで待つべきです」(同上，31頁)。

　結局，電話会議ではメアの意見が通り，東京からの避難勧告は見送られ，安全性はその後のコンピューター・シミュレーションでもって確認された。問題は，この電話会議を経て，米大使館のルース駐日大使が，福島第一原発の半径50マイル(80キロ)からの退避命令を出したことである。その辺の事情を，メアは次のように説明している。

　「なぜ米政府が退避勧告の対象範囲に80キロという数字を持ち出してきたかというと，実は裏付けとなる的確な情報があったわけではありません。退避勧告の範囲は原子力規制委員会(NRC)のグレゴリー・ヤッコ委員長が決めました。日本政府は，半径20キロ圏内に避難指示を出しているのだから，日本側とすり合わせがあってしかるべきだったかもしれませんが，結果として，日米の避難指示に矛盾が生じてしまった。だが，ホワイトハウスも国務省も，NRCの委員長が決めたのだから，それでいいに違いないという態度であって，80キロ圏の数字そのものに意義を唱えることはありませんでした。ヤッコ委員長は反原発派で，そのことがいささか広い避難指示範囲の設定につながったと思います」(同上，32-33頁)。

　メアは，「大津波襲来による電源喪失から1週間経過したその日，日本政府という大きな国家がなし得ることがヘリ一機による放水に過ぎなかったことに米政府は絶望的な気分さえ味わった」と指摘し，その上で，「自衛隊の必死の作戦にもかかわらず，投下した水は原子炉の冷却に効果があったようには見えませんでした」。実際，「海水投下作戦はその効果のほどはともかく，何かをやっているということを誇示せんがための，政治主導の象徴的な作戦だったと思っています」と，菅首相の対応を批判している(同上，36頁)。

　以上の事実を踏まえて，メアは次のように苦言を呈している。「福島第一原発の事故発生後数日間，日本政府も東電も米国の助力は必要ないといった態度でした」。「ただ，当初の日本側の強気の構えはその後一変しました。日本だけ

では手に負えないことがはっきり分かったのです」。その後,「3月15日,16日ごろ,国務省内で妙な噂が流れた。日本政府が,原発事故に対処してくれる米軍の派遣を要請しているという未確認情報でした」（同上,41頁）。

だが,メアが指摘するように,原発事故に対応する能力を持った米軍は存在しなかった。「事実,最悪の場合には原発事故に対処する特殊な米軍部隊が出動し,問題を解決してくれるといった風聞は日本で流れていました」。この点についてメアは,「おそらく,日本に派遣された海兵隊所属の"科学生物事態対処部隊（CBIRF）"の任務が誤解されて伝わったのでしょう。この部隊は科学・生物兵器による負傷者やダーティ・ボム（汚い爆弾）の放射能に汚染された負傷者たちを救助する役割を担い,そのための訓練を受けています。汚染地帯における負傷者救助のための専門部隊なのであって,暴走する原子炉と格闘する技術を持った部隊ではない」と,指摘する（同上,41-42頁）。

メアによれば,国務省タスクフォースでの勤務中に,日本政府とのやり取りの中で困惑するような場面が多々あった,と述べている。例えば,原発事故後,米国側は日本政府に対して提供できる品目リストを送った。ところが,日本政府からはどの支援品目が必要といった回答ではなく,長々とした質問が返却されてきたという。

メアは,「米国には,無人ヘリを提供する用意があるのだから,日本はまず,そのオファーを受け取って試してみるという態度が必要だったのではないかと思います」。そして,「米国側の支援リストに対する問い合わせをめぐるやり取りで,およそ二週間が空費され,その間,われわれは何が必要なのか早く決めてほしいと言い続けました」と記述している（同上,31頁）。

最後にメアは,日本政府に対して次のように注文をつけている。「米国は同時多発テロ事件以降,原発の安全性向上のためにどう警備を強化しているか,日本政府,特に経産省や文部科学省に説明していたのだから,どういう事態によって電源喪失が起きるのか,国も東電も普段から研究しておくべきでした。今回の大津波では,非常用電源車が瓦礫に阻まれて原発に近づけなかったことが惨事の拡大につながりましたが,原発に対する大規模テロ攻撃によって周囲

が瓦礫の山になった場合を想定しておけば，ほかに打つ手があったのかもしれません」（同上，48頁）。

　メアは今回の東日本大震災をめぐる日本政府，ことに菅首相などの原子炉事故対策を鋭く批判し，「なぜこうした政治の決断ができないのか。要は誰も責任をとりたくないからです。緊急事態でも決断できるひとがいないのです」（同上，46頁）と述べて，日本政府と菅首相の対応ぶり糾弾している。ただ，ここで一言弁解しておけば，それでは過去に，米国政府が原子炉事故や一連のハリケーン対策などに遭遇した時，大統領自身が迅速に行動し，しかも適切な対処をしたのかというと，それは疑問視せざるを得ない。災害は忘れた頃にやってくる，という諺がある。人間誰しも普段から災害に備えておくことの重要性は分かっていても，それを実行することは難しいといわねばならない。

　確かにメイがいうように，東日本大震災後，事故当初の数日間，日米関係は深刻な事態に直面したのは否めない。この点について，民主党の長島昭久衆議院議員は以下のように述懐し，「日米政策調整会議」設置の経緯を紹介している。「日本政府ないし東電側の状況認識とアメリカ側の認識にかなりのギャップが生じ，それがお互いのすれ違いの大きな原因になった」と指摘，そのため，「3月21日の夜から日米の政策調整会議が開催され」，そこには「日本側は細野豪志・首相補佐官を中心とする関係府省，自衛隊の統合幕僚幹部，東京電力の幹部などが参加。米側からは米大使館公使を始め在米軍やNPC，エネルギー省の幹部が参加した」。そして「この会合の下に，放射性物質の遮蔽，核燃料棒の処理，汚水の処理，医療・生活支援などのプロジェクトチームが設けられ，日米協議を中心とする日常的作業が進められた」。その上で，3月28日の第8回目の会議には，「アメリカ側からルース大使，ウォルシュ太平洋艦隊司令官，ヤッコNRC委員長が出席」し，「日米間の意思疎通の建て直し，各省の縦割り・平時ムードの打破」に貢献した，と述べている（長島昭久「原発対処—日米協力の舞台裏」『Voice』2011年7月号，134，136頁，「回顧，震災と政治家，"原発対応で日米調整会議の設置を提案した"，長島昭久さん」『毎日新聞』2011年12月24日）。

今回の東日本大震災の発生に際して，自衛隊と在日米軍の共同作戦となった，いわゆる「トモダチ作戦」は順調に進んだ。その背景には，在日米軍と自衛隊が長期間にわたって合同訓練を行い，共同作戦を遂行する能力を身につけていた点が大きい。実際，日米両国は，2005年10月の「日米安全保障協議委員会（2プラス2）」において，自衛隊と在日米軍の相互運用性の向上，共同訓練機会の増大，輸送協力，および情報共有などで合意に達し，危機に対する共同対処態勢を強化してきた。実は，そうした積み重ねが「トモダチ作戦」の成功につながった点は否定できない（前掲書『決断できない日本』48-49頁，「トモダチ作戦」＝ Operation Tomodachi とは米軍の作戦名で，それは日本語の「友達」にちなんでいる〔http://www.latimes.com/news/nationalworld/world/sc-dc-japan-quake-us-relief-20110313.0.5697005.story〕），"各国軍からの支援"『平成23年防衛白書』防衛省，2011年9月，〔2011年9月6日閲覧〕）。

　防衛省は3月11日の午後2時50分に「災害対策本部」を設置し，52分，自衛隊司令官による出動可能全艦隊への出港を命令し，57分，海上自衛隊大湊航空基地からのUH-601発進を皮切りに，陸海空自衛隊が救助や偵察のためにヘリコプターや戦闘機・哨戒機などを発進させた。陸上自衛隊のYH-1が撮影した何波にもわたって襲来する大津波の映像が，報道機関を通じて世界中に放映されたのは，我々の記憶に新しい（防衛省・自衛隊，「平成23年東北地方太平洋沖地震に関わる防衛省・自衛隊の対応について（17時00分現在）」2011年3月11日，http://www.mod.go.jp/j/press/news/2011/03/11c.html〔2011年10月5日閲覧〕）。

　次いで防衛省は，迅速かつ効果的に救助と支援活動を行うため，14日には陸海空自衛隊を統合運用する統合任務部隊を編成し，自衛隊創設以来最大規模の災害派遣を行った。3月27日の時点で，自衛隊が派遣した人員は約10万6900人（陸自約7万人，海空自約3万6000人），並びに回転翼217機，固定機326機，および艦艇53隻が救援活動を行った。また，福島第一原発の対処には中央特殊武器防護隊を中心とした中央即応集団が専任し，他の部隊と異なる指揮系統で対応した（防衛省・自衛隊，「平成23年（2011年）東北地方太平洋沖地震自衛隊の活動状況〔09時00分現在〕」2011年3月27日，http://www.mod.go.jp/j/press/news/2011/03/27a.

html,〔2011年10月5日閲覧〕)。

　最終的に自衛隊の派遣人員は最大時，人員約10万7000人（陸自約7万人，海自約1万5000人，空自約2万1600人，福島第一原発対処約500人），航空機約540機，艦艇59隻に達した。発災から6月11日までの3ヶ月間の派遣規模は，人員約68万7000人，航空機同約4万1000機，艦艇同約4100隻に達し，また，主な成果としては，人員救助1万9286人，遺体収容9487体，物資など輸送約1万1500トン，医療チームなどの輸送など1万8310人，患者輸送175人，さらに，被災者の生活支援面では，給水支援が約3万2820トン，給食支援が約447万7440食，および燃料支援が約1400キロリットルとなり，この他に，入浴支援は約85万4980人，衛生など支援は約2万3370人，に達した（「派遣人員延べ868万人に」『朝雲新聞』2011年6月16日，http://www.asagumo-news.com/news/201106/110616/11061602.html〔2011年10月5日閲覧〕。

3．自治体＝浦安市の対応

(1) 千葉県および浦安市の被害

　今回の東日本大震災により，関東地方でも茨城県や千葉県などで大きな被害に見舞われた。3月11日午後2時46分，東日本地方で巨大地震が発生するや，千葉県内では成田市や印西市などで巨大震度5強を観測した。その直後に，市原市のコスモ石油千葉製油所の石油コンビナートが炎上，また，旭市など太平洋沿岸を津波が襲い，さらに，浦安市などでは「液状化現象」が発生した。なお，県内の多くの市町村において一時停電・断水となり，ガス供給の一時停止，および下水道の利用が不可能となった。そして一部の地域では住民が一時避難するなど，ライフラインの寸断により地域住民は大きな不便を余儀なくされた。

　3月17日の段階で判明した千葉県内各地における被害状況は，以下の通りであった。

＊死者16人（旭市12人，野田，習志野，山武，八千代市各1人）。

＊行方不明3人（全員旭市）。

＊負傷者173人（重傷7人，軽症166人）。

＊建物全壊349戸

＊半壊230戸

＊床上浸水219戸

＊床下浸水21戸

＊県内避難所（9カ所，合計723人）

・松戸市3カ所8人，松戸市1カ所9人，我孫子市2カ所33人，香取市1カ所109人，銚子市1カ所23人，旭市4カ所537人，山武市1カ所4人（「震災1週間の動き」『読売新聞』2011年3月18日）。

浦安市では，市域の約4分の3を占める埋立地のほぼ全域で液状化現象による被害が発生，世帯数で約7万2000世帯のうち半数以上に当たる約3万7000世帯が被災した。電気は全面復旧したものの，ガス不通は当初約8600世帯でその後約1400世帯に半減，断水は地震直後が約3万3000世帯でその後1000世帯までに縮小された。ただ，下水道は長期の使用が不可能となり，約7500世帯がトイレを使用できず，市当局は多数の仮設トイレを設けた。今回の震災により浦安市は，道路，橋梁，公園，下水といった都市基盤の被害総額が約734億円に上り，これは市の一般会計623億円（2011年当初予算）を超える規模となった（「松崎秀樹浦安市長の告白　憧れの街を取り戻す」『NIKKEI BUSINESS』2011年4月11日，84-85頁）。

こうした事態に直面した千葉県は3月24日，新たに東日本大震災で液状化による建物被害などが大きかった浦安市，千葉市美浜区，習志野市，および我孫子市の4市区を災害救助法の適用対象にしたと発表した（県はすでに14日の段階で，津波の影響を受けた旭市，香取市，山武市，および九十九里町に対して災害救助法の適用を決めていた）。ちなみに，災害救助法とは，被災者の安全や復興を支援することが目的で，都道府県知事が市町村単位で適用を判断す

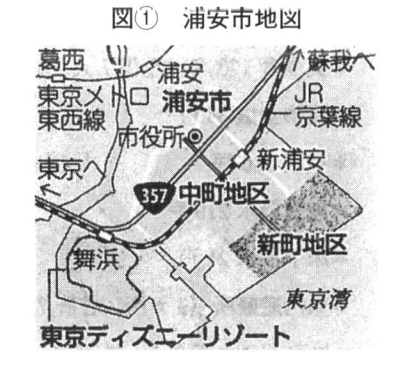

図①　浦安市地図

るもので，同法の適用により，避難所の運営，仮設住宅の設置，および壊れた家屋の修理などにかかる費用は国と県が折半することになる（「被災者支援　災害救助法　浦安市にも適用」『朝日新聞』2011年3月25日）。

(2)　浦安市の被害と対応
① 　液状化による被害の実態
　浦安市は千葉県の北西部に位置する市で，市内には東京ディズニーリゾートがあることで知られている。人口は約16万人で，千葉県内では流山市に次いで10位である。地理的には，東京湾の最奥部，旧江戸川の河口左岸の低平な自然堤防，三角州，および埋立地からなる。市域の約4分の3は，1960年代後半以降造成された埋立地で占められ，かつては3キロほど沖合いまで続く遠浅の海が広がっていた。
　近年，浦安市は東京都心までの通勤時間の短さと便利さ，市内に東京ディズニーリゾートが所在すること，また埋立地を中心に計画的に整えられた住宅環境の良さが注目され，マンション建設が相次いでいた。特に，新町地区のマリナイースト地区の地権者は都市再生機構などであり，開発計画に基づいて開発が進められてきた。そのため道路は広く，公園が多くまた緑も豊かである。だが，既述のように，市の7割以上を占める埋立地では地盤がかなり弱く，今回の東日本大震災（震度5強）では，液状化現象により市の防災計画の想定を上回る深刻な被害が生じた。東日本大震災による液状化現象により，とくに中町および新町地区で道路が波打つ凹凸，住宅や電柱の傾き，地割れ，および陥没などが起こった（図①参照）。3月21日時点で，市内の水道断水が約4000戸，下水道使用制限が約1万1900世帯，都市ガス供給停止が約5800件に達した。先に述べたように，被害総額は734億円と推計され，3月24日，千葉県は浦安市に災害救助法を適用した（「液状化の浦安"三重苦"」『読売新聞』2011年3月22日）。
　既述のように，浦安市は約4分の3の地域が震災の影響で液状化被害を受け，戦後埋め立てられた土地はあちこちで波打ち，ネズミ色の砂泥が噴出した。特に被害が大きかったのは，主として1960年代から1970年代にかけて埋め立てら

れた国道357号から東京湾側の中町と新町地区で，この周辺は各種の住宅アンケートでも，常に「住みたい街」の上位にランクされていた。しかし，両地区の道路は大きく波打った状態となり，木造家屋の多くが傾斜し，塀は倒れた。通行する車はひび割れや積もった泥を避けてハンドルを切り，そのために晴れれば泥が砂ぼこりとなって空中を舞い，マスクが住民の必需品となった（「復旧遅れる浦安　液状化　泥との戦い」『産経新聞』2011年3月25日）。

　浦安市によれば，市内の幹線道路上の泥土は3月21日までにほぼ撤去され，残っていたのは住宅地の生活道路周辺だけとなった。だが，各所の集積所で回収した泥土処理は，現在もめどがたっていない。液状化で噴出した土砂は，浦安市で約7万5000立方メートルに達し，その処理が難題となっている。そこで，市は噴砂や瓦礫を混ぜた盛り土に植林して防潮堤を造ることを検討するなど，「海に面した部分を可能な限り囲み」防災都市を目指すと述べている（「千葉　湾岸部の液状化被害　地盤強化　全体像見えず」『毎日新聞』2011年12月10日〔夕〕）。

　災害と建築の権威である東北大学大学院教授の五十嵐太郎は，「東日本大震災がもたらした建築と街の風景」と題するルポ記事の中で，多くの被災地の状況を紹介しつつ，最後に浦安市の現状について，以下のように記している。

　「浦安　4月6日，舞浜から浦安の周辺を歩いた。舞浜駅は真っ暗で，東京ディズニーランドもまだ閉園している。このエリアは大規模な液状化現象で知られるが，すでにあちこちで道路の修復や新興住宅地の設備工事が行われていた。波打つような道路を歩きながら，浦安へ。しっかりとした杭を打つ大規模なマンションが傾くような事例はなかったが，小さな構築物はおかしくなっていた。とくに写真の交番は激しく傾き，一階のドアや二階の窓を目貼りし，完全に使用不可である。もうひとつ浦安で気になったのは，いたるところに仮設トイレが置かれていたこと。目に見えない地下のインフラが寸断されていたからである。当時，すでに仙台はほぼ水が復旧していたから，よりひどい都市災害かもしれない」（五十嵐太郎「東日本大震災がもたらした建築と街の風景」『現代用語の基礎知識　2012』自由国民社，2011年，33頁）。

② ライフラインの復旧と対策

　浦安市では，地震発生1時間後に直ちに災害対策本部を設置し，いち早く被害状況を把握するとともに，市の職員全体体制の下で自衛隊を始めとして，建設業協会，千葉県水道局，東京都水道局，および京葉ガスなど関係諸機関の協力を得て応急復旧に全力をあげた（「被災者支援制度の紹介」『広報うらやす』特集号，2011年4月12日）。

　今回の災害に際して，浦安市当局が実際に対応した経緯は，市が発行している広報（**図表②**）「これまでの経緯」に詳しいので，参考までに掲げておく。

図表②「これまでの経緯」

日時　　　主な活動など（重要と思われる対応はゴジで示した）

3月11日　〈午後2時46分〉東北地方太平洋沖地震発生

　　　　　〈午後3時50分〉**災害対策本部設置**

　　　　　・全小・中学校に避難所を設置

　　　　　・市ホームページに緊急災害ページを開設

　　　　　・重要なお知らせメールサービスで地震関連情報配信開始

　　　　　・ツイッターを活用した地震関連情報提供開始

　　　　　・広報車による市内パトロール広報開始

　12日　**・建築物の応急危険度判定開始**

　　　　　・自衛隊による給水活動開始

　　　　　・各避難所・給水所に被害情報掲示板を設置

　　　　　・ジェイコム千葉で「災害対策本部からのお知らせ」の臨時放送開始

　　　　　・建設業協会などが道路応急復旧作業の開始

　　　　　・ボランティアを活用した広報活動開始

　13日　・政府が東北地方太平洋沖地震による災害を激甚災害に指定

　　　　　・市ホームページでジェイコムで放送した「災害対策本部からのお知らせ」の動画配信開始

	・東京電力が計画停電実施を発表
14日	・東京電力に対して抗議表明
	・〈午後1時〉被害状況について市長緊急記者会見
15日	・東京電力が市からの訴えを受け浦安市を計画停電実施対象から除外
16日	・自治会連合会への説明を実施
17日	・広報うらやす号外発行（震災）
	・東京電力が浦安市全域を計画停電対象地域へ再編入
	・〈午後2時44分～7時10分ころ〉浦安市で初めて計画停電実施される
18日	・資源エネルギー庁長官に対し，計画停電エリアからの除外を要請
	・〈午後7時10分～8時40分ころ〉浦安市で2回目の計画停電実施される
19日	・**市災害対策本部の要請を受け，市内のホテルなどで入浴など特別支援を開始**
	・市ホームページの緊急災害ページの情報をカテゴリー別に整理し公開
	・市ホームページへのアクセス集中による混雑緩和の応急対策として日本IBM株式会社の協力によりミラーサイトを開設
20日	・**Uセンターでの入浴支援サービス開始**
21日	・総務大臣へ千葉県議会議員選挙の浦安市での執行延期を要請（21日，22日，23日，26日に2回計5回要請）
	・千葉県選挙管理委員会へ千葉県議会議員選挙の浦安市での執行延期を要請（21日～24日，26日に2回計6回要請）
23日	・〈午後7時ころ～8時30分ころ〉浦安市で計画停電実施される
24日	・浦安市が災害救助法の適用を受ける（3月11日にさかのぼって適用）
	・自衛隊が浦安市での活動を終了
	・**県水道局の放射性ヨウ素131の測定結果を受け，1歳児未満の乳**

児への水の配布を決定
　　　　・浦安市災害寄付金の募集を開始
　　　　・分譲集合住宅管理組合への説明会を実施
　25日　・自治会連合会への説明会を実施
　26日　・市が災害救助法の適用を受けたことにより，東京電力は，中町・
　　　　　新町地域を中心とした地域を計画停電から除外
　　　　・家屋被害認定調査開始
　　　　・広報うらやす号外発行（統一地方選挙）
　30日　**・京葉ガス株式会社が応急復旧工事完成**
　31日　・建築物の応急危険度判定調査完了
4月6日　・千葉県水道局が応急復旧工事完了
　　　　出典：（『広報うらやす』特集号，2011年4月12日，7頁）。

　こうした状況を経て，浦安市議会では，6月8日から7月4日まで第2回定例会が開催された。ことに6月20日から23日までの4日間は，議会で震災復興などについて一般質問がなされ，活発な論議が展開されたので，その一部を紹介しておく。

　・**宮坂奈緒**（きらり浦安）「平成18年度に作成されました浦安市地域防災計画が今回の震災において計画どおりに実行されたのか。また被害が計画の想定内であったのか，課題はあるのかについて伺います」。

　・**総務部長**「今回の震災は，市長の指示により直ちに災害対策本部を設置し，関係機関への支援要請を速やかに行なったほか，避難所の開設，飲料水，食料等の供給活動，建物の応急危険度判定，ボランティアセンターの立ち上げ，トイレ対策，ライフライン対策など，さまざまな応急復旧対策活動に全力を挙げたところであり，おおむね地域防災計画に基づき対応が図られたものと考えています。また，今回の震度5強の地震で中町・新町のほぼ全域が液状化し，戸建て家屋やライフライン，公共土木施設など多大な被害が生じたことについては，想定以上の被害があったものと考えています。今回の災害では避難所を開設しましたが，当初の被害状況などの情報の周知に課題があったのではないか

と考えています」。

・**折本ひとみ**（無所属）「震災から100日が過ぎ，浦安がこの先どのような都市を目指し，復興を遂げていこうとしているのか示されていないことに多くの市民から不安の声があげられています。復興計画の理念や内容，計画期間についてお聞かせ願います」。

・**市長**「復興計画の理念については，液状化対策抜きでは考えられないことから，液状化対策の検討を先行して行うことにしております。しかしながら今回の震災で，国や専門的な学会も液状化のメカニズムを解明していないことが明らかとなり，これらのメカニズムの解明と具体的な対策を一日も早く切望しているところです。市では早期に復興の方針を検討する委員会を立ち上げ，浦安の持つ特性や強みを再評価し，浦安ブランドの再生と創造を念頭に置いた復興計画の策定を考えております。復興計画の年度については，第二期基本計画との整合性を考慮しながら3カ所くらいで集中的に取り組む施策や，5年から10年の中長期に取り組む施策で構成したいと考えております」（『うらやす　議会だより』No.137，2011年8月15日，2頁）。

浦安市議会の定例会での市長や総務部長などの答弁を受けて，市当局は，平成24年度予算に反映させるため液状化のメカニズムの究明と対策として，7月22日，「液状化対策技術検討委員会」を設置し，活動を開始した。同委員会は，年内に検討の取りまとめを行う予定である。また，委員会の検討状況を今後策定される復興計画に反映させるために，市庁舎内に「浦安市液状化対策技術検討タスクフォース」を7月11日付けで設置した（「震災からの復興〜絆　未来に向かって／浦安市」〔http://www.city.urayasu.lg.jp/item26517.html〕〔12月15日〕）。

これと併せて，9月1日に「ふるさと復興市民会議」がスタートした。これは378の団体が参加している「浦安市ふるさとづくり推進協議会」が母体で，市の復興と再生に向けて，市民として何ができるのかなど市民の意見をとりまとめるものであり，復興計画を策定する上で参考にするという。開催期間は，9月上旬〜平成24年3月末を予定，月1〜2回の割合で開催する計画である（浦安市長　松崎秀樹「市民の皆さんへ　復興への取り組みの現状と今後の予定」『広

報うらやす』特集号，震災復興，2011年9月20日，1頁）。

　浦安市ではまた，原発事故に伴う放射線に対応すべく，独自の放射線対策を実施してきた。市はこれまで市内52地点（全市立小学校，・幼稚園・保育園と公園8地点）で大気中の空間線量を測定し，専門機関から「現状の浦安市の放射線量で健康に被害が出るとは考えられず，普通に生活して問題ない」という見解を得た。さらにプールの水やごみ焼却灰に含まれる放射性物質の調査を行い，いずれも基準値以下であった。

　市は統一した放射線の基準を設定するように国に求め，10月21日に国から「福島県以外の地域における周辺より高い箇所への対応方針」が示され，ガイドラインが策定された。この方針を踏まえて，市は放射線に対する市民の不安を解消するため，簡易な除去の目安となる基準を設定し，放射線量が高いと思われる箇所の測定を行うなど，市独自の対策を実施している（「放射線対策」『広報うらやす』No.942，2011年11月15日，1頁）。

　ちなみに，浦安市では以上の対策に加えて，市独自の被災者生活再建支援制度を設けるなど，市民が安心して住み続けられる街を目指している。具体的には，市は「災害復興生活支援プロジェクト」を中心に，国や県の支援制度の申請受付や，市独自の生活再建支援制度に関して対応し，被災した市民へのきめ細かい支援を実施した（詳細は，『広報うらやす』特集号，被災者支援，2011年4月12日，『広報うらやす』No.932，2011年6月15日，および『広報うらやす』特集号，被災者支援②，2011年7月15日を参照されたい。なお，市によれば，11月現在，県や市の住宅支援制度を申請した世帯数は県の分が対象の4.1％，市の分も5.5％にとどまっている（「地盤強化全体像見えず　千葉・湾岸部の液状化被害」『毎日新聞』2011年11月12日〔夕〕）。

　最後に，今回の震災に対して，浦安市地域の住民自身がコミュニティー組織を中心にしてどのように対応したのか，単に行政サイドだけでなく，住民サイドの行動にも焦点を合わせて検討したい。以下では，『浦安住宅管理組合連合会報』（第41号，2011年10月28日）の「大地震を振り返って」「3.11東日本大震災その時，管理組合はこう動いた」の記事を中心にして，地震後地域住民たちが

いかに対応したのか実態の一部を紹介する。最初に，浦安住宅管理組合連合会長の館幸継は次のような認識を述べている。やや長くなるが紹介する。

「……連合会ではここ数年，大地震を想定したシンポジウムを行い，地域防災を確立しなければならないという提案をしてきました。しかし，実際に大きな地震に遭遇すると，自分の住んでいるところの安全確認で手一杯でありました。他の団地と連絡を取り，共同で災害を乗り切る体制を取るゆとりはありませんでした。その原因の一つとして，互いの被害状況を知るための情報伝達機能が不足していたことが大きかったと思います。

市が貸与してくれていた防災無線は，無秩序に交信が飛び交い，適切な連絡手段としては全く機能しませんでした。少しずつ被害状況が明らかになってくると，今回の地震は未曾有の大地震であり，かつ広範囲で被害が出ていることがわかりました。我々の浦安は埋立地で液状化被害が出ましたが，同じ地域でも地盤改良がされているところはさほど被害が出ていないことも明らかとなりました。公共の上下水道は至るところで本管が断裂し，結果的に中町・新町地域はライフラインが止まりました。唯一残されていた電気は計画停電を実施するというニュースが流れました。トイレなどの水まわりが支障している中，電気まで止められたら大変なことになると考え，市当局も対策を講じているだろうが，連合会会長として普段からおつきあいしている与野党の議員さん（含元議員さん）に，深夜ではありましたが連絡を取り，何とか停電を中止してくれるようお願い致しました。

そこで分かったことは，内閣府では浦安に被害が出ていることを把握していなかったことです。皆さんの頑張りで浦安を災害地に認定することで，いったんは計画停電から除外されましたが，その後計画停電が実施されました。このことから，情報が混乱すると予想外のことが起きてくることが分かりました。

今回の災害は，物的被害に止まり，人的被害がほとんど聞こえてこなかったのが，不幸中の幸いといえましょう」。

次に，地震発生後，被害状況の把握や復旧活動など，連合会加盟の各管理組合が行った震災への対応を紹介する。そこでは，管理組合が住民と一致協力し

た対応の実態をつぶさに知ることができる。以下はその報告書の一部である。
　＊今川団地
１．防災組織と震災時の活動
　　　2006年に自治会，管理組合が協議のうえ，自主防災組織を結成して以来，防災・防犯活動に取り組んできた。今回，地震発生直後に「今川団地災害対策本部」を立ち上げ，その傘下に管理組合，自治会が入る形で，三者一体となって活動してきた。翌日から大型テントを設営し，ライフラインが全戸完全に復活した４月13日まで活動を継続した。以下は活動の概要である。
　①　災害対策に関する指揮命令系統は自主防災本部に一本化し，対行政やライフライン工事関係各社への対応など，災害対策関係業務は全て自主防災組織が担当した。
　②　人的被害の防止を最重点課題とし，震災直後の高齢者・要支援者の安否確認に始まり，その後も毎日要支援者や高齢者を訪問して面談しながら水や食料，生活支援物資（トイレ用ビニールなど）の配布活動を行なった。この活動では，事前に収集していた居住者名簿に加え，近隣からの情報など，日常の活動が有効に機能した。
　③　さまざまな情報の氾濫による住民の不安解消のため，震災翌々日から「自主防災ニュース」を日刊で発行。１ヵ月間で33号を発行し，工事予定や生活上の注意事項など周知徹底に努めた。それは住民から高い評価を得た。
　④　反省点や要改善点としては，予め設置していた班組織が機能せず，災害対策本部がその時々の必要な課題に対応することになった。また，予め選任していた役員は，必ずしも全員が対策本部に参加することができなかった。むしろ，本部からの呼び掛けに応じて一般住民が積極的に参加し大きな戦力となったことは，今後の教訓になった。これらの経験を踏まえ，役員体制の見直し（縮小）を行い，有事に機能する体制を目指し，新たな活動に入った。
２．今後の災害に備え，取り組む課題
　①　災害対応の中で生まれた助け合いの風潮を発展させるため，自主防災が

中心となった，日常生活互助組織（お助け隊）の結成を目指して準備を開始した。
② 管理組合，自治会から臨時拠出金を受け，震災経験を踏まえて，必要な防災資機材の補充に取り組んでいる。

＊サンコーポ浦安
地震発生直後に行った行動を時系列にまとめると，
① 集まることのできた理事で被災状況の調査をし，この結果を受けて対策本部を立ち上げ，翌日自治会を組織に組み入れた。
② トイレ難民を出さないように，4000名の住民に1日10リットル，復旧期間を10日と決め，40万リットルを調達した。
・雨水槽（6槽）24万リットルのうち，半分の12万リットルを使用。この件で消防署が忠告に来たが無視した（消防法違反とのこと）。
・敷地内の150ミリの給水管破裂により，天の恵みの水として20万リットル使用。
・県水の復旧で問題のない棟の受水槽から8万リットルを住民に配水。
・以上計40万リットルを調達。
③ 10日目に全棟で給水開始。
④ 敷地内給水管（鉄管）の不具合を新素材に交換。
⑤ 3日目より住民に呼びかけ，液状化の泥出し（約80トン）。
⑥ 敷地内の凸凹，玄関周りの不具合に着手。バリアフリーのスロープ16基全部部分破損，それに伴う階段破損。
⑦ 壁面亀裂のある棟の修理仕様作成の上，復旧工事。
⑧ 壁体側面の地面亀裂に泥詰め補修。
⑨ 中央広場の芝生内液状化の泥出し。
⑩ 敷地内のマンホールを含めた排水溝（521カ所）の泥出し約20トン。
⑪ 上記521カ所のうち，ホール内の横引きパイプの高圧洗浄（90カ所）。
以上で，当面の不具合対応を完了させた。

＊ベイシティ新浦安

　管理組合と自治会が協議のうえ，緊急対策本部を最初に設置した。対策本部長は管理組合理事長とし，部員は管理組合と自治会を合わせて約15名であった。

　上水道は地震直後より断水となったため，地震翌日午後5時頃より給水タンクの飲料水を提供した。また，地震発生2日後の午後からは下水道の使用も制限されたため，簡易トイレの配布を行い，その日の夜に仮設トイレ1台を設置。さらに地震4日後にかけて計22台の仮設トイレを設置した。このうち約半数は居住者の手配によるものであった。

　居住者にさまざまな領域の専門家がいたため，復旧作業は比較的順調に進んだ。配管の専門の方による補修の手配，建築関係の専門の方による残土処理やその運搬の手配，浦安市役所とのパイプをお持ちの方等々，多くの方々の協力により，地震4日後までには配管補修や残土処理など構内の応急復旧はほぼ完了した。また，地震7日後には自治会役員により，当マンションの居住者向けのブログが立ち上げられ，多くの有用な情報が提供されるようになった。

　3月13日と20日に居住者による残土処理作業を行い，居住者同士のコミュニケーションの形成に役立てた。

　防災については，管理組合だけでなく自治会との協力が重要であり，今後も密な連携をしていく必要があると考えた。災害に対する備蓄として，各戸分の簡易トイレおよび飲料水用のウォータータンクを管理組合の費用負担で購入する計画を立てている。また，今年度の秋祭りを防災フェスティバルのような形態で，自治会と管理組合の共催で行い，自治会と管理組合の交流や居住者の防災意識を高めていく予定である（以上，『浦安住宅管理組合連合会報』第41号，2011年10月28日，1，4-7頁）。

　③　統一地方選挙の実施を巡る対立

　周知のように，東日本大震災は未曾有の被害をもたらし，震災により多くの人命や財産が奪われた。震災はまた，地方政治の節目となる統一地方選挙にも大きな影響を与え，国会では3月18日，一部の被災地の選挙実施を延長する「統一選延期特例法」を制定した。本法制定に際して，当初，一律延長論と被災地

域限定延長論とが対立したものの，最終的に後者の被災地域限定延長論に落ちつき，延長対象地域の指定は総務大臣の判断に委ねられた。

ちなみに，一律延期論の主張は，「国が挙げて東北地方への支援をしなければならないという時に，選挙をやればエネルギーがそがれる。また，選挙になれば当然，相手方を厳しく批判することになる。国会では与野党で協力しながら，地方で選挙をしてよいのか」というもので，一方，被災地限定論の主張は，「選ぶ権利は国民にあるわけで，任期がきているものを一律に延長し，ある意味では選ぶ権利というものを制限してしまうことがいいのか」，という類のものである（新井誠「3.11大震災と選挙」『法学セミナー』No.683，2011年12月，43頁）。

延長対象の指定は激甚被災地に限られ，実際には大きな被害を受けながら，指定から漏れた地域があった。その一つが浦安市に他ならない。大震災の影響で埋め立て地域のほぼ3分の2が液状化したのに加えて，市の2万戸が断水に追い込まれるなど，ライフラインが寸断された浦安市では，4月10日投開票の県議選の浦安市選挙区（定数2）における投開票事務（法定受託事務）を松崎秀樹市長が拒否するという事態にまで発展した。

浦安市は，同市選挙区での投開票事務の困難等を理由に4月10日投票の千葉県議選挙の延期を総務大臣と千葉県選挙管理委員会に要請したものの，受け入れられなかった。そこで浦安市では松崎市長は，県などの人的支援の可能性があったのにもかかわらず，投開票事務の不実施を決断し，同選挙区の県議は欠員・再選挙という，法律の想定外の事態となった。同選挙区には現職と新人の計3人が立候補した。だが，投開票は執行されず，候補者がいるのに有権者が投票できないことになった。結局，「法も想定しなかった」事態は「当選人なし」との結果となり，浦安市選出の県議は欠員状態で再選挙待ちとなった。ちなみに，県議の再選挙は5月22日まで延長された（「東日本大震災と統一地方選挙」『Voters』創刊号，2011年6月20日，25-26頁）。

3月23日，浦安市の松崎秀樹市長は，緊急記者会見で県議選挙延期の理由を次のように述べた。

「選挙は，選挙事務ができるかどうかだけではなく，有権者が適正な判断が

でき，立候補者が適正に選挙活動を行なえる必要があります。選挙の適正な執行と選挙事務の適正な執行とでは，まったく意味が違っています。市の現状から，統一地方選挙を執行する状況にないと判断しました。仮に選挙を執行したとしても，この選挙自体の有効性を有権者からも立候補者からも問われる可能性があります。

市民がスコップを持って土砂をかき出している中で，職員に選挙事務をさせるのは理解を得られないし，市の防災無線が流れるなかで，選挙カーで選挙活動を行なうことも理解を得られません。市は，選挙をしないのではなく，今の日程では，したくてもできないのだということを理解してほしいだけです。もちろん選挙ができる状況になったら執行します」。

また，この記者会見に同席した自治会連合会の上野菊良会長は以下のように述べた。

「市民は非常に疲れています。震災から2週間以上経過しますが，まだ，水道，下水道，ガス，計画停電で，四重苦を強いられている世帯がたくさんあります。このような中で，"選挙"というのはピンときません。市民不在で事が進んでいることについて，非常に憤りを感じています。このような状況のなかで，選挙を行なうこと自体が間違っています。適正な時期があるはずです。今はその時期ではありません。わたしたちは有権者です。もっとわたしたちの声を聞くべきです」(「市民不在で統一選挙？」『広報うらやす』号外，統一地方選挙，2011年3月26日，1頁)。

このような浦安市の方針に対して，千葉県選管は30日，「投票予定施設のうち全面的な立ち入り禁止はなく，一部は使用を再開しているし，代替施設での投票も可能。選挙事務従事者が不足するなら，県や他市町村の応援で対応する」との見解を発表した。また，片山善博総務大臣も4月5日の記者会見において，「一部地域で所定の作業が行なわれていないことは大変遺憾だ。決められた選挙の事務は誠実に着実に実行しなければならない責任が市選管にはある。法治国家の，民主主義の一番基礎をなす選挙だから，いろいろな事情があるかもしれないが，ちゃんと執行していかなければいけない」と反論した (前掲論文「東

日本大震災と統一地方選挙」25頁)。

　一方，浦安市の市選管では，協議の上，3月22日付けで以下の四つの理由を挙げて，市では民主主義の根幹である適正な投開票事務の執行ができないと判断し，選挙期日の延期の指定を受けたい，と県選管に回答した。
　①　有権者および候補者の安全が確保できない。
　②　有権者が適正な判断をすることが出来る状況にない。
　③　候補者が十分な選挙活動を果たすことができる状況ではない。
　④　正常な投開票を行なうこと自体，物理的に不可能である(「統一地方選をめぐる市の動き」『広報うらやす』号外, 2011年4月14日, 2頁)。
　こうした事態に直面した松崎市長は，雑誌や新聞などのインタビューに答えて以下のように告白して訴えている。
　「もう1つ悔しいのは，4月10日の千葉県議会議員選挙ですね。千葉県選挙管理委員会は予定通りの実施を求めていますが，私たちは絶対に出来ないと申し上げている。今は有権者が適正な判断を下せる状況にありません。これだけ防災無線が流れていては，自分たちの主張を訴える状況にないじゃないですか。市は県に対して法定受託事務があり，選挙事務に協力する責務を負っています。ただ，復旧作業で土砂が出ている中で，260カ所の掲示板を立てることは現実的でしょうか。投票所になる小学校や中学校の中には安全性の確保に問題があり，使用禁止にしている場所も少なくありません。従って，私は災害対策本部長として，法定受託事務を返上する，選挙掲示板の設置を許可しないという判断を下しました(注：本来，市長の職務と選挙管理委員会は独立しているが，災害本部が立ち上がった結果，災害本部長の権限下に選挙管理委員会が入っている)。投票所も市としては提供しません。県がどうしても選挙をやるというのであれば，安全なところを見つけて，仮設テントを張ってください，と申し上げました。だいたいね，森田健作・千葉県知事は現場に一度も来ていません。地元選出の民主党議員だって来ていませんよ(ともに3月29日時点)。映画のセリフではないですけれど，"事故は現場で起きている"んですよ。現場を見ろ。この一言に尽きますよ」(前掲論文「松崎秀樹浦安市長の告白　憧れの街を取り戻す」2011

年4月11日，85頁）。

　また，松崎市長は，千葉日報のインタビュー「いつなら（選挙）が実施できるのか」に次のように答えた。

　「市にとって市民を守るのが最優先課題。まだ，液状化被害が終わっていない。泥が大量に噴出したため地下が空洞になり，路面が陥没することを心配している。とりあえず災害が一定の収束をみてこそ，有権者は冷静に投票の判断ができ，候補者も思う存分選挙活動ができる。市も堂々と選挙事務に入れる。今は復旧作業をやらせてほしい」（「県内被災地　トップに聞く①」『千葉日報』2011年3月29日）。

4．おわりに―教訓と課題

　政府は，10月7日に至り，東日本大震災復興対策本部（本部長，野田佳彦首相）を開き，被災地の規制緩和などを盛り込んだ復興特別区域（復興特区）法案の概要と，地方が自由に使用できる事業費約2兆円の復興交付金制度の創設，および復興事業を担う復興庁設置法案の概要を了承した。何と震災発生から7ヶ月を経て，ようやく被災地復興への政府の支援策がそろったことになる。これらは，10月下旬に召集された臨時国会で第三次補正予算法案と共に提出され，今年度中の実施を目指すことになった。いずれも遅きに帰した感は否めない。

　災害は忘れたころにやってくる，といわれる。わが国は元々，地震，津波，および河川水害などが多いところとして知られている。災害に対する備えの気持ちはあるものの，実際には，のど元を過ぎれば熱さを忘れるように，自然災害の危険を無視しているかのように生活しているのが現状である。今回の東日本大震災に遭遇して，我々は改めて多くのことを学んだし，その経験を今後の災害ために生かしていかねばならない。最後に，本章を閉じるにあたり，私自身が体験した災害時の感想を述べておく。

　3月11日，午後2時46分，東日本大震災が発生した時，筆者は故郷の老人施設に入居している母を見舞うため，青森県五所川原市の実家に妻とともに到着したばかりであった。このとき地震の揺れに一瞬驚いたが，直接的な被害はな

かった。ただその夜は停電となり，妻と蝋燭の下であり合わせの夕食をとり，早めに床に就いた。翌日，母を見舞い，1週間後に帰京した。新幹線や長距離バスは地震の被害で利用できず，結局，飛行機を利用した。

被害状況は浦安の居住地のほうがひどかった。マンションの部屋の中は倒れた本や家財道具で散乱していた。最も困ったのは，電気は通じていたものの，上下水道が使用できなかったことだ。近くの小学校の校庭に設置された簡易トイレを利用したが，それは和式で汚れていた。妻は近く（徒歩で5分）の新浦安駅のトイレにでかけた。また，水道が止まったため，近くの公園の水道口まで水汲みを余儀なくされた。そこでは，およそ50名の団地住民が並んでいた。水の運搬は重くて辛い作業であった。

翌日，いつものように朝の散歩に出かけた。そこでは改めて今回の地震の影響による液状化により浦安市が甚大な被害を蒙ったことを目にした。私の散歩コースは三方の海岸を回ることだが，海岸周囲は堤防や道が凸凹状態で，電信柱は横になり，遊歩道は水があふれ，途中で中断されていた。気の毒だったのは，新築したばかりの一軒家が大きく傾いていたことである。筆者の住む入船西エステートは11階建てと8階建てのマンションだが，これは基礎工事がしっかりしていて無事であった（ただ，マンションへの入り口周辺は土壌が崩れ，出入りが不自由であった）。しかし，一軒家の場合，基礎工事が不十分な所は押しなべて傾いていた。このような被害により，私の友人は経営していたレストランの営業ができず売り上げが激減し，廃業に追い込まれた。また，浦安市では住宅の値段が下がり，転出者が相次ぎ人口が減少したことが報告されている（「新・高級住宅街」浦安　液状化のあとで」『週刊現代』2011年4月14日号，156-158頁．なお，千葉県によれば，浦安市の人口は4月に300人減など9月まで3ケタ減が続き，10月末現在では昨年末より1,145人減った「地盤強化　全体像見えず　千葉・湾岸部の液状化被害」『毎日新聞』2011年12月10日〔夕〕）。

我々は今回の東日本大震災によって突きつけられた多くの課題を教訓にしたい。「米国連邦緊急事態管理庁（FEMA）」元職員のレオ・ボスナーはいう。「災害対策はいくら準備をしてもきりがない。大事なことは災害が生じたらどのよ

うな手順で対応するかである」(レオ・ボスナー「米国FEMAの教訓と日本」『神奈川大学法学所紀要』第42号，2012年1月，111頁)。

　私が住んでいる浦安市の被害の事例を検討して学んだことは，初期対応の手順ができておらず，行政側が一種のパニックに陥ったような対応を一部でしたことだ。もちろん，市当局は職員自身が被害に直面しその中での作業で大変苦労されたと思う。しかし，本論の図表②「これまでの経緯」を見てもわかるように，行政側の対応の鈍さは多くの市民が指摘するところである。それに対して，大変感動を受けたのは，各団地が独自の対策本部を設け，そこの住民たちが自主的に組織・活動して震災被害に対処した事実である。そこでは，新たな「コミュニティー」が形成されつつあることが確認できたことは幸いであった。

　資料の「3.11震災緊急アンケート集計結果」を拝見して，興味深い点は，アンケートの③で第1に「トイレ用として噴水プールの水の利用」が65％を占めており，また自由回答でも「水の確保が大変だった」「水の大切さを知った」とあり，日常生活を営む上で水の重要性を改めて認識させられた。第2に，震災の対応に際して，自由回答で「近所付き合いが大事」「協力することを知った」という感想が寄せられ，団地やマンションでの近接住民とのコミュニケーションの大切さを痛感した。

　一方，統一地方選挙については，こちらは松崎市長が信念をもって立派に，県議選の実施を拒否したのは当然な行動であったと思う。なるほど県選管がいうように表面上は，被害はたいしたことはないように見えた。しかし，その内実は悲惨な状況にあったことを認識すべきであろう。我々は今回の大地震で大きな被害と影響を受けた。そこで，この事実経過を記録し，後世の人々に知らせる義務があると考える。本章はそのささやかな一部である。我々は2012年3月10日に，市民サイドによる"3.11浦安シンポジウム"を開催して，災害の実態を検証し，多くの市民の声に耳を傾け，それを市の行政や市議会に反映させた（なお，11月24日，浦安市では，復興計画策定に向けて学識経験者から意見を聞く「市復興計画検討委員会」（委員長＝青山明大教授）が発足し，本格的議論が始まった。一回目の会合では復旧事業実施のため135億円の財源不足が見込まれることや，

12月に20歳以上の市民3,000名にアンケートを実施し，意見を聞くことが決められた（「復興計画検討委本格議論を開始」『毎日新聞』2011年11月29日）。

資料「3.11震災緊急アンケート集計結果」（実施：平成23年8月夏祭り時）

* 「面談によるアンケート（60名から）」

①3.11震災時，どこにいましたか	我が家54％，市内26％，市外20％
②あなたや家族の方は無事でしたか	無事100％
③安否確認ステッカーを利用しましたか	「無事」のステッカーを貼り出し70％，使用なし29％
④自宅家具の被害はありましたか	家具固定で転倒なし76％，転倒14％，破損10％
⑤職場や出先から徒歩で帰宅しましたか	徒歩帰宅なし66％，市内より15％，都内より19％
⑥液状化現象の知識はありましたか	知っていた45％，知らない26％，初体験29％
⑦トイレ用として噴水プールの水の利用	利用した65％，風呂水利用21％，利用しない14％
⑧復旧時のボランティアに参加しましたか	Gデー以外に参加47％，Gデーのみ参加29％，都合で不参加24％
⑨防災隊の応急処理活動について	良かった95％，普通5％
⑩震災速報版や号外の各戸投函について	良かった94％，参考になった6％
⑪他団地と比べ応急措置や復旧について	早い90％，普通10％
⑫震災後近隣の付き合いは	良くなった66％，変わらない33％

* 「自由回答からの抜粋」
〈困ったこと〉
・トイレが使えなかったこと ・水の確保が大変だった ・電話がつながらない

・洗濯が出来なかったこと　・精神的に不安　　　・上水水道の断水
・安否確認
〈感じたこと〉
・水の大切さを知った　・協力することを知った　・近所付き合いが大事
・日頃の備えを知った　・独居のため避難した
〈助かったことや感謝の気持ち〉
・防災隊活動に感謝　　・水道復旧応援に感謝　・号外・速報に感謝
・自治会活動の充実に感謝　・素早いスタッフ応対に感謝
・活動を見て長く住みたい
（出典：『こみゅうにてぃー』〔入船西エステート　マンスリーレポート　2011年12月〕）

結　語

　序文でも述べたように，2009年9月に民主党政権が発足してから3年以上が経過し，この間にわが国では3人の首相が誕生した。新たに首相の座に就いた野田佳彦は臨時国会において，「目の前の危機，課題を着実に乗り越えていく」として，野党と官僚に協力を呼びかける姿勢を示した。2009年10月の臨時国会で鳩山由紀夫元首相が明言した「脱官僚依存」は政策の決定過程で大きな混乱をもたらし，また，先の総選挙で国民に約束した「マニフェスト」は色あせ，しかも米軍基地移転問題は未解決で日米関係を修復できない状態にある。要するに，民主党政権はこの3年の間迷走したままに進行してきた，といってよい。

　周知のように，政権交代後の2009年10月，鳩山首相が行った所信表明演説ではいわゆる「政治主導」が高々に謳われていた。民主党は野党時代に，自民党政権を「政官癒着」だと鋭く批判，政権交代後には，閣議案件を事前に決定していた事務次官会議を廃止する一方，党の政策審査会も廃止した。鳩山首相は，政府に意思決定を内閣に一元化させ，政治が変わったと国民に夢と希望を与えると，強く訴えたのである。

　だが，現実には，政治主導になれば，全てが成功するのではという幻想は消えさり，野田首相は「政治主導」をまったく口にしていない。政策決定の過程から官僚を締め出そうとしたツケは東日本大震災時の救援，復旧，および復興の遅れにつながったのは否めず，そこで，震災後は事務次官を集めて「各府省連絡会議」を開き，被災地の支援・実務に当たらせざるを得なかった。野田首相はこの会議を定例化させ，また，民主党の政策調査会による事前承認制も導入，政策決定システムは「自民党型」に回帰しつつある，といわれる（松尾良「民主党政権きょう2年」『毎日新聞』2011年9月16日）。

　国会の質問において野田首相は，野党からマニフェストの撤回を迫られ，財源捻出が困難であることを事実上認めた。総選挙で民主党が掲げたマニフェストは政権交代を象徴するものであり，例えば，子ども手当は中学生まで月額2万6千円を支給すると公約していた。しかし，その財源捻出は結局，掛け声

に終わり，自民党および公明党との三党合意では子ども手当の支給額を原則１万円に抑えて所得制限も導入，大幅な見直しを受け入れた。だが，党内で国会議員の約半数を擁立する小沢一郎元代表は，執行部にマニフェストの重視を迫っており，野田首相は党内融和と「ねじれ国会」との狭間にいるのが現状である（同上）。

　ところで民主党は野党時代に，自民党政権の外交を"米国追従"だと批判してきた。しかも，政権交代後には，鳩山首相は沖縄の米軍基地の「県外・国外」移転を目指した。だが，これが日米関係をさらに悪化させることになり，結局，鳩山首相は県外移転もできず自民党時代の案に回帰し，その混乱と自身の政治資金問題の責任を取って辞任を余儀なくされた。

　次の菅首相の下でも米軍基地移転は全く進展せず，野田首相も「引き続き沖縄の皆様のご理解を得るべく誠実に努力していく」と繰り返した。しかし現段階では，沖縄県が辺野古に普天間基地を移転することを受け入れる見通しは全く立っていない。そのため，日米関係は一段と不透明さを増し，2012年４月30日，民主党政権になってから野田首相はようやく米国への公式訪問をする有様であった。今後，日米関係はどのように展開されていくのであろうか，野田首相の政治指導力が鋭く問われている，といわねばならない（同上）。

　通常国会が終番段階にある現在，野田首相が政権の命運をかけるといった，消費税増税関連法案成立のめどは立っておらず，また，先に小沢一郎が関与した陸山会事件で無罪判決が出て，民主党の反主流派はこれまで以上に野田首相をはじめ執行部への批判を強めていた。2012年７月２日，消費増税関連法案に反対していた小沢一郎ら衆院議員38人と，参院議員12人の都合50人が離党届を提出した。小沢一郎は記者団に対して，「もはや政権交代を果たした民主党ではない」と述べ，自らを党首とする新しい政党を結成する考えを表明，ここに至り民主党は事実上，分裂した（「民主分裂　離党届50人」『朝日新聞』2012年７月３日）。今後，我々は，「衆議院の解散・総選挙」をにらんで，民主党をはじめとして日本の政局がどのような方向へと展開されていくのか重大な関心を持って見守る必要がある。

　　2012年７月３日　　　　　　　　　　　　　　　　　　藤本　一美

事項索引

あ 行

ASEAN＋3　289
ASEAN＋6　288
新しい日本をつくる国民会議　151
安全保障の法的基盤の再構築に関する懇談会　292
EEZ（排他的経済水域）　54
イギリス労働党　155
一内閣一仕事　143
今川団地　328
イラク人道復興支援特別措置法　298
イラ菅　42
宇宙基本法　77
宇宙人　12
浦安市　303
浦安市液状化対策技術検討タスクフォース　325
浦安市議会　324
浦安住宅管理組合連合会報　326
A級戦犯問題　79
HIV訴訟　48
APEC首脳会談　55
液状化現象　303
液状化対策技術検討委員会　325
小沢ガールズ　96
小沢神話　93
小沢チルドレン　96

か 行

改新　46
海外派遣（自衛隊の）　87, 91
外交記録公開推進委員会　140
格納容器の開放（ベント）　266
各府省連絡会議　135
数の論理　282
花斉会　60
仮設住宅建設　61
仮設トイレ　321
過渡期のエネルギー　164
環境影響評価報告書　291
環太平洋パートナーシップ協定　55
官僚内閣制　153
議員政策研究会　129
起訴議決　55
基盤的防衛力構想　293
奇兵隊内閣　39
基本政策閣僚委員会　124
義務付け　203
行政刷新会議　190
共立女子学園　14

緊急提言　151
金融国会　50
国地方協議の場法　199
グリーン・ニューディール政策　274
グローバル・サプライチェーン・セキュリティ　248
決定的選挙　147
現物サービス　193
憲法改正試案の中間報告　22
権力の二重構造　36
小泉チルドレン　128
後期高齢者医療制度　170
高校の授業料無償化　161
国際安全保障基本法　302
国際平和協力法　297
国際放射線防護委員会（ICRP）　309
国民福祉税　46
国連待機部隊　284
国連平和維持活動（PKO）参加五原則　297
国連平和協力法案　104
子育て支援手当法　184
国家戦略局　53
国家戦略室　131
子ども手当法案　177
戸別所得補償制度　161
壊し屋　93
コンクリートから人へ　149

さ 行

災害救助法　319
災害復興生活支援プロジェクト　326
財政制度審議会　181
査定大臣　128
3.11浦安シンポジウム　336
3.11震災緊急アンケート集計結果　336
3.11複合危機　271
サンコーポ浦安　329
「参酌すべき基準」型　217
三党合意　196
CBIRF（ケミカル・バイオロジカル・インシデント・レスポンス・フォース）　276
志士の会　68
志士の会趣意書　233
自主防災ニュース　328
事前次官会議　124
事前審査制度　122
「従うべき基準」型　217
児童手当制度　177
児童手当法　176
児童福祉施設最低基準　207, 219

341

自民党化　142
社会クラブ　41
社会福祉法人　209
社会民主連合　41
就学前特例給付　183
衆参同時選挙　18
集団的自衛権　85
小学校修了前特例給付　183
小選挙区比例代表並列制　107, 151
消費税増税　228
消費税増税問題　64
食料自給率向上　169
所要防衛力構想　293
新安保防衛懇報告書　294
新憲法試案　22
新自由クラブ　66
新自由主義研究会　230
新進党　47
新成長戦略　83
新党さきがけ　27
スタンフォード大学　15
SPEEDI（緊急時迅速放射能影響予測システム）279
政策集 INFEX2009　155
政索調査会　123
政治資金規正法　55, 110
政治資金収支報告書虚偽記載事件　110
政治資金団体　55
政治主導確立法案　125
税制改革　89
政府・民主三役会議　119
政府・与党首脳会議　118
政務三役　32
セーフガード　264
全学改革推進会議　40
専修学校　13
総合子ども園　221
「族」議員　121, 147
　た　行
第一次一括法　199
待機児童　205
大連立　101
「脱官僚」宣言　150
脱原発　58
脱原発依存　166
男女雇用機会均等法　205
地域主権改革　199
地域主権戦略会議　200
地域主権戦略大綱　202
千葉マニフェスト　156
地方自治法一部改正法　200
地方制度調査会　200
地方分権改革　200

地方分権改革推進委員会　200, 204
中国漁船衝突事件　117
朝貢外交　107
チルドレン・ファースト　186
つなぎ法案　195
DM方式　139
TPP　90
伝言ゲーム　307
統一選延期特例法　330
投開票事務（法定受託事務）　331
東京裁判　79
東京佐川急便事件　45
動的防衛力　294
特定非常災害特別措置法　305
特別の財政援助に関する法律　305
特例給付　181
特例公債法案　118
　な　行
内閣官房専門調査員　126
崩し外交　253
2010年版4年ごとの国防計画見直し（QDR）290
日米安全保障条約　85
日米共同世論調査　273
日米政策調整会議　316
日米中正三角形　235
日米防衛協力のための指針（ガイドライン）277
日ソ国交回復　14
『日本改造計画』　102
日本新党　68
日本プライド構想　233
ニッポンまる洗い　234
認可保育所　218
認証保育所　218
　は　行
パーセプション・ギャップ　269
鳩山新党　29
鳩山友愛塾　21
PA戦略（パブリック・アクセプタンス）　162
東アジア共同体　11
東日本大震災復興構想会議　58, 305
被災者生活再建支援法　305
病児保育　222
武器輸出三原則　91
福島原発事故独立検証委員会　63
福田ドクトリン　288
「普通の国」論　102
復興基本法　136
復興庁設置法案　334
復興特別区域（復興特区）法案　334
普天間問題　90
ふるさと復興市民会議　325

プルサーマル計画　163
プルトニウム　163
米韓合同軍事演習「フォール・イーグル」　262
米軍基地移転問題　36
米軍による海外での災害救援活動　270
米国原子力規制委員会　276
米国連邦緊急事態管理庁（FEMA）　335
ベイシティ新浦安　330
保育園を考える親の会　210
保育所設置の認可権　209
保育所の設置基準　204
防衛計画の大綱　292
放射能対処専門部隊（CBIRF）　260
保守主義　74
　　ま　行
埋蔵金　176
松下政経塾　66
マニフェスト企画委員会　132
マニフェスト原理主義　142
マニフェスト選挙　51
丸山ワクチン　43
未納三兄弟　51

民益論　25
民間政治臨調　151
無人偵察機「グローバル・ホーク」　260
　　や　行
薬害エイズ問題処理　61
野党結集　284
八ッ場ダム　144
友愛外交　26
友愛革命　20
友愛政経懇話会　33
ユートピア政治研究会　19, 27
幼保一体型　212
四人組　134
　　ら　行
ライフワーク・バランス　206
落下傘候補　19
陸山会　110
連合　45
炉心溶融（メルトダウン）　266
　　わ　行
枠付け　203
湾岸戦争　104, 285

人名索引

　　あ　行
逢沢一郎　231
赤城宗徳　122
浅沼稲次郎　26
安住淳　126
麻生太郎　26, 51
安部晋三　188, 200
飯島勲　48
五十嵐太郎　321
池田光智　110
池田勇人　122
石川知裕　52
石橋正二郎　31
石原伸晃　150
磯村尚　111
板垣英憲　16
市川房枝　41
出井康博　233
伊藤昌哉　106
岩井奉信　60
岩間陽子　292
岩見隆夫　38
ウィラード・ロバート　261
ウィルコックス・ポール　261
上神貴佳　159
上野菊良　332

宇野重規　21
江口克彦　82
江口隆裕　197
江田五月　44
江田三郎　41
エルドリッチ・ロバート　278
王家瑞　108
太田和美　95
大畠章宏　165
大平正芳　122
岡孝　110
岡田克也　69, 154
小沢佐重喜　98
オバマ・バラク　228
折本ひとみ　325
　　か　行
海江田万里　28
海部俊樹　104
片山善博　60, 332
カッツ・リチャード　197
金丸信　45
鹿野道彦　138
カレルギー・クーデンホフ　21
川内博史　129
貴島正道　61
北川正恭　151

クリントン・ヒラリー　108, 230
ケネディ・ジョン　229
ケネディ・ロバート　229
玄葉光一郎　133
小池百合子　97
小泉純一郎　80
河野洋平　46
古賀茂明　59
輿石東　117
小宮山洋子　187
　さ 行
三枝三郎　19
坂田道太　295
桜井孝輝　37
佐高信　62
佐藤優　39, 240
佐野眞一　12
塩田潮　34
篠原一　42
シーファー・トーマス　271
習近平　108
ジョン万次郎　109
スミス・デール・M.　273
関口雄輝　264
仙谷由人　119
　た 行
タウン・スティーブ　264
高嶋良充　132
武黒一郎　307
竹下登　15
武村正義　27
館幸継　327
辰巳由紀　255
田中角栄　11
田中直紀　299
谷垣禎一　58, 120
田村玲子　261
丹呉泰建　125
土屋孝浩　17
堤英敬　159
寺坂信昭　307
照屋寛之　189
田英夫　41
土井たか子　107
唐家璇　89
　な 行
直嶋正行　166
仲井真　56
中静敬一郎　79
長島昭久　241, 316
中曽根康弘　20
長妻昭　136
中西寛　292

楢床伸二　141
成田憲彦　28
丹羽宇一郎　208, 287
　は 行
橋本龍太郎　48
ハックスリー・オルダス　40
鳩山威一郎　14
鳩山一郎　10
鳩山和夫　13
鳩山邦夫　12
花岡信昭　97
パネッタ・レオン　243
平野浩　187
平野博文　126
廣惠次郎　272
福田康夫　101
普光院亜紀　210
藤井裕久　128
藤崎一郎　268
藤村修　141
古川元久　127
ブレア・トニー　155
ボスナー・レオ　335
細野豪志　63
　ま 行
前原誠司　69, 129
斑目春樹　307
待島聡史　137
松岡利勝　51
松崎秀樹　304
松下幸之助　67
松田慶文　297
松本純　136
丸山千里　43
水田寿康　51
水野誠一　17
峰崎直樹　188, 192
宮坂奈緒　324
村山富市　28
メア・ケビン　260
森井忠良　48
森喜朗　17
　や 行
ヤッコ・グレゴリー　268
山岡賢次　129
横路孝弘　28, 96
与謝野馨　56
吉井英勝　78
吉田松陰　70
吉田昌郎　308
　わ 行
渡辺治　301

〈編著者紹介〉

藤本　一美（ふじもと　かずみ）

1944年　青森県生まれ
1973年　明治大学大学院政治経済学研究科博士課程修了
現　在　専修大学法学部教授
専　攻　政治学，米国政治
主要業績　『米国政治のダイナミックス　上・下』（大空社，2006年～08年）
　　　　　『ネブラスカ州における一院制議会』（東信堂，2007年）
　　　　　『現代米国政治論―ブッシュJr.政権の光と影』（学文社，2009年）
　　　　　　　　　　　　　　　　　　　　　　　　　　　　　他多数

民主党政権論

2012年8月5日　第1版第1刷発行

編著者　藤本　一美

発行者　田中千津子　　〒153-0064　東京都目黒区下目黒3-6-1
　　　　　　　　　　　電話　03(3715)1501(代)
発行所　株式会社　学文社　FAX　03(3715)2012
　　　　　　　　　　　http://www.gakubunsha.com

© Fujimoto Kazumi 2012　　　　　　印刷　新灯印刷
乱丁・落丁の場合は本社でお取替えします。
定価は売上カード，表紙に表示。

ISBN978-4-7620-2300-2